LECTURAS DE HISTORIA
ECONÓMICA MEXICANA

UN SIGLO DE DEUDA PÚBLICA EN MÉXICO

Leonor Ludlow
Carlos Marichal
(coordinadores)

INSTITUTO MORA
EL COLEGIO DE MICHOACÁN
EL COLEGIO DE MÉXICO
INSTITUTO DE INVESTIGACIONES HISTÓRICAS-UNAM

Obra publicada con el apoyo del
Consejo Nacional de Ciencia y Tecnología

Portada: Acción, Colección particular. Diseño: María Luisa Martínez Passarge

Primera edición, 1998
© Derechos reservados
conforme a la Ley, 1998

Instituto de Investigaciones
Dr. José María Luis Mora
Plaza Valentín Gómez Farías 12,
San Juan Mixcoac,
México, 03730, D.F.

ISBN 968-6914-80-3 obra completa
ISBN 968-6914-90-0

Impreso en México
Printed in Mexico

ÍNDICE

Introducción
Leonor Ludlow
Carlos Marichal   7

La deuda exterior de México y los *merchant bankers* británicos, 1821-1860
Reinhard Liehr   25

Los primeros empréstitos mexicanos, 1824-1825
Jaime E. Rodríguez O.   53

Origen y monto de la deuda pública en 1861
Guadalupe Nava   81

Los capitales franceses y la expedición a México
Geneviève Gille   125

La deuda externa pública
Jaime Enrique Zabludovsky   152

La deuda externa y las políticas de desarrollo económico durante el porfiriato: algunas hipótesis de trabajo
Carlos Marichal   190

Apéndice documental 206

Cronología de la deuda pública, 1821-1910
Leonor Ludlow
Carlos Marichal 238

Sugerencias bibliográficas
Leonor Ludlow
Carlos Marichal 265

Introducción

LA DEUDA PÚBLICA EN MÉXICO EN EL SIGLO XIX: EL DIFÍCIL TRÁNSITO HACIA LA MODERNIDAD

El seguir la trayectoria de la deuda pública en el México del siglo XIX constituye uno de los caminos más complejos pero también esclarecedores de la turbulenta historia financiera y política de la temprana república. En esta antología nos hemos propuesto intentar algo poco habitual que consiste en combinar el estudio de las dos caras del endeudamiento del gobierno, la deuda externa y la deuda interna.

Puede observarse que desde la independencia hasta el estallido de la revolución en 1910, las autoridades hacendarias intentaron combinar ambas formas de financiamiento pero rara vez tuvieron éxito, por causa *de una o de otra* en distintos periodos. Es decir, se observa un fenómeno fuertemente cíclico que refleja las dificultades del gobierno mexicano en el plano financiero.

Asimismo nos habla de cambios importantes en la disponibilidad de capitales en distintos mercados financieros para los préstamos públicos. En el caso de los empréstitos externos, por ejemplo, el éxito en la emisión dependía del crédito del gobierno mexicano en los mercados de capitales europeos y, más tarde, en los estadunidenses. Ello, a su vez, estaba condicionado por el desempeño de la economía mexicana y la relativa abundancia de capitales en las bolsas de Londres, París, Berlín o Nueva York en distintas coyunturas. Cuando no existía posibilidad de acceder a los mercados internacionales —cosa harto frecuente para el gobierno mexicano durante el siglo XIX—, la administración de la deuda pública consistía en obtener préstamos en los mercados financieros domésticos, los cuales —sin embargo— no siempre contaban con un gran volumen de fondos, por lo que las negociaciones entre gobierno y prestamistas solía ser compleja y tensa.

La alternancia entre ciclos de endeudamiento externo e interno se observa desde la independencia. En 1824 al ratificarse el establecimiento de la república federal, los primeros secretarios de Hacienda recurrieron a dos voluminosos empréstitos extranjeros, manteniendo el servicio sobre los mismos hasta la suspensión de pagos en 1828. En cambio, en los decenios de 1830-1860, debido a la exclusión de México de los mercados de capitales internacionales, las autoridades hacendarias dependieron del endeudamiento interno, gestionado a través de comerciantes-banqueros locales.

Un importante cambio se produjo durante el imperio (1862-1867), cuando Maximiliano financió su ejército de ocupación y su administración con empréstitos obtenidos en París, mientras que Juárez hacía lo mismo con préstamos menos cuantiosos obtenidos en Estados Unidos. Pero después, durante la república restaurada y la primera fase del porfiriato (entre 1867 y 1888), los gobiernos se limitaron al endeudamiento interno. Ello cambiaría entre 1888 y 1893 cuando se entró de lleno en una pronunciada fase de endeudamiento externo. Pero a la crisis económica de 1893, siguió un decenio (1894-1903) durante el cual la deuda interna fue el recurso predilecto de la Hacienda pública para financiar nuevos proyectos de obras públicas. Finalmente, en los años de 1904-1913, casi toda la deuda pública contratada fue externa, hasta que se produjo la suspensión de pagos en medio de la revolución.

Debido a esta alternancia entre periodos de predominio de deuda interna o externa, es necesario ofrecer una sintética explicación de estos cambios asaz abruptos que caracterizaron la historia financiera mexicana de la época. Por ello en las páginas que siguen intentamos sugerir algunas hipótesis que podrían ser de utilidad para lecturas e investigaciones más extensas.

Dentro de esta revisión general, comentaremos algunos de los textos que se incluyen en la antología y la bibliografía y fuentes complementarias, para un estudio detenido del tema. Pero debemos agregar que existen al menos dos estudios complementarios que son fundamentales para el análisis de la historia de la deuda externa de México a lo largo del siglo XIX y hasta la revolución de

1910-1920: nos referimos a los estudios clásicos de Edgar Turlington y Jan Bazant.[1] También de gran utilidad son diversos clásicos de la literatura financiera mexicana, recientemente reeditados por Miguel Ángel Porrúa y la Universidad Nacional Autónoma de México: entre ellos son de consulta indispensable los estudios sobre deuda de Joaquín Casasús, Francisco Bulnes, Pablo Macedo y las propias leyes y disposiciones de la Secretaría de Hacienda.[2]

Deuda externa y comercio después de la independencia: las ilusiones del porvenir

Al ratificarse la Constitución de 1824, estableciendo la primera república federal, se echaron las bases para un nuevo régimen fiscal y financiero sustancialmente distinto del colonial. Se pasó de una organización eminentemente centralista a una federal, dividiéndose las atribuciones fiscales entre el gobierno federal y los estatales: el primero retuvo los impuestos sobre aduanas, estancos y algunos rubros menores; los gobiernos de los estados, en cambio, se quedaron con las alcabalas, los derechos de amonedación y las viejas rentas eclesiásticas. Debido a estas reformas fiscales no fue extraño que casi inmediatamente aparecieran fuertes déficit en las cuentas del erario federal debido fundamentalmente al fuerte gasto militar en el ejército y una pequeña pero costosa marina armada.

Las primeras autoridades hacendarias de la temprana república no dudaron en acudir a los mercados financieros europeos —más específicamente a Londres— con objeto de obtener empréstitos (por valor de 6 000 000 de libras esterlinas) que servirían en principio para cubrir una parte de los mencionados déficit. Que así lo hicieran no tenía nada de extraño pues ya otras naciones hispanoamericanas habían contratado préstamos en Inglaterra (entre ellas, Gran Colombia, Perú, Argentina y Chile) y parecía que eso indicaba el camino hacia la modernidad en materia financiera.[3] Un excelente análisis de las razones por las cuales el go-

---

[1] Turlington, *México*, 1930 y Bazant, *Venta*, 1981.
[2] Ortiz de Montellano, *Apuntes*, 1885, Bulnes, *Deuda*, 1885, Casasús, *Historia*, 1885. Véase asimismo la colección titulada Clásicos de la Economía Mexicana, publicada por la Facultad de Economía, UNAM, que incluye diversos textos clásicos de la época y legislación sobre la deuda exterior.
[3] Dawson, *First*, 1990 y Marichal, *Historia*, 1988, cap. 1.

bierno accedió a Londres para buscar préstamos extranjeros en fechas tan tempranas, se encuentra en el ensayo de Reinhard Liehr que reproducimos en esta antología.

Sin embargo, la elite mexicana no había previsto las consecuencias de esta política financiera en el largo plazo y, además, como nos demuestra Jaime Rodríguez en su ensayo sobre los empréstitos de 1824 y 1825 (que también incluimos en esta antología), resultaron extraordinariamente caros y poco productivos.

Un indicador del tamaño de esta nueva deuda externa lo proporciona una comparación del valor total de las deudas coloniales: el total de las deudas acumuladas entre 1780 por el gobierno colonial de Nueva España en 1820 alcanzó cerca de 40 000 000 de pesos, mientras que los dos empréstitos extranjeros de 1824 y 1825 por sí solos, representaron 30 000 000 de pesos adicionales.[4] Debido a los persistentes déficit, el gobierno no pudo cubrir el servicio ni sobre la deuda interna ni sobre la externa, con lo que puede decirse que la república nació en medio de una crisis de la deuda.

Por otra parte, la crisis mercantil y financiera europea que se desató en 1825-1826 provocó una caída del comercio internacional y, eventualmente, llevó a la mayoría de los gobiernos de América Latina a la suspensión de pagos sobre sus tempranas deudas externas. En el caso de México, la suspensión se produjo en 1828 y, de allí en adelante, la dificultad en renovar el servicio sobre la vieja *deuda inglesa* habría de convertirse en uno de los escollos fundamentales para las finanzas del gobierno, generando numerosos conflictos con los acreedores extranjeros y excluyendo al país de los mercados financieros internacionales a lo largo de los siguientes 60 años.[5]

Deuda interna, déficit y agio en la primera mitad del siglo XIX

La suspensión de pagos de 1828 impidió al gobierno mexicano obtener nuevos préstamos en Europa durante largo tiempo. Las autoridades hacendarias no tuvieron otra alternativa que buscar fondos prestados a nivel interno —a través de diversas casas mer-

---

[4] Una libra esterlina era igual a 5 pesos plata en esta época.
[5] Véanse las obras de Ortiz de Montellano, *Apuntes*, 1885; Bulnes, *Deuda*, 1885, y Casasús, *Historia*, 1885.

cantiles y financieras en la ciudad de México— para cubrir gastos militares que aumentaron por causa de los numerosos conflictos externos e internos de la época así como por un creciente costo del servicio de la propia deuda pública.

El gobierno federal, por tanto, recurrió a los mercados financieros domésticos. ¿Pero cuál era la naturaleza de los mercados de capitales que existían en México en la primera mitad del siglo XIX? No había apenas bancos ni bolsas de valores por lo que la oferta de capitales se derivaba esencialmente de un mercado *informal* (no institucionalizado) de fondos, dominado por un puñado de casas mercantiles y, de manera complementaria, por instituciones eclesiásticas.[6] Puede hablarse entonces de una relativa escasez de capitales, que era particularmente pronunciada en el decenio de 1820-1830 tras las guerras de Independencia que habían provocado tanto el debilitamiento de las redes crediticias coloniales como fuertes fugas de dinero de las clases pudientes.

Como garantía de los préstamos, las autoridades hacendarias hipotecaron gran parte de los impuestos (en particular aduanales) a grupos de comerciantes que adelantaban fondos al gobierno en forma de préstamos con tasas de interés extremadamente elevadas. Ello llevó inevitablemente a la creación de una serie de círculos viciosos ya que los pagos de deuda interna aumentaban más rápidamente que los ingresos, obligando a nuevas hipotecas de rentas y a la pérdida progresiva de la solvencia y autonomía fiscal del gobierno ante los voraces comerciantes-prestamistas, en su mayoría concentrados en la propia capital, cerca de su cliente principal, el erario público.[7]

Hacia mediados del siglo XIX se había desarrollado un mercado de dinero en la ciudad de México que tenía ciertamente características singulares. En primer lugar, debe notarse que era un mercado altamente oligopólico, controlado por 20 o 25 grandes casas comerciales, activas en el negocio de las importaciones y exportaciones y en variedad de actividades de tipo financiero.[8] Una gran parte de sus transacciones crediticias consistían en la com-

---

[6] Ludlow y Marichal, *Banca*, 1986; Cardoso, *Formación*, 1978, y Ludlow y Silva, *Negocios*, 1993.
[7] El estudio clásico es Tenenbaum, *México*, 1986.
[8] "Los agiotistas (comerciantes-banqueros) [...] se reunían frecuentemente en la Sociedad del Comercio o en la Lonja de la ciudad, en el palacio del Ayuntamiento. Los Escandón, los Garay, los Martínez del Río, Felipe Neri del Barrio, Manuel Nicod y Juan B. Jecker, eran todos miembros de la sociedad, como lo era

pra y venta de una amplia gama de títulos de crédito gubernamentales. Entre ellos se destacaban los títulos de corto plazo como los "certificados de aduanas" (documentos que podían ser usados para pagar derechos aduanales), los cuales eran populares entre los comerciantes-banqueros por su liquidez, ya que tenían una constante demanda entre los importadores. El volumen de los "certificados de aduanas" que circuló desde 1830 en adelante fue grande y continuó así por muchas décadas.[9] Otros títulos de corto plazo incluían una pluralidad de recibos de la Tesorería y bonos, "pagarés", "vales de alcance" y "vales de amortización" que mayoritariamente eran adelantos sobre los salarios de los empleados públicos, oficiales militares y soldados y/o compromisos de pago otorgados a los comerciantes que habían efectuado aprovisionamientos para el gobierno o el ejército, aunque debe ser anotado que mucho de este papel era relativamente difícil de liquidar.

Aparte de los títulos de corto plazo, existían también diversos tipos de títulos de largo plazo de deuda gubernamental en los que invertían los prestamistas: éstos incluían acciones y bonos del Banco de Avío (un banco estatal de fomento industrial que operó entre 1830 y 1840), del monopolio del estanco del tabaco (arrendado en 1840 a empresarios privados) y acciones de compañías mineras estatales como la gran mina de plata de Fresnillo, Zacatecas.

No obstante que el número y variedad de los títulos de deuda que se emitieron fue considerable en el periodo entre 1830 y 1860, sería un error considerar a tales transacciones en términos de un mercado de dinero estable y abierto. Aquello era más apropiadamente algo que Albert Fishlow ha llamado un "mercado forzado".[10] Ciertamente, el mercado de dinero de la ciudad de Méxi-

---

el ministro del Tesoro, Manuel Gorostiza: Tenebaum, *México*, 1986, p. 74. Para estudios de casos de estas casas comerciales-banqueras véase Walker, *Kinship*, 1986, y Cardoso, *Formación*, 1978.

[9] Tan considerables eran estas transacciones que en 1836 el gobierno estableción un fondo especial de 15% que garantizaba a los tenedores de certificados de derechos de importación-exportación 15% de las entradas anuales de todas las aduanas: Tenenbaum, *México*, 1986, p. 60. Tales certificados siguieron siendo instrumentos favorecidos para garantizar préstamos gubernamentales de corto plazo aún hasta el decenio de 1880.

[10] Fishlow caracterizó un "mercado forzado" como aquel en que las tasas de interés son muy elevadas y fluctúan de manera errática. Ver también Fishlow, "Latin", 1995.

co no sólo *no* era libre sino que era un mercado bastante cerrado, limitado del lado de la oferta a un pequeño grupo de firmas financieras privadas que literalmente detentaban y monopolizaban la mayor parte del capital integrado por dinero líquido (básicamente monedas de plata), así como el representado por la mayoría de los instrumentos de crédito público.[11] Por el lado de la demanda, una sola entidad, el gobierno federal, era el mayor receptor de los préstamos ofrecidos por el círculo local de financieros. No obstante, también ocurría que la Tesorería experimentaba grandes y constantes déficit y, por consiguiente, tenía enormes y frecuentes dificultades para pagar, incluso sus deudas de corto plazo. En consecuencia, los ministros de finanzas eran a menudo "forzados" a aceptar tasas de interés extorsionistas por el oligopolio de prestamistas. En tales condiciones, la inestabilidad fue el sello de la mayoría de las transacciones financieras.

Los efectos de esta situación sobre las operaciones financieras eran notorios ya que las *tasas de interés* sobre cualquier préstamo gubernamental eran extremadamente altas y volátiles; oscilando entre 30 y 200% anual[12] reflejaban el alto riesgo de la mayoría de los créditos otorgados a un gobierno fiscalmente pobre, factor que también explica el alto nivel de quiebras entre los prestamistas desde el decenio de 1840 en adelante.

Los riesgos, por otra parte, eran determinados no sólo por las fluctuaciones extremas en los ingresos del gobierno sino también por la inestabilidad de la situación política y militar, los cambios rápidos de los ministros de finanzas, y la costumbre inveterada de repudio temporal de las deudas en tiempos de crisis o guerras. El romper el círculo vicioso del endeudamiento no fue factible

[11] Vale anotar que en tanto el precio internacional de la plata se mantuvo estable ello estimuló, hasta 1870, un nivel alto de exportaciones, legales e ilegales, de moneda de plata, lo cual produjo una frecuente escasez de circulante en la economía mexicana. Como no existía papel moneda (propiamente), los comerciantes que controlaban el tráfico de plata en metálico o pasta tenían claras ventajas económicas, lo cual resulta evidente al revisarse las negociaciones entre los prestamistas y el gobierno. No es ninguna sorpresa que este último se mostrara generalmente anuente a pagar premios muy altos por la moneda en metálico, ya que en la práctica estaba forzado a ello por la habitual escasez de metálico en la Tesorería.

[12] En 1839, las abusivas tasas de interés que cobraban los banqueros privados o "agiotistas", como se les llamaba, condujeron al gobierno a ratificar una ley declarando que 12% debía ser el interés máximo legalmente agregado. Sin embargo, el efecto real de la ley fue nulo.

hasta muchos decenios después, cuando comenzaron a efectuarse una serie de reformas institucionales de las finanzas internas.

La deuda pública a mediados de siglo y la intervención extranjera

Es claro que aunque el mercado "imperfecto" de dinero de la ciudad de México en la primera mitad del siglo XIX permitió un número no despreciable de transacciones con títulos de crédito público, no constituyó un mercado de capitales moderno.[13] Aparte de las elevadas tasas de interés, los enormes riesgos inherentes, y la multifacética colección de papeles y billetes en circulación, debe notarse que hacia mediados del siglo XIX una gran parte de la deuda gubernamental (interna y externa) estaba en un estado de moratoria virtual, una circunstancia que reducía drásticamente la negociabilidad de los títulos de credito públicos. Para hacer un seguimiento de la extraordinaria gama de distintos tipos de títulos de deudas internas, recomendamos la revisión del texto de Manuel Payno que incluimos en esta antología.

Dos formas diferentes de soluciones para recuperar la deuda interna en moratoria fueron utilizados por los prestamistas que eran los grandes acreedores del gobierno federal. La primera contemplaba el intercambio de sus créditos por bienes raíces, como resultado de la nueva legislación establecida en 1856-1857 que puso en marcha la *desamortización* de las propiedades de la Iglesia Católica.[14] Estas operaciones ampliaron e hicieron más complejo el mercado de dinero y el crédito.

La segunda (y más peligrosa) forma de conversión de la deuda pública utilizada por los agiotistas, consistió en la transformación de los adeudos internos del gobierno en deuda externa, garantizada por Convenciones diplomáticas firmadas con Inglaterra, Francia y España.[15] Estas operaciones coincidieron con los es-

---

[13] Una revisión de los registros notariales del periodo indica que existieron muy pocas transacciones con acciones de firmas, ya que la inmensa mayoría de las empresas eran de carácter familiar. Entre las empresas privadas, parecería que sólo las compañías mineras promovían activamente la venta de algunas acciones y en menor grado unas pocas firmas textileras. Para mayores detalles sobre registros notariales véase Gonzalbo y Vázquez, *Guías*, 1986-1987.

[14] Para la obra histórica esencial sobre la desamortización de los bienes de la Iglesia Católica véase Bazant, *Venta*, 1977.

[15] Estas fueron las deudas de las "Convenciones extranjeras" que permitieron a los comerciantes extranjeros residentes en México (y a un cierto número de co-

fuerzos de la Asociación británica de tenedores bonos mexicanos para recuperar sus dineros ya que por este medio habían tenido un éxito limitado en decenios anteriores, y habían ratificado dos conversiones: la Conversión de Alamán en 1830 y la Conversión Payno en 1850; por medio de este último los tenedores de bonos extranjeros recibieron una parte de los pagos de indemnización del Tratado de Guadalupe Hidalgo (2 500 000 pesos entregado a Falconnet, agente de Barings y de la Asociación de tenedores de bonos). Sin embargo, a lo largo del decenio de 1850 fracasan en obtener más dinero debido a guerras civiles y debilidad de la Hacienda pública.

Por último, en 1861, Juárez declaró la moratoria indefinida. Como consecuencia, se produjeron protestas de banqueros e inversionistas extranjeros, pero también de comerciantes-banqueros locales que habían convertido deudas internas a internas bajo las convenciones. Para un acercamiento al estado de la deuda, en este momento crítico de su historia en la república es de gran utilidad el estudio de Guadalupe Nava que se incluye en este volumen ya que proporciona el análisis más detallado de esta problemática que hay en la literatura actual.

Los agiotistas actuaron como grupos de presión y, en su mayoría, apoyaron la expedición de intervención militar por las tres potencias, Inglaterra, Francia y España, que desembarcó en el puerto de Veracruz en 1862 con el objetivo ostensible de tomar control de las aduanas para asegurar los pagos de las deudas mencionadas. Sin embargo, los franceses decidieron ir más allá de esta meta específica y limitada y procedieron a avanzar sobre la capital de la república, librando batallas en diversas ciudades antes de obligar a la administración de Juárez a retirarse hacia el norte del país.

Con 30 000 tropas bajo su mando, los generales franceses pudieron consolidar su control sobre la mayor parte de la república, y con el apoyo de Napoleón III ratificaron el establecimiento del imperio efímero de Maximiliano. El monarca austriaco/mexicano contrató dos grandes empréstitos en Europa, la mayor parte de los bonos fueron colocados en París, tema que ha sido explo-

---

merciantes con doble nacionalidad) convertir los adeudos del gobierno con ellos, en reclamaciones exteriores. Con el fin de aprovechar los beneficios de este procedimiento, numerosos comerciantes nativos "adquirieron" ciudadanía extranjera. Wynne, *State*, 1954, pp. 55-62.

rado por Geneviève Gille en un ensayo poco conocido pero extremadamente esclarecedor que incluimos en esta antología. No fue extraño en absoluto, después del triunfo juarista en 1867, que las autoridades republicanas se negaran a reconocer los espurios empréstitos del imperio ya que simplemente habían servido para financiar la invasión a México.

El regreso a los mercados financieros internacionales: la deuda externa durante el porfiriato

Desde 1867, todos los secretarios de Hacienda de la república propusieron conversiones de la deuda pública (interna y externa), pero el hecho es que no fue sino hasta principios del decenio de 1880 que dichas propuestas comenzaron a considerarse posibles de transformarse en realidad. Sin embargo, las primeras negociaciones para intentar resolver los ya antiguos diferendos sobre la conversión de la deuda externa mexicana no prosperaron debido a una serie de conflictos de tipo político y financiero.

Es conocido el fracaso de la misión de Carlos Rivas en 1883, quien había sido encargado por Manuel González para entablar negociaciones con los tenedores de bonos europeos; Rivas se limitó a saltar de una capital europea a otra en espera de tener suerte en sus gestiones pero sin contar con un conocimiento adecuado del funcionamiento de los mercados financieros y de sus agentes.[16]

El siguiente intento (mucho más serio) de renegociar la deuda y obtener el reingreso de México a los mercados de capitales europeos fue la misión Noetzlin de 1884. Banquero francés, Edouard Noetzlin, había sido el principal promotor del Banco Nacional de México y contaba con excelentes relaciones en el mundo financiero europeo, además de haber establecido una relación privilegiada con la administración de Manuel González. Fue autorizado, por consiguiente, a negociar personalmente la conversión de toda la deuda externa mexicana. Merced a su excelente y amplia red de contactos financieros, en el verano de 1884 Noetzlin pudo negociar acuerdos con banqueros y tenedores de bonos en varios puntos claves de Europa, en especial en Londres y Amsterdam.

---

[16] Para algunos detalles véase Wynne, *State*, 1954.

INTRODUCCIÓN   17

De acuerdo con su plan, el grueso de la deuda externa mexicana (que databa de 1824 y 1825) se convertiría en nuevos bonos pagaderos en oro. Para lograr esta conversión se esperaba que el gobierno emitiese unos 17 000 000 de libras esterlinas (cerca de 100 millones de pesos plata) en nuevos bonos. [17]
Las noticias del acuerdo fueron recibidas con beneplácito por el Consejo de Ministros en México, pero sorprendentemente cuando la propuesta fue presentada en noviembre de 1884 al Congreso nacional, se desató un debate intenso que provocó tumultos públicos e impidió la aprobación del "contrato Noetzlin". [18] Algunos diputados liberales, incluyendo al influyente intelectual Justo Sierra, abogaron a favor del empréstito propuesto, argumentando que al pedir dinero en Europa se reduciría la creciente dependencia financiera de Estados Unidos. Pero la oposición contraatacó, insistiendo en que los costos de la transacción eran excesivamente altos. En especial las críticas se volcaron contra el pago de comisiones enormes por la suma de 13 000 000 de pesos, de los cuales se decía que 10 000 000 estaban destinados a Noetzlin.[19] En la práctica, la oposición de la prensa y la agitación se tornaron tan intensas que provocaron motines populares que suspendieron la votación y obligaron a cerrar la cámara.

Tras el triunfo de Porifirio Díaz en las elecciones de diciembre de 1884, se abrió una nueva etapa en la historia de las negociaciones de la deuda externa, alcanzándose un acuerdo y conversión de la misma en 1886 merced al impulso del secretario de Hacienda, Manuel Dublán. En 1888 se contrató un gran empréstito externo —que consolidó todos los bonos externos anteriores— que fue colocado entre los inversionistas europeos por la banca

---

[17] Una buena síntesis de estas negociaciones se encuentra en Wynne, *State*, 1954, así como en la *Memoria de Hacienda* de 1884-1885, y en Casasús, *Historia*, 1885.

[18] De acuerdo con lo afirmado por el comité de finanzas del Congreso, éste fue el primer debate público sobre la cuestión de la deuda externa que se hubiese celebrado en 30 años, ya que la última gran discusión legislativa sobre este problema había tenido lugar en 1850. *Diario de Debates, Cámara de Diputados* (XII Legislatura), 1884-1885, pp. 178-179.

[19] Debe recordarse, sin embargo, que Noetzlin actuaba en nombre del Banamex y que las comisiones mencionadas respondían esencialmente a cubrir grandes adelantos efectuados por el banco al gobierno por 7 000 000 de pesos. Para una visión crítica del contrato Noetzlin véase Casasús, *Historia*, 1885, pp. 457-480; Ortiz de Montellano, *Apuntes*, 1886, pp. 101-115, 461-551, y Bulnes, *Deuda*, 1885.

Bleichroeder de Berlín en alianza con la casa Antony Gibbs de Londres. Esta operación marcó el regreso del gobierno mexicano a los mercados de capitales internacionales, inaugurando un corto pero intenso periodo de contratación de préstamos que incluyeron los siguientes: el empréstito de 1888 por 10 000 000 de libras esterlinas; el empréstito de 1889 de 1 500 000 libras esterlinas, para la ciudad de México; el empréstito de 1890 de 3 000 000 de libras para ferrocarriles y deudas a corto plazo, y el empréstito de 1893 de 3 000 000 ostensiblemente para obras públicas pero en la práctica utilizado fundamentalmente para cubrir deudas a corto plazo.

Luego de la crisis de 1893, siguió un decenio —1894-1904—, durante el cual el gobierno mexicano no contrató nuevos empréstitos, con excepción del préstamo de conversión de 1899. Pero este crédito no significó dinero fresco ni aumento de deuda: simplemente permitió el canje de viejos bonos de 6% por otros nuevos a 5%. No obstante, el éxito de la conversión reflejaba la opinión positiva que tenían los banqueros e inversionistas europeos de la capacidad de pago del gobierno porfiriano.

A partir de 1904 se volvió a abrir un nuevo periodo de contratación de préstamos extranjeros, aunque ahora —y por primera vez— una porción se colocó en Estados Unidos, mientras que los demás bonos se vendieron en Europa. Entre los préstamos deben señalarse el empréstito de 1904, el empréstito de 1908 para la Caja de Préstamos para Obras Públicas y Regadío y el gran empréstito de 1910.

La deuda interna y las políticas de obras públicas y transportes a fines del siglo XIX y principios del XX

Desde los años de 1880, al tiempo que se renegociaba la deuda externa, también se convirtió la mayor parte de la vieja deuda interna. No obstante, las administraciones de Manuel González y luego de Porfirio Díaz procedieron a emitir un volumen considerable de nueva deuda interna de corto plazo cuyo objetivo consistía en subsidiar a las nuevas empresas ferroviarias que comenzaban a establecerse en el país. La mayor parte de esta deuda consistió en entrega de certificados de aduanas como subsidios a diversas empresas privadas. El análisis de las cuentas del tesoro nos indica que entre 1881 y 1885, la Secretaría de Fomento en-

INTRODUCCIÓN   19

tregó aproximadamente 23 500 000 pesos en forma de subsidios a las diversas líneas ferroviarias en proceso de construcción. A esta enorme suma habría que agregar la entrega por la Secretaría de Hacienda de unos 10 000 000 de pesos en bonos en el año de 1883-1884 para el mismo propósito: de acuerdo con la Tesorería, en ese año se entregaron 3 200 000 pesos para el Ferrocarril Central; 1 600 000 para el Ferrocarril Chihuahua; 3 800 000 para el Ferrocarril Nacional; 1 300 000 para el Ferrocarril Guaymas, y 470 249 pesos para el Ferrocarril Mexicano.[20]

Todavía no tenemos suficientes elementos para evaluar qué proporción de los costos totales de construcción de los 4 850 kilómetros de vías construidas entre 1880 y 1884 fueron costeadas con los subsidios gubernamentales, pero debió representar una parte muy significativa. Por otra parte, estas grandes inversiones públicas en proyectos económicos privados sentaron las bases de una política que fue uno de los ejes de la "estrategia de desarrollo" impulsada por la elite mexicana hasta la revolución.[21]

Pero los déficit fueron causados por el incremento sostenido de los egresos en los años de 1880-1884, incluyendo las subvenciones a los ferrocarriles, que aumentaron la deuda flotante, cuyo valor total alcanzó una suma estimada en 25 000 000 de pesos aproximadamente a principios de 1885. Uno de los principales tenedores de esa deuda flotante era el Banco Nacional con cerca de 6 000 000 de pesos en dichos títulos, a lo que habría que agregar un saldo negativo en la cuenta corriente de cerca de 1 500 000 pesos. El seguir contratando nuevas deudas resultaba ya más que contraproducente, especialmente si se tiene en cuenta que el gobierno cedía cada vez un mayor control de la administración fiscal a los contratistas de los ferrocarriles y al principal banco privado del país.

---

[20] Los datos son de la Tesorería General de la Federación, *Cuenta del Tesoro Federal, 1883-1884*, p. 825. Debe tenerse en cuenta, sin embargo, que la entrega de certificados o bonos no necesariamente repercutía de manera inmediata sobre las finanzas gubernamentales ya que se iban liquidando dichos títulos lentamente.

[21] Aparte del apoyo a ferrocarriles y bancos, el gobierno también impulsó algunos otros sectores como la red caminera, la construcción de la red telegráfica y obras portuarias incipientes, etc. Pero en estos años la inversión pública estaba concentrada en más de 70% en los ferrocarriles, como lo demuestran las cuentas del tesoro referentes a las inversiones de la Secretaría de Fomento.

Para resolver la crisis, Dublán resolvió actuar de forma drástica, cortando el nudo gordiano de los déficit del gobierno. El 22 de junio publicó tres decretos: el primero redujo los sueldos de los empleados públicos y recortó diversos gastos; el segundo decretó la suspensión de pagos sobre la deuda flotante, y el tercero ofreció un plan para la conversión de toda la deuda interna y externa.

Este "golpe de Estado financiero", como la prensa nacional y extranjera calificó al paquete de decretos, provocó un pánico financiero en la capital y en otras ciudades de la república, pero además un breve pánico en la Bolsa de Boston e importantes movimientos a la baja de los valores mexicanos que se cotizaban en la de Londres.[22] Ello se debía al hecho de que el decreto de suspensión de pagos sobre la deuda flotante implicaba que se congelaban todos los pagos de las subvenciones a las empresas ferrovarias.

El retorno de Porfirio Díaz a la presidencia desde enero de 1885 permitió una reestructuración inmediata de las deudas internas a corto y largo plazos. El 1 de diciembre, en su primer día como secretario de Hacienda, Manuel Dublán firmó un nuevo contrato con el Banco Nacional por medio del cual rescindió una serie de claúsulas onerosas y estableció una mayor claridad en la asignación de rentas para cubrir el servicio de la deuda con el banco: a partir de entonces el Banco Nacional recibía 15% del total de las rentas aduanales, la totalidad de las rentas de la Lotería Nacional y 100 000 pesos mensuales de la renta del Timbre en el Distrito Federal. En segundo lugar, se logró efectuar una conversión de la deuda interna en 1886, con base en el canje de los viejos títulos por nuevos valores, con lo cual se pudo *consolidar* el conjunto abigarrado de viejas deudas internas que pesaban sobre el erario desde hacía medio siglo.

En tanto Dublán fue claramente exitoso al consolidar la deuda interna y ganar acceso a los mercados de capitales europeos después de 1888, es menos claro en qué medida resultó capaz de estimular la demanda local de títulos de deuda pública. De hecho,

---

[22] El pánico en la Bolsa de Boston se debía al miedo de los accionistas del Ferrocarril Central (casi todos de esa plaza) de que su empresa entraría en bancarrota al no recibir las subvenciones gubernamentales adeudadas (por varios millones de pesos) y las futuras. Véase "El pánico en Boston", *Semana Mercantil*, 13 de julio de 1885.

a primera vista parecería que sus sucesores como secretarios de Hacienda, Matías Romero (1891-1893) y José Yves Limantour (1893-1910), dependieron esencialmente del ahorro externo para cubrir las necesidades crediticias del gobierno mexicano. Sin embargo ésta no es una descripción enteramente adecuada de la situación imperante desde el momento en que fueron adoptadas una serie de políticas orientadas precisamente a elevar y aumentar el volumen del ahorro destinable al financiamiento de la deuda pública doméstica.

Uno de los nuevos instrumentos que comenzó a utilizarse desde 1894 fue la emisión de los bonos de plata, introducidos a raíz de los costos del empréstito externo de 1893 y de la crisis financiera que estalló en ese año. De hecho Limantour procedió en septiembre de 1894 a reestructurar la deuda mexicana y adoptó una nueva política orientada finalmente a crear un mercado de bonos gubernamentales internos de largo plazo, pagaderos en plata. Su principal objetivo era reducir la dependencia de la Tesorería de los préstamos adelantados de Banamex, y al mismo tiempo obligar a las empresas ferrocarrileras y a los contratistas de obras públicas a aceptar pagos en bonos internos de largo plazo en lugar de los certificados sobre derechos aduanales y otras responsabilidades de corto plazo. De acuerdo con el decreto ratificado en septiembre 6, el gobierno creó un nuevo tipo de bono al 5% denominado en plata para ser lanzado en emisiones de 20 000 000 de pesos. El grueso de estos nuevos bonos fue a dar a las compañías ferrocarrileras y contratistas en sucesivas emisiones (sept. 6 de 1894, dic. 10, 1895; enero 3, 1898; dic. 23, 1899 y junio 9, 1902) alcanzando un gran total de 100 millones de pesos hacia el fin del siglo.

Inicialmente el grueso de los bonos fue colocado entre las compañías involucradas en proyectos de obra pública, quienes los aceptaron con descuento e intentaron encontrar maneras de venderlos (principalmente con la ayuda de Banamex), no obstante que, como los precios del mercado de la plata permanecían deprimidos, la demanda de estos certificados era débil. Hacia 1898, sin embargo, en tanto los precios de la plata experimentaron una recuperación, los banqueros privados mexicanos (como la casa de Hugo Scherer) encontraron los medios para colocar grandes bloques de estos bonos en los mercados financieros primarios y secundarios de Europa. Quienes compraron los bonos por 75% de su valor nominal, al tiempo del incremento de los precios de la plata, podían esperar una cosecha significativa de utilidades; pero estaba claro que los riesgos eran muy considerables.

En resumen, la nueva política de impulsar la distribución de bonos internos después de 1894 tuvo un éxito parcial, a pesar de ser cuestionable el que Limantour hubiera sido capaz o no de estimular la creación de un mercado doméstico de certificados públicos más amplio; de hecho, la mayor parte de los bonos de plata al 5% acabó en Europa. Lo que sí logró fue la virtual eliminación del déficit fiscal del gobierno, de mediados de los años de 1890 en adelante, y en consecuencia, generó confianza en la capacidad de la Tesorería estatal para cubrir nuevas emisiones de bonos internos o externos.

EPÍLOGO: LA REVOLUCIÓN DE 1910-1920 Y LA SUSPENSIÓN DE PAGOS SOBRE LA DEUDA

Si bien esta antología no analiza la deuda pública después de 1910, conviene tener en cuenta que desde el estallido de la revolución hasta la segunda guerra mundial, el gobierno mexicano estuvo sujeto a condiciones extremadamente azarosas. Todavía en 1913 el general Huerta pudo obtener un empréstito de banqueros europeos y estadunidenses, lo que puede atribuirse al *boom* bursátil en los mercados internacionales que precedió a la primera guerra. No obstante, estos fondos se esfumaron rápidamente y después de 1914 fue imposible conseguir más dinero fresco. Entonces se anunció la suspensión de pagos. De hecho, México fue el único país latinoamericano que suspendió pagos totalmente en esta época.

El monto de la deuda era considerable; superada solamente por las de Argentina y Brasil. En total consistía de unos 300 millones de dólares de deuda del gobierno federal, además de otros 300 millones de bonos de la empresa de Ferrocarriles Nacionales en manos de inversionistas extranjeros. La tasa de interés era en promedio 5% sobre el total, lo cual implicaba pagos aproximados de 30 000 000 de dólares anuales, a lo cual habría que agregar unos 4 000 000 de dólares en pagos escalonados de amortización. A partir de la suspensión de pagos estas sumas se fueron acumulando de acuerdo con la contabilidad de los banqueros como sumas adeudadas que debían engrosar la cifra de la deuda externa total. Así, podemos observar que la historia de la vieja deuda pública había de seguir pesando en la historia financiera de México en el siglo XX.

Leonor Ludlow
Carlos Marichal

BIBLIOGRAFÍA

Bazant, Jan, *La venta de los bienes de la Iglesia en México*, El Colegio de México, México, 1977.
_____, *Historia de la deuda exterior de México*, El Colegio de México, México, 1981.
Bulnes, Francisco, *La deuda inglesa. Colección de artículos publicados en el "Siglo XIX"*, I. Cumplido, México, 1885, 158, II p.
Cardoso, Ciro, *Formación de la burguesía en México, siglo XIX*, Siglo XXI, México, 1978.
Casasús, Joaquín Demetrio, *Historia de la deuda contraída en Londres, con un apéndice sobre el estado actual de la Hacienda pública*, Gobierno, México, 1885.
Dawson, Frank, *The first latin american debt crisis: the city of London and the 1822-1825 loan bubble*, Yale University Press, New Haven, 1990.
Fishlow, Albert, "Latin american nineteenth century public debt: theory and practice" en Reinhard Liehr (comp.), *The public debt in Latin America in historical perspective*, Frankfurt am Main/Iberoamericana, Alemania, 1995.
Gonzalbo, Pilar y Josefina Vázquez, *Guías de Notarías de la ciudad de México*, El Colegio de México, México, 1986-1987.
Ludlow, Leonor y Carlos Marichal (comps.), *Banca y poder en México, 1800-1925*, Grijalbo, México, 1986.
Ludlow, Leonor y Jorge Silva (comps.), *Los negocios y las ganancias de la colonia al México moderno*, Instituto Mora/IIH-UNAM, México, 1993.
Marichal, Carlos, *Historia de la deuda externa de América Latina*, Alianza, Madrid, 1988.
Ortiz de Montellano, Mariano, *Apuntes para la liquidación de la deuda contraída en Londres*, Imprenta del Gobierno Federal en Palacio, México, 1886.
Tenenbaum, Barbara, *México en la época de los agiotistas*, Fondo de Cultura Económica, México, 1986.
Walker, David, *Kinship, business and politics: the Martinez del Rio fam. in Mexico, 1823-1867*, University of Texas Press, Austin, Texas, 1986.
Wynne, William, *State insolvency and bondholders*, Yale University Press, New Haven, 1954, 2 vols.
Turlington, Edgar, *Mexico and her foreign creditors*, Nueva York, 1930.

LA DEUDA EXTERIOR DE MÉXICO Y LOS *MERCHANT BANKERS* BRITÁNICOS, 1821-1860

*Reinhard Liehr**
UNIVERSIDAD LIBRE DE BERLÍN

Después de su independencia, la mayor parte de los gobiernos latinoamericanos —con excepción de los de Paraguay, Bolivia, Uruguay y Haití— contrató empréstitos con empresas comerciales y bancarias londinenses. Este primer auge de exportaciones de capital desde Gran Bretaña a Latinoamérica, en forma de empréstitos a los nuevos gobiernos, llevó en estos países a una deuda pública exterior que, debido al cese del pago de los intereses y a la capitalización de éstos, creció constantemente y no pudo ser saldada durante largos decenios. Paralelamente al *boom* de los empréstitos contratados por gobiernos latinoamericanos con los *merchant bankers* británicos, hubo en los años 1820 un ascenso coyuntural de inversiones en la minería latinoamericana por parte de sociedades accionistas británicas. Las empresas mineras londinenses más grandes y las de mayor supervivencia en la América Latina eran, por ejemplo, la Real del Monte Company y la United Mexican Company.[1] Una alta coyuntura similar de exportaciones de capital desde Europa a Latinoamérica, ya no

---

* Agradezco a la Fundación Alemana para la Investigación Científica y al Instituto Ibero-Americano de Berlín el apoyo financiero para investigaciones realizadas en archivos y bibliotecas de Londres. El presente artículo es parte de un estudio mayor sobre la deuda británica de los países latinoamericanos en la primera mitad del siglo XIX. Su texto español fue confeccionado por Wera Zeller y Reinhard Liehr. La presente reimpresión es una versión ligeramente ampliada de la publicada en *Ibero-Amerikanisches Archiv*, vol. IX, núms. 3-4, 1983, Berlín, pp. 415-439.

[1] Véase Rippy, *British*, 1959, p. 32; Randall, *Real*, 1972.

sólo de Gran Bretaña sino también de las naciones competidoras del continente europeo, se volvió a dar en la era de la construcción del ferrocarril, culminando en los años de 1870. Basados en el ejemplo de México, examinaremos a continuación más detalladamente los negocios y la conducta de los *merchant bankers* británicos que en los años 1820 organizaron y administraron empréstitos en favor del gobierno central. Complementando las investigaciones, sobre todo las de Jan Banzant, Edgar Turlington y Joaquín Casasús,[2] quienes han dado preferencia a fuentes mexicanas, me atengo en las páginas siguientes, principalmente, a fuentes procedentes de archivos británicos. Quiero analizar 1) el origen de la deuda exterior mexicana, 2) el mercado de capitales de Londres en el año 1820, y 3) los intereses económicos de los *merchants bankers* implicados durante la época de 1821-1860.

Como hipótesis de partida, de ninguna manera me parece apropiado para aquella época un modelo de dependencia sino más bien, de acuerdo con Gallagher, Robinson y Platt, el de un débil *informal imperialism*. A causa de su mayor desarrollo económico, social y político, así como de su soberanía marítima, Gran Bretaña expandió su control informal sobre mercados nuevos, urgentemente requeridos, extendiéndolos precisamente sobre las jóvenes repúblicas independientes de la América Latina, y, también, sobre México, que contaba con la mayor producción mundial de plata. Por la ausencia de competidores industriales, esta expansión o integración geoestratégica por medio del *free trade*, con su trato de nación más favorecida y sus monopolios, su influencia informal y sus privilegios tributarios para los propios mercaderes y empresarios en ultramar, resultó más barata, eficaz y, por lo mismo, más recomendable que un dominio formal. El *informal imperialism* del libre comercio tuvo que ser transformado, aunque no en la América Latina, en un dominio británico formal, especialmente después de 1870, al darse la necesidad de defender los mercados afectados contra enemigos exteriores o interiores. Comercio y control informal, cuando fuera posible; comercio y dominio directo, cuando fuera necesario.[3]

---

[2] Bazant, *Historia*, 1981; Turlington, *México*, 1930; Casasús, *Historia*, 1885.

[3] Gallagher y Robinson, "Imperialism", 1953; Platt, "Imperialism", 1968, pp. 296-306; Cain, *Economic*, 1980.

I

Entre 1821-1870 la hacienda pública del gobierno central de México se encontraba en un estado de déficit permanente. Los ingresos fiscales ordinarios y extraordinarios, en comparación con aquellos anteriores a la guerra de la Independencia, habían disminuido por más de la mitad.[4] Después de la emigración voluntaria y forzosa de los españoles en los años 1820,[5] la burocracia fiscal borbónica degeneró en un aparato mal llevado y poco eficiente.[6] Con intención emancipatoria, los líderes de la clase propietaria criolla en el poder habían reducido o simplemente abolido, en 1821, gran número de impuestos "aborrecidos" de la época colonial. En primer término, se suprimió una serie de contribuciones extraordinarias que gravaban la producción o la propiedad y que fueron introducidas durante la guerra de Independencia. La tasa de la alcabala, el impuesto sobre la compraventa, fue reducida a 6%. Por otra parte, los indígenas, formalmente considerados con igualdad de derechos, quedaron sujetos, como los demás ciudadanos, a la contribución de impuestos, también respecto a la alcabala. El tributo indígena quedó derogado desde fines de la época colonial. En 1821 fueron suprimidos algunos monopolios estatales, como el del azogue y el de la pólvora. Se redujeron también los derechos sobre la producción de oro y plata y los de las aduanas sobre artículos de importación. En total, después de la independencia, y fundamentalmente por razones del nuevo régimen político-social, se desmontó en México el sistema de hacienda pública de la era colonial sin reemplazarlo por otro igual. El sistema constitucional federativo, instituido en 1824 por las mismas razones político-sociales, contribuyó, además, a disminuir peligrosamente los ingresos del gobierno central. Como no hubo —salvo excepciones insignificantes— impuestos directos sobre la renta que habrían provocado resistencias por parte de la clase propietaria criolla, los derechos de las adua-

---

[4] *Memoria*, 1870, pp. 67 ss.; TePaske, *Real*, 1976, años 1795, ss.
[5] Sims, *Expulsión*, 1974, p. 253.
[6] Véase la descripción crítica de la burocracia fiscal mexicana en carta de Robert Manning a Baring Brothers y Cía. (Londres), México, 9 de octubre de 1827, Baring Brothers Archives (en adelante BBA), HC 4.5.2.6a+b (Ms. 18.321), y también las otras relaciones de Manning y Marshall (a partir de 1843, Manning y Mackintosh) a Baring Brothers de los años 1827-1852, BBA, HC 4.5.2. (Ms. 18.321).

nas marítimas constituían la principal fuente de ingresos del gobierno central mexicano.[7]

En cuanto a los egresos estatales, era el ejército, que a causa del no reconocimiento de la independencia por España y del temor constante de una reconquista española no podía ser reducido, el que se llevaba la parte del león. Durante algunos años presupuestarios, como los de 1825-1826 y 1832-1833, los egresos militares efectivos sobrepasaban la totalidad de los ingresos ordinarios del gobierno federal.[8]

El déficit permanente del Estado central mexicano no podía ser cubierto sólo mediante préstamos. Hay que tomar en cuenta que el Estado central ya había heredado de la administración colonial una cuantiosa deuda interior de los tiempos de la guerra de Independencia. En los años 1820 había, además, una tremenda huida de capital porque muchos comerciantes y empresarios españoles, antes de su expulsión, transfirieron sus bienes en forma de oro y plata a los Estados Unidos de Norteamérica y más aún a Francia.[9] No habiendo separado de los ingresos ordinarios un *sinking fund* de estilo británico para el servicio de la deuda pública, el gobierno central podía conseguir empréstitos nacionales sólo en forma de préstamos forzosos o a intereses prohibitivamente altos. En el siglo XVIII la tasa de interés anual para créditos garantizados por hipotecas era de 5%. Después de la independencia un interés anual de 12 a 36% para obligaciones del Estado era lo usual. Créditos a corto plazo, otorgados a gobiernos inestables durante las guerras civiles, eran cedidos por comerciantes y financieros nacionales, los "agiotistas", a intereses usureros de 232%, incluso hasta de 536% anuales.[10]

---

[7] Véase Yáñez, *Problema*, 1958-1959, vol. 1, pp. 270-274 y pp. 277 ss.; Carmagnani, "Finanzas", 1983, pp. 285ss.

[8] Kahle, *Militar*, 1969, pp. 236-243; Aguilar, *Presupuestos*, 1940, pp. 10-12 y 21; *Memoria*, 1826, pp. 42-70; *Memoria*, 1870, pp. 118 ss.

[9] Véase Bazant, *Historia*, 1981, pp. 13-20. La huida de capitales por la expulsión de los españoles la describe Sims, *Expulsión*, 1974, pp. 248-252.

[10] Bazant, *Historia*, 1981, pp. 35 ss. y 44; Casasús, *Historia*, 1885, pp. 15-17; Willie, *México*, 1845, pp. 67-69; Richard Pakenham al vizconde Dudley, núm. 9, México, 13 de enero de 1828, *Public Record Office* (en adelante *PRO*), FO 50, vol. 42, f. 96r-99v; Manning y Marshall a Baring Brothers y Cía. (Londres), México, 3 de mayo de 1831, BBA, HC 4.5.2.3.2 (Ms. 18.321). Empresarios y financieros nacionales, que hicieron préstamos al gobierno central, son descritos por Cardoso, *Formación*; Platt, "Finanzas", 1982, pp. 226-261; Tenenbaum, *México*, 1985, agradezco a Barbara Tenenbaum el haberme facilitado una copia del manuscrito

Por tanto, al gobierno central mexicano, siempre deficitario y próximo a la bancarrota, la obtención de préstamos extranjeros mucho más baratos le parecía ser la solución óptima para lograr una estabilidad interior. Esta medida la habían adoptado poco antes también otros gobiernos latinoamericanos. Empréstitos contratados en el mercado de capitales de Londres fueron gestionados de la siguiente manera: mediante un decreto el Congreso nacional autorizaba al gobierno central o federal a contratar un empréstito por un monto determinado con una o varias casas comerciales y bancarias extranjeras. Luego, un representante financiero comisionado por el gobierno negociaba con una empresa apropiada las condiciones del préstamo, que eran así fijadas en un contrato. En el caso de los empréstitos latinoamericanos, las partes contratantes eran, por lo general, pequeñas casas comerciales y bancarias o *merchant banking houses*, no propiamente bancos. Éstos se encargaban de la emisión, es decir, de la comercialización de los bonos del empréstito. Como primer paso, hacían imprimir bonos convenientemente fraccionados a nombre del gobierno respectivo. Luego conquistaban, junto con amigos financieramente potentes, y mediante una hábil labor publicitaria (folletos ilustrativos y artículos de prensa optimistas sobre la seguridad del país en cuestión), un número suficiente de interesados, quienes se inscribían en una lista de suscripción. Desde el comienzo de la fase de venta y hasta finiquitar la misma, mediante compras y rumores respectivos, se mantenían las cotizaciones del nuevo empréstito en la bolsa de valores, artificialmente, por sobre el valor de emisión contratado. Luego, según la regularidad de pago de los intereses, la cotización del empréstito bajaba en mayor o menor escala. Ganadores del negocio eran los representantes financieros latinoamericanos o británicos, que recibían elevadas comisiones por su mediación. Ganadores eran también las casas británicas, que primero lograban ganancias bastante subidas por el riesgo de la comercialización de los bonos, y luego más reducidas pero seguras por el pago de intereses y amortizaciones a los tenedores de éstos. Para la contratación de un préstamo exterior, el gobierno central o federal no sólo precisaba

---

de su libro. Sobre el desarrollo del sistema de la deuda pública en Gran Bretaña, véase "Funding", 1842, t. 10, pp. 244-257.

una autorización de su Congreso, sino que este último también tenía que aprobar el contrato negociado después de su ratificación.[11]

Con la autorización previa del Congreso, se firmó el 7 de febrero de 1824 el contrato entre el gobierno mexicano y la pequeña casa londinense B. A. Goldschmidt y Cía., por el primer empréstito de un valor nominal de 3 200 000 libras (aprox. 16 000 000 de pesos) a 5%,[12] y el 25 de agosto de 1824 el segundo, con la también pequeña casa Barclay, Herring, Richardson y Cía., por un empréstito de igual valor nominal a 6% de interés anual.[13] Del préstamo Goldschmidt, según las cláusulas del contrato, se pagaría al gobierno sólo 50%, o sea 1 600 000 libras (cerca de 8 000 000 de pesos); a su nombre, sin embargo, se emitieron bonos por una deuda de doble valor (cerca de 16 000 000 de pesos), bonos que debían ser amortizados a partir del 1 de octubre de 1823 y dentro de un plazo de 30 años. Esta deuda nominal sobrepasaba el doble de los ingresos ordinarios del año presupuestario de 1824.[14] Si se toman en cuenta las cuotas más elevadas a pagar por los intereses, entonces los intereses anuales sobre el empréstito Goldschmidt ascendían a un valor nominal de 10% y, agregando los intereses compuestos, a un valor real de casi 12%. Esta tasa de interés, de hecho, era más alta aún, puesto que, una vez colocado el empréstito, y descontando los intereses y las amortizaciones para los dos primeros años y medio, aun antes de entregar la suma total, así como deduciendo tanto la comisión por el pago de intereses y amortizaciones (1.5%) como la totali-

---

[11] Véase Rippy, "Latin", 1947, pp. 125 ss.; Jenks, *Migration*, 1971, pp. 46-49. La fuente auténtica para observar el desarrollo de las cotizaciones de los bonos latinoamericanos es el diario, *Course of the Exchange*, años 1822 y siguientes.

[12] Casasús, *Historia*, 1885, pp. 24-54; Bazant, *Historia*, 1981, pp. 25-28; Turlington, *México*, 1930, pp. 26 ss., 30-32, 35-41, 545-350; Payno, *México*, 1862, apéndice, pp. 3 ss.; Rodríguez, *Emergence*, 1975, pp. 108-117; Mora, *Obras*, 1963, pp. 437-444. La interpretación del empréstito Goldschmidt y del papel de Borja Migoni por Rodríguez O., comparándola con las de Bazant, Turlington y Casasús me parece partidaria y no del todo correcta. Además, Rodríguez no señala las fuentes de su tabla 2, p. 117.

[13] Casasús, *Historia*, 1885, pp. 59-77; Bazant, *Historia*, 1981, pp. 29-32; Turlington, *México*, 1930, pp. 29 ss. 41-45, 345, 351 ss.; Payno, *México*, 1862, apéndice, pp. 4 ss.; Rodríguez, *Emergence*, 1975, pp. 116-118, y Mora, *Obras*, 1963, pp. 445-449.

[14] Compárese las indicaciones en la nota 12. Respecto a los ingresos ordinarios del año presupuestario de 1824, véase el artículo de Carmagnani, "Finanzas", 1983, apéndice 1, pp. 314 ss.

dad del costo de la emisión, no se pagó 50% sino sólo 42.34% de la deuda nominal. Por razones de viabilidad política, se acordó en el contrato una tasa de interés lo más baja posible y una deuda nominal consecuentemente alta. Intereses anuales mayores a 5 y 6% eran considerados usura por tradición escolástica.[15] En garantía, el gobierno mexicano empeñó, por hipoteca general, la totalidad de sus ingresos y, por hipoteca especial, la tercera parte de los derechos a pagar en las aduanas marítimas del Golfo de México.[16]

Al venderse los bonos a un curso de 58%, la ganancia de la casa Goldschmidt y Cía. ascendía a 8% de la deuda nominal o a 14% de la suma pagada. A esto se sumaba una comisión de 1.5% por la operación del pago de intereses y amortizaciones. Todos los gastos de emisión le fueron reembolsados a la empresa. Sin embargo, el representante financiero y encargado de negocios de México en Londres, Francisco de Borja Migoni, no obtuvo ganancia en forma de comisión.[17]

El empréstito Barclay resultó mucho más ventajoso para México que el de la casa Goldschmidt, puesto que sus bonos pudieron ser vendidos en Londres a un curso de emisión considerablemente más alto: a 86.75% frente a 58% de los bonos del préstamo Goldschmidt. Una vez descontada la ganancia de 6% sobre el producto de venta estipulado en el contrato, y deducidos los pagos de intereses y amortizaciones para los dos primeros años aun antes de la entrega de la suma total, las comisiones de 1.5%, respectivamente de 1% por estas gestiones y el costo de emisión, le quedó al gobierno mexicano una suma equivalente a 76.12%. El interés anual del empréstito ascendía de 6.9 a 8%. Como garantía, al igual que para el préstamo Goldschmidt, sirvió un tercio de los ingresos por derechos aduaneros de los puertos marítimos del Golfo de México. El servicio de intereses y amortizaciones de ambos empréstitos ascendía a un total de 2 080 000 pesos al año, lo

---

[15] Casasús, *Historia*, 1885, pp. 29 ss., 43, 52 ss.; Bazant, *Historia*, 1981, pp. 27. No entiendo con base en cuál 100% Casasús, que evaluó la documentación original del Archivo de Hacienda llegó a los 42.34%, cifra que Bazant repite sin comentario. Según mis cálculos, esta cifra debería ser todavía más baja, es decir, 40.12 por ciento.
[16] Casasús, *Historia*, 1885, pp. 37 ss., 40 ss.; Bazant, *Historia*, 1981, p. 26; Turlington, *México*, 1930, p. 36.
[17] Alamán, *Historia*, 1849-1852, vol. v, apéndice, p. 90.

que en 1824 correspondía a 28.4% de los ingresos ordinarios del gobierno federal mexicano. Considerando que el servicio para la deuda interior probablemente era todavía mayor y seguía creciendo de manera desordenada, este porcentaje constituía un gravamen bastante oneroso para la hacienda pública deficitaria del gobierno central.[18] Además, la bancarrota de la casa Barclay de Londres significó para el gobierno mexicano una pérdida de 303 928 libras.[19]

La colocación simultánea de dos empréstitos mexicanos en el mercado de capitales de Londres agravó particularmente las condiciones del primero, vale decir, el de la casa Goldschmidt. Las condiciones del mismo se vieron afectadas adicionalmente por la invasión de la Santa Alianza y la victoria de la monarquía absoluta en España en 1823, así como por la continuación del estado de guerra entre España y México. Otras proposiciones para un empréstito extranjero, como las de Robert P. Staples, agente de la casa londinense Thomas Kinder junior, no le parecieron aceptables al gobierno mexicano o no tuvieron éxito.[20]

De las sumas que México recibió de ambos empréstitos, la parte considerablemente mayor no fue destinada a inversiones productivas sino a egresos presupuestarios improductivos o de consumo. De éstos, el volumen máximo sirvió para el pago de salarios y remuneraciones a las fuerzas armadas. Justo Sierra comentó esta fase de estabilidad aparente del gobierno mexicano con las siguientes palabras: "cuando los sueldos se pagan, las revoluciones se apagan".[21] Debido al estado de guerra con España, otras sumas apreciables fueron consumidas por la compra de naves de guerra y armas en Gran Bretaña. El resto fue empleado para el pago de deudas interiores y exteriores a fin de mantener el crédito del país. Aproximadamente la cuarta parte del producto neto del segundo empréstito (500 000 libras) debía ser dedica-

---

[18] Compárense las indicaciones de la nota 13, así como el artículo de Carmagnani, "Finanzas", 1983, apéndice I, pp. 314 ss., *Memoria*, 1870, Índice alfabético, voz "Deuda interior". Tampoco entiendo con base en cuál 100% Casasús, *Historia*, 1885, p. 76, llegó a los 76.12%, cifra que Bazant, *Historia*, 1981, p. 31, repite. Me parece que esta cifra debería ser 74.95 por ciento.
[19] Casasús, *Historia*, 1885, pp. 105-108, III; Bazant, *Historia*, 1981, p. 39.
[20] Casasús, *Historia*, 1885, pp. 16-30, 55-59; Turlington, *México*, 1930, pp. 21-30.
[21] Sierra, *Eevolución*, 1957, p. 189.

da a la redención de bonos del primero, según el contrato del 7 de febrero de 1824.[22]

II

Después de las guerras napoleónicas fue Londres el principal centro financiero y comercial del mundo. El capital evadido del continente, así como el capital acumulado por la nueva dinámica de la sociedad industrial británica, dieron por resultado el que Londres reemplazara a Amsterdam, centro financiero y comercial del siglo XVIII. El Banco de Inglaterra estaba desarrollándose, paso a paso, hasta transformarse en un banco central moderno con las funciones de depósito único de reservas en metálico, de banco de descuento de última reserva, de guardián de las tasas de cambio del sistema monetario y de banco del gobierno. La deuda pública fue servida y garantizada por un *sinking fund* independiente de la administración fiscal. Durante la primera mitad del siglo XIX, Gran Bretaña era el único país del mundo con un excedente de capital suficiente como para permitir su exportación.[23]

Puesto que los bancos británicos en sus negocios se limitaban en gran medida al Archipiélago, el comercio exterior, incluyendo el de letras de cambio y empréstitos, quedaba en manos de los *merchant bankers* especializados. Ellos disponían de una red de comunicaciones comerciales e informaciones desde Londres a ultramar y las colonias que ya abarcaba al mundo entero. Por lo mismo, las *merchant banking houses* de mayor éxito se encontraban en manos de familias inmigradas, como los Baring de Bremen o los Rothschild de Francfort. Una serie de *merchant bankers* londinenses, antes que nada los Baring Brothers y los Rothschild, obtuvieron buenas ganancias durante las guerras napoleónicas y luego en la reconstrucción de la Europa continental. Baring Brothers participó conjuntamente con las casas Hope de Amsterdam y Ouvrad de París en el "comercio neutral" hispanoamericano y

---

[22] Casasús, *Historia*, 1885, pp. 99-102, 108-111; Bazant, *Historia*, 1981, pp. 37-42, 258-262; Turlington, *México*, 1930, pp. 40 ss., 43-45; Alamán, *Liquidación*, 1845, pp. 61-65.

[23] Jenks, *Migration*, 1971, pp. 9-29; Clapham, *Bank*, 1944, vol. II, pp. 75-185; Aretz, *Die*, 1916, pp. 153-194; Riley, *International*, 1980.

en el negocio de las libranzas de la Real Caja de Consolidación de Madrid giradas contra tesorerías coloniales, particularmente mexicanas. Después de la derrota de Napoleón, organizaron, entre otros, empréstitos para los gobiernos deficitarios del continente europeo.[24]

En los años 1820 siguió una avalancha de empréstitos a los jóvenes gobiernos independientes de Latinoamérica con ganancias cada vez más altas para los representantes financieros y las casas emisoras, así como con pérdidas correspondientemente subidas para los primeros compradores. Según cifras de Rippy, puede estimarse que la ganancia en la comercialización de los empréstitos latinoamericanos ascendía a un término medio de 20 a 25%. Con base en eso, se calcularía que los *merchant bankers*, como representantes financieros y emisores de aquellos empréstitos, en los años 1820, obtuvieron de productos de venta, por un total de 19 a 20 000 000 de libras, ganancias de 4 a 5 000 000 de libras por comisiones y manipulaciones de bolsa.[25] Hay que destacar que, antes de 1826, en el mercado de capitales de Londres, de acuerdo con la oferta y la demanda, los países latinoamericanos no fueron tratados peor sino del mismo modo que las naciones preindustriales, políticamente también inestables, del continente europeo. Así, por ejemplo, el gobierno de España contó entre 1821 y 1823 con las peores condiciones por empréstitos extranjeros que las de México respecto al préstamo Goldschmidt de 1824.[26] Para un gobierno latinoamericano, como el de México, los intereses por empréstitos, usuales en aquel entonces en el mercado de Londres, resultaban más baratos que los intereses por créditos en el propio país.[27]

Los inversionistas británicos, que en la primera mitad de los años 1820 colocaban capital en el extranjero, pertenecían a la burguesía del país. La enorme deuda exterior de Gran Bretaña, con más de la mitad de los egresos estatales destinados al servicio

---

[24] Jenks, *Migration*, 1971, pp. 11, 18, 29-45; Emden, *Money*, 1937, pp. 27-38; Buist, *Spes*, 1974; Nolte, *Fünfzig*, 1853, vol. I.

[25] Rippy, "Latin", 1947, pp. 122-127; Jenks, *Migration*, 1971, pp. 45-51; Emden, *Money*, 1937, pp. 38-44.

[26] Véase Casasús, *Historia*, 1885, pp. 30 ss., 92-94; Bazant, *Historia*, 1981, pp. 35 ss.; y "A list of the Foreign Loans contracted in England..." (en Parlamentary Papers, House of Commons, Sessional Papers, 1831-1832, vol. 6, p. 586).

[27] Véase nota 10.

de deudas para financiar las guerras napoleónicas, había conducido a una mayor redistribución en favor de los acomodados y a un detrimento de los pobres. La economía británica se encontraba en 1823-1824 en una fase coyuntural del *boom* con sobreproducción industrial, especialmente en la industria algodonera, con bajos intereses de capital y primeros síntomas de depresión. El tipo de descuento (*bank rate*) del Banco de Inglaterra, que entre 1773 y 1822 se mantuvo inalterado en 5%, se redujo a 4%. Cada vez más capital quedaba a disposición, incluso para inversiones especulativas en el extranjero, sobre todo en los nuevos mercados de América Latina.[28] Banqueros y corredores de bolsa adquirieron, según puede comprobarse, bonos de empréstitos latinoamericanos, incluso mexicanos. Entre los compradores y tenedores de bonos mexicanos se contaban, además, nobles, miembros del parlamento y profesionales, como militares y clérigos. Había tenedores de bonos mexicanos, no sólo en Gran Bretaña sino también en Holanda, Francia y Alemania. En años posteriores pueden citarse también ejemplos de comerciantes británicos en México que mandaron a comprar especulativamente bonos mexicanos cuyas cotizaciones de bolsa habían bajado.[29]

La euforia especulativa por los bonos y acciones latinoamericanos se derrumbó con la crisis económica y bancaria de fines de 1825 y comienzos de 1826, la primera de las crisis cíclicas de sobreproducción en la historia moderna. Como los nuevos gobier-

---

[28] Gaver, Rostow y Schwarz, *Growth*, 1975; Seammell, *London*, 1968; Matthews, *Study*, 1954.
[29] David Price a Baring Brothers y Cía. (Londres), Hendon (Inglaterra), 8 de octubre de 1849, BBA, HC 4.5.2.112 (Ms. 18.321); J. Giffard a Baring Brothers y Cía. (Londres), Veracruz, 1 de diciembre de 1843, BBA, HC 4.5.2.75 (Ms. 18.321); Alexander Baring a Baring Brothers y Cía. (Londres), Brighton (Inglaterra), 27 de noviembre de 1828, BBA, HC 1.20.1.1 (Ms. 18.321); Francis Baring a Baring Brothers y Cía. (Londres), Buckenham (Norfolk, Inglaterra), 16 de noviembre de 1847, BBA, HC 1.20.5/1 (Ms. 18.321); Mexican Bondholders Accounts 1862 (-1866), BBA, AC 28 (Ms. 18324); BBA, Spanish Current Ledgers, vol. 3 (1848-1855), *passim*, casa Agüero González y Cía. de México (Ms. 18.336/3); J. H. Carnegie a Lord Russel, Cranborne (Salisbury), 7 de febrero de 1861, PRO, FO 97, vol. 280, f. 7r-8v; Memorial de los tenedores de bonos mexicanos a Lord Stanley, Londres, 6 de mayo de 1868, PRO, FO 97, vol. 282, f. 27r-29v; Proceeding of the Committee of the Holders of Mexican Bonds. Appointed at the General Meeting of Bondholders, held at the City of London Tavern, The 26th of may, 1830 (Londres 1830, pp. 9 ss., 12 ss. y 24) Dixon, *Development*, 1962, pp. 6, 173-176. Véase además Rippy, "Latin", 1947, pp. 125 ss.

nos en América Latina, con excepción del de Brasil, muy pronto ya no podían pagar las cuotas corrientes de intereses y amortizaciones de sus empréstitos londinenses, y otros créditos e inversiones en este continente fracasaron, estallando como burbujas de jabón, muchos bancos y empresas británicos tuvieron que declararse en quiebra. Entre éstos figuraban en 1826, también, las dos partes contratantes del gobierno mexicano: Goldschmidt y Cía. y Barclay, Herring, Richardson y Cía.[30] Desde 1826 la prestigiosa *merchant banking house* Baring Brothers y Cía. desempeñó la función de agente financiero de la república de México en Londres, con todos los derechos y obligaciones para los trámites del pago de intereses y amortizaciones de ambos empréstitos.[31] Al cesar los pagos de las cuotas por intereses y amortizaciones de los empréstitos latinoamericanos, después del 1 de julio de 1827 también los mexicanos, sus cotizaciones en la Bolsa de Valores de Londres bajaron considerablemente. La mayoría de los primeros compradores, que muy pronto, poseídos de pánico, vendieron sus bonos, perdieron en ello la mayor parte del capital invertido. Para los gobiernos latinoamericanos, así como para el mexicano —sólo el del Brasil constituía una excepción—, no hubo posibilidad alguna de contratar, en un futuro próximo, empréstitos en Gran Bretaña, en Europa continental o en los Estados Unidos de Norteamérica. Esta situación de insolvencia de los países deudores prevaleció, salvo excepciones, por varios decenios: en México, después de una serie de conversiones en forma de emisiones de nuevos bonos en lugar de intereses no pagados (1831-1837, 1846, 1850, 1864, 1886), hasta el nuevo empréstito de 1888 durante el porfiriato. En estas conversiones, los representantes del gobierno mexicano lograron reducciones en las tasas de interés y en el monto total de la deuda, dejando a los agentes de los tenedores de bonos sin más remedio que aceptar pérdidas considerables.[32]

---

[30] Rodríguez, *Emergence*, 1975, pp. 121, 123.
[31] Richard Pakenham al vizconde Dudley, México, 15 de agosto de 1827, núm. 47, *PRO*, FO 50, vol. 35, f. 154f-158v. Véase también Rodríguez, *Emergence*, 1975, p. 124.
[32] Respecto a esfuerzos vanos del gobierno mexicano durante los años 1827-1829 y 1846 por obtener un empréstito de casas londinenses o parisienses, véase Richard Pakenham al vizconde Dudley, México, 3 de diciembre de 1827, núm. 86, y 18 de abril de 1828, núm. 46, *PRO*, FO 50, vol. 36, f. 133r-138v, y vol. 43, f. 91r-92v; cartas de Manning y Marshall (México) a Baring Brothers y Cía. (Londres) de estos años, BBA, HC 4.5.2 (Ms. 18.321); "Mexican Sterling Debt", informe

¿Cómo pudo darse tan tremenda apreciación errónea de las posibilidades de ganancia en Latinoamérica?

III

Los *merchant bankers* británicos que proporcionaban empréstitos a países latinoamericanos se esforzaban de hecho en obtener un máximo de ganancias y en el cálculo racional de sus negocios. Sin embargo, se dejaron contagiar por el optimismo contemporáneo respecto al futuro desarrollo económico de América Latina y también por el de México, aquel Dorado argentífero que entre 1781-1810 contaba con casi dos tercios (63%) de la producción mundial de plata.[33] En Gran Bretaña, al parecer, se tuvieron alrededor de 1820 sólo escasos conocimientos locales sobre los nuevos mercados, de modo que las descripciones optimistas de la riqueza ilimitada de estas regiones del nuevo mundo no despertaron críticas. En estas jóvenes naciones, así como en México, reinaba después de la independencia un entusiasmo desenfrenado en cuanto a tesoros y posibilidades fabulosos que sólo aguardaban ser explotados. Las cartas que los socios en México dirigían a las *merchant banking houses* en Londres y París llevaban, como puede comprobarse repetidas veces, el sello de semejante optimismo. En diciembre de 1823 expuso Thomas Murphy hijo a la casa Rothschild de Londres el proyecto —no realizado más tarde— de un empréstito al gobierno republicano de México. A fin de acreditar la solidez de los ingresos del Estado central, describió su monto en el quinquenio anterior a las luchas por la independencia. Tan pronto se hayan llevado a cabo algunas reducciones de impuestos y se hayan importado maquinarias útiles, como máquinas a vapor, exentas de derechos de aduana, escribía él:

> es indiscutible que los ingresos de este imperio tengan que aumentar poco a poco. Si las provincias de Yucatán y Guatemala siguen unidas a la república, como lo estuvieron durante el reino de Iturbide, puede afirmarse confidencialmente que México lle-

---

de George White a Baring Brothers y Cía. (Londres) de 1863, BBA, HC 4.5.33/ II. Véase además, para México, Bazant, *Historia*, 1981, pp. 43-133; Turlington, *México*, 1930, pp. 60-215; Wynne, *State*, 1951, pp. 7-48; Lill, *National*, 1919, pp. 19-66; Bock, *Prelude*, 1966, pp. 458-474.

[33] Soetbeer, *Edelmetall*, 1879, pp. 110 ss.

gará a ser uno de los Estados más ricos y poderosos del nuevo mundo, puesto que ya en la actualidad sus provincias cuentan con una población de cerca de 10 000 000 de habitantes.[34]

Manning y Marshall, una *merchant banking house* en la ciudad de México, con sucursal en Veracruz, era el comisionista mexicano de casas londinenses como Barclay, Herring, Richardson y Cía. y, luego de la quiebra de ésta, de Baring Brothers y Cía. En vista de la demora del gobierno mexicano en remitir los intereses por los bonos de los empréstitos, declaraba Manning y Marshall en una carta del 11 de agosto de 1827 que, a pesar de los conflictos políticos y de los levantamientos, tomando en cuenta los recursos de este país, el riesgo corrido por los tenedores de bonos mexicanos, pase lo que pase, no podía ser demasiado grande. El presupuesto federal quedaría equilibrado si el gobierno redujera los gastos militares. "Para finalizar, consideramos que este país progresa rápidamente y, con algo de economía y política sana, no dudamos en afirmar que llegaría a ser el mejor país del mundo".[35] Como ellos, muchos otros comerciantes opinaban que México asumiría en el futuro la función de una gran potencia, por su posición privilegiada entre el Atlántico y el Pacífico, sus recursos naturales y su población cuantiosa.

El hecho de que la casa Goldschmidt esperaba el pago de intereses y amortizaciones del primer empréstito ya desde la tramitación del contrato, hace presumir que para ello partía de la suposición optimista de que, después de la independencia, el país experimentaría una fase de orden interior y de propiedad.[36]

Los *merchant bankers* londinenses que otorgaban empréstitos a países latinoamericanos pensaban, al mismo tiempo, y antes que nada, en el comercio con estos nuevos mercados. Barclay, Herring, Richardson y Cía. vendieron al gobierno mexicano no sólo un empréstito sino, al mismo tiempo, también armas y naves para la guerra contra España por 1 390 334 pesos. Basada en el artículo 7° del contrato de préstamo del 25 de agosto de 1824, la casa dedujo este monto simplemente de la cantidad del emprés-

[34] Copia de la carta de Thomas Murphy hijo a Mess. de Rothschild Bro[ther]s (París), París, 7 de diciembre de 1823, Rothschild Archives Londres (en adelante RAL), XI/111/0.
[35] Manning y Marshall a Brothers y Cía. (Londres), México, 11 de agosto de 1827, BBA, HC 4.5.2.3a (Ms. 18321).
[36] Turlington, *México*, 1930, pp. 39 ss.

tito a pagar.³⁷ Su proyecto de hacer construir con otras partes del empréstito, en el istmo de Tehuantepec, un canal entre el Atlántico y el Pacífico fracasó finalmente, por el hecho de que los medios financieros ya no alcanzaban para tal propósito y por falta de ingresos adecuados del gobierno.³⁸ Asimismo, debido a los apuros financieros del gobierno central, fracasaron las intenciones de las empresas de ampliar el camino de México a Veracruz por los llanos de Apan y de asegurarlo mediante ventas, abriéndolos así al correo público y a servicios regulares de diligencia para el transporte de personas y mercancías. A través de ese proyecto, la casa Barclay y Cía. pretendía asegurarse tanto el monopolio de los servicios mencionados como la franquicia aduanera para la importación de las maquinarias y los materiales necesarios.³⁹

Después de la quiebra de las dos *merchant banking houses* Goldschmidt y Barclay, ejerció entre 1826-1836 la casa Baring Brothers y Cía., en Londres, el cargo de agente financiero del gobierno mexicano para toda Europa. Cuando se negaron a continuar esta tarea, les siguió entre 1836-1845 la sucursal londinense de la *merchant banking house* mexicana Francisco de Lizardi y Cía.⁴⁰ La función del agente financiero consistía, sobre todo, en transferir, con ayuda del comisionista mexicano, remesas del gobierno a Londres, ganando una comisión por el cambio. Repartía, además, estas sumas por otra comisión pequeña de sólo 1 a 1.5%, a los tenedores de bonos mexicanos, como pago de intereses. Adicionalmente, proporcionaba cuotas mensuales para el sustento de las representaciones diplomáticas del país en Londres y en el resto de Europa. Este negocio, sin embargo, a la larga aportó más disgustos que ganancias, porque después del 1 de julio de 1827 hasta los años 1870 pudieron ser atendidas en total sólo partes mínimas de los intereses y ninguna amortización.⁴¹ Por lo demás,

---

³⁷ Véase Casasús, *Historia*, 1885, pp. 69, 110 ss., así como Bazant, *Historia*, 1981, pp. 39, 260-262.

³⁸ Véase Casasús, *Historia*, 1885, p. 61, y James Morier a George Canning, Xalapa, 19 de noviembre de 1824, núm. 12, PRO, FO 50, vol. 6, f. 104r-107v.

³⁹ Jeames Morier a George Canning, Xalapa, 19 de noviembre de 1824, *PRO*, FO 50, vol. 6, f. 104r.

⁴⁰ Correspondencia entre Baring Brother y Cía., Francisco de Lizardi y Cía. y el secretario de hacienda mexicano, BBA, HC 4.5.4.17 (Ms. 18321). Véase también Bazant, *Historia*, 1981, pp. 43, 54, 60.

⁴¹ BBA, Spanish Current Account Led vols. 1 (1831-1833) y 2 (1834-1849), *passim*, Supremo Gobierno de México (Mts. 18.336/1+2). Véase también Bazant, *Historia*, 1981, pp. 57, 105 ss.

la legación mexicana en Londres se mantenía, por regla general, de créditos en forma de letras de cambio no cubiertas, giradas contra el gobierno mexicano, hasta que en 1855 la casa Baring Brothers y Cía. se negó a aceptar tales letras.[42] En vista de lo cual la legación firmó, con beneplácito posterior del gobierno mexicano, un contrato con la casa Francisco de Lizardi y Cía. como nuevo agente financiero.[43]

Francis Baring, un joven miembro de la casa Baring Brothers y Cía., visitó entre 1824 y 1825 ambas Américas para conocer personalmente a los comisionistas de su casa y para informarse de las condiciones del comercio de ultramar. En el curso de este viaje permaneció por más tiempo en México. Bajo la influencia del optimismo eufórico que por aquel entonces reinaba en el país, compró para su empresa, junto con la casa inglesa Staples y Cía., asentada en México, el marquesado de San Miguel de Aguayo, uno de los más grandes latifundios del país, por la suma total de 160 000 libras (aprox. 800 000 pesos), abonando 40 000 libras. Los acreedores del marquesado estaban conformes porque esta transacción les significó recibir dinero en efectivo sin tener que asumir la penosa administración de haciendas poco productivas en el lejano norte del país. Para la administración del latifundio, ambas empresas británicas fundaron la Parras Estates Company que, basándose en un primer inventario de 1826, estimaba el valor del mismo en 1 026 250 pesos. Un inventario anterior a 1815 arrojó un valor de 1 172 383 pesos. En 1828 el conjunto, compuesto por varias haciendas ganaderas y una mina llamada Salbarradón, abarcaba 66 poblados con 9 185 habitantes y tierras equivalentes a 1 172 sitios de ganado mayor, o sea 2 051 000 hectáreas.[44] Puesto que la propiedad del latifundio

---

[42] Correspondencia entre Baring Brothers y Cía. (Londres) y Manning y Marshall (México) de la época de 1827-1837, BBA, Letter Books 2-7 (1831-1837), (Ms. 18.322) y BBA, HC 4.5.2 (Ms. 18 321). Compárese, sobre todo, carta de Baring Brothers y Cía. a Manning y Marshall (México), Londres, 15 de febrero de 1836, BBA, LB 5D (1836), pp. 57-58 (Ms. 18.322).

[43] Baring Brothers y Cía. a Manning y Marshall (México), Londres, 16 de febrero de 1836 y 15 de febrero de 1837, BBA, LB 5D (1836), p. 61, y LB 7 (1837), pp. 86-88 (Ms. 18.322).

[44] Richard Pakenham al vizconde Dudley, México, 20 de diciembre de 1827, PRO, FO 50, vol. 36, f. 177r-182v; Francisco Foale a E. C. Mackintosh, Talapa, C. de P. 17 de febrero de 1838. BBA, HC 4.5.13 (Ms. 18.321), y Harris, *Mexican*, 1975, pp. 163 ss.; Nolte, *Fünfzig*, 1853, vol. I, pp. 383-385, en su autobiografía, describe

a largo plazo no prometía arrojar ganancias, era política de los Baring Brothers volver a liquidar cuanto antes y sin mayores pérdidas estas inversiones. Por iniciativa propia y sin consultar a la casa matriz, las casas comisionistas Nolte, Wilson y Drake, así como Manning y Marshall de México, sobornaban en 1828 a los políticos de mayor influencia en el Congreso, lo mismo que al presidente de la república, con una suma total de apenas unos 10 000 pesos, para que se eliminara una ley que, entre otras cosas, prohibía con efecto retroactivo a los extranjeros la adquisición de bienes raíces en México. Gracias a esta ley, quedó anulado el contrato de venta del marquesado de San Miguel de Aguayo, y el saldo remanente de 120 000 libras (aprox. 600 000 pesos) ya no había que cancelarlo.[45] Los agentes de la Parras Estates Company, por tanto, exigían la devolución de sus inversiones de 367 000 pesos, destinadas para pagos a cuenta y mejoras. Entre el vendedor, sus acreedores y los compradores resultó una serie de procesos interminables, hasta que en septiembre de 1828 el marqués cedió los derechos de propiedad a sus acreedores. Éstos, de los cuales algunos, como Baring Brothers, recibieron hipotecas cuantiosas, dieron las haciendas en arriendo a otras casas británicas.[46] Por eso, a comienzos de 1838, las haciendas estaban tan arruinadas que un inventario estimó su valor tan sólo en 636 399 pesos.[47] Cuando finalmente en 1840 fueron adquiridas por los Sánchez Navarro, a la casa Baring Brothers le fue reconocida la subida hipoteca de 1828. En lo que concierne a los pagos de intereses y amortizaciones de esta hipoteca, hubo en varias oportunidades demoras y disgustos. La disposición adversa a los extranjeros de aquella ley de 1828 resultó de este modo una farsa nacionalista y no, dado el retiro de Baring Brothers de México, un "golpe contra el imperialismo económico británico", según opina Harris.[48] Llevado por el entusiasmo de los primeros años

---

esta especulación de la casa Baring Brothers en bienes raíces mexicanos, aunque con errores.

[45] Edward P. Wilson a Baring Brothers y Cía. (Londres), México, 11 de marzo de 1828, BBA, HC 4.5.5.1 (Ms. 18.321).
[46] Harris, *Mexican*, 1975, pp. 164s., y *PRO*, FO 50, vol. 68, f. 306r-307v.
[47] Francisco Faole a E. C. Mackintosh, Xalapa, C. de P. 17 de febrero de 1838, BBA, HC 4.5.13 (Ms. 18.321).
[48] Véase Harris, *Mexican*, 1975, pp. 165-167 y cartas de Baring Brothers a Manning y Mackintosh (México), BBA, LB 15-17 (844-1847), (Ms. 18.322).

después de la independencia, la casa Baring Brothers y Cía. adquirió también, por intermedio de su miembro Francis Baring, acciones de minas tales como las de Batopilas. Estas inversiones, empero, se convirtieron para ellos muy pronto en una pérdida total.[49]

Asimismo, compró Francis Baring para su casa obligaciones del gobierno mexicano a bajo curso. Estas "escrituras", al parecer promisorias en un comienzo, resultaron apenas reembolsables, pese a conversiones parciales en vales de aduana en combinación con otros negocios.[50] Tampoco se cumplió la esperanza de poder cambiarlas en efectivo dentro de su función de agente financiero del gobierno mexicano. Los comisionistas en México invitaron repetidas veces a Baring Brothers a participar conjuntamente con ellos en el negocio de créditos interiores a corto plazo e intereses exagerados, otorgados especialmente al gobierno central. Como para ello habrían dependido totalmente del criterio de sus comisionistas, negaron toda participación.[51] A causa de estos negocios crediticios, que implicaban un alto riesgo y significaban ganancias y pérdidas elevadas, no pocas casas británicas en México tuvieron que declararse en quiebra. Es significativo que sucesivamente quebraran también las tres casas comisionistas de Baring Brothers en México: Nolte, Wilson y Drake en 1828, Manning y Mackintosh en 1851, y Jecker, Torre y Cía., en 1860.[52]

---

[49] J. R. Poinsett a Francis Baring, México, 25 de septiembre de 1828, BBA, HC 4.5.6.1 (Ms. 18.321), así como Ward, *México*, 1828, vol. II, pp. 80, 128-130, 577-581.

[50] Una lista de las "escrituras" en propiedad de Baring Brothers y Cía. (Londres), en manos de Manning y Marshall (México) del 26 de diciembre de 1827 se encuentra en BBA, HC 4.5.2.12b (Ms. 18.521).

[51] Véase, por ejemplo, tal proposición en la carta de Manning y Marshall y Baring Brothers y Cía. (Londres), México, 3 de mayo de 1831, BBA, HC 4.5.2.32 (Ms. 18.321). Baring Brothers no aceptó esta proposición. Compárese además Thomas Baring a Baring Brothers, París, 14 de noviembre de 1858, BBA, HC 1.20.4/4 (Ms. 18.321).

[52] Véanse cartas de Edward P. Wilson a Baring Brothers y Cía. (Londres). México 11 de marzo de 1828, BBA, HC 4.5.5.1 (Ms. 18.321); de Alexander Grant (México) a Baring Brothers y Cía. (Londres) de 1860. BBA, HC 4.5.31 (Ms. 18.321), y carta de C. Bourdillon a Lord Stanley, México. 24 de agosto de 1867, *PRO*, FO 50, vol. 495, f. 32r.-36v. Tenenbaum, "Merchants", 1979, pp. 320 y 327, no me convence con su interpretación de la quiebra de Manning y Mackintosh como *mischief*, porque sólo "*something went wrong in 1850*". Su descripción del crédito para letras de cambio hasta 100 000 o 500 000 pesos de Baring Brothers a Manning y Mackintosh, para ella un ejemplo clave de la penetración financiera

Para movilizar créditos interiores, el gobierno central mexicano, siempre deficitario, dejó la comercialización del tabaco y sus productos del monopolio colonial tabacalero a empresas accionistas de capitalistas particulares. Puesto que también la compra de acciones de una de estas empresas, en la cual participó Baring Brothers conjuntamente con Manning y Marshall, al cabo de breves años, resultó ser poco lucrativa, la primera firma optó por retirarse de la misma.[53]

En el trato de mercancías entre Baring Brothers de Londres y Manning y Marshall (más tarde Manning y Mackintosh), su comisionista en México, prevaleció en los años 1830 y 1840 el comercio con cochinilla, plata y azogue. La cochinilla mexicana, como colorante rojo, contaba en la industria textil europea, particularmente la británica, con un mercado fijo.[54] Un mercado mejor y más seguro en Europa, sobre todo en Gran Bretaña, lo tuvo empero la plata. México contaba con más de la mitad de la producción mundial de plata, tanto antes como después de las guerras de Independencia (entre 1821 y 1860: 43.2%). La sola demanda anual de la Tesorería británica por plata fue estimada por Manning y Marshall, en 1842, entre 1 000 000 y 1 500 000 pesos.[55]

Un negocio similarmente seguro y lucrativo para Baring Brothers y Manning y Marshall, durante la primera mitad del siglo XIX, consistía en suministrar a las empresas mineras mexicanas azogue, elemento básico de la amalgamación para la reducción de los minerales argentíferos. El proceso de amalgamación permitía recuperar y volver a utilizar la mayor parte del azogue viejo.

---

de México por los comerciantes británicos, es completamente errónea, como se puede ver en las páginas siguientes de este artículo.

[53] Manning y Marshall a Baring Brothers y Cía. (Londres), México, 16 de noviembre de 1829, así como 14 de julio de 1832, BBA, HC 4.5.2.28, 42a+b, 43 (Ms. 18.321). Véase también Walker, "Business", 1984.

[54] Baring Brothers y Cía. a Manning y Marshall (México y Veracruz), Londres, 8 y 26 de junio de 1833, BBA, LB 3 (1832-1833), pp. 631 y 686 ss.; así como del 1 de marzo de 1844, BBA, LB 14 (1844), f. 54v-55r (Ms. 18.322). Véase también "An Account of the Quantities of Merchandize Imported from Mexico into the United Kingdom..." (en Parliamentary Papers, House of Commons, Sessional Papers, 1824, vol. 39, p. 528), y Schneider, *Frankreich*, 1981, vol. I, pp. 36, 84.

[55] Manning y Marshall a Baring Brothers y Cía. (Londres), México, 24 de noviembre de 1842, BBA, HC 4.5.2.71 (Ms. 18.321). Véase también Soetbeer, *Edelmetall*, 1879, pp. 111 ss.; Schneider, *Frankreich*, 1981, vol. I, pp. 42-46, 84-89.

Pero como la producción de minerales argentíferos iba aumentando poco a poco a partir de los años 1820, la minería de plata precisaba adicionalmente azogue nuevo en cantidades cada vez mayores. Aparte de una escasa producción propia de las minas de azogue en el norte de México, el azogue nuevo requerido llegaba en cantidades menores de la China, vía Cantón; en parte de Idria, en Austria, vía Trieste, pero predominantemente vía Cádiz de las minas de Almadén en España. Los *merchant bankers* londinenses Rothschild y Baring Brothers, competidores pertinaces tanto en el comercio del azogue como en el de la plata, se esforzaban, por consiguiente, en los años 1830 y 1840, por establecer y controlar un monopolio mundial, al contratar con el gobierno español, por un determinado número de años, la comercialización de la producción de las minas estatales de Almadén.[56] La producción de azogue en las minas de los departamentos Jalisco, Guanajuato, San Luis Potosí y Zacatecas, en el norte de México, fue calculada en 1844 sólo en 1 500 quintales, o sea 13.6% del consumo nacional, estimado en 11 000 quintales.[57] En los años 1830 y 1840, en México, los precios para azogue nuevo se duplicaron, y hasta se triplicaron y cuadruplicaron, principalmente por la política de precios del fisco español y a causa de los gastos y ganancias de la comercialización. A partir de 1848-1849, los precios del azogue comenzaron a bajar a consecuencia de la producción considerable de las nuevas minas explotadas cerca de San José en California.[58]

[56] Cartas de Manning y Marshall (más tarde Manning y Mackintosh) a Baring Brothers y Cía. (Londres), especialmente del 30 de octubre de 1829, BBA, HC 4.5.2.27a+b. (Ms. 18.321); 2 de octubre de 1834, BBA, HC 4.5.2.50; 5 de agosto de 1843, BBA, HC 4.5.2.73 y del 20 de mayo de 1845, BBA, HC 4.5.2.79a+b (Ms. 18.321). Véanse también cartas de Baring Brothers y Cía. a Manning y Mackintosh (México), Londres, 1 de marzo de 1844, BBA, LB 14 (1844), f. 54v-55r (Ms. 18.322): de 1 de febrero y 30 de junio de 1849, y de 1 de marzo de 1850, BBA, LB 19 (1848-1849), f. 120r y 327v-328v, y LB 20 (1849-1850), f. 218r (Ms. 18.322). Véase también Reeves, *Rothschilds*, 1887, pp. 180 ss., 282 ss.

[57] Sobre las minas de azogue en el norte de México, véase Castillo, *Resumen*, 1845, esp., p. 28. Manning y Mackintosh en una carta a Baring Brothers (Londres), México, 30 de diciembre de 1846, BBA, HC 4.5.2.89a+b (Ms. 18.321), calcularon el consumo de azogue nuevo en todo México en 11 000 quintales por año, lo que significaba la mitad de la producción anual de las minas de Almadén.

[58] Randall, *Real*, 1972, pp. 166-172. La baja de los precios de azogue a partir de 1848/1849 fue descrita por Manning y Mackintosh, así como por Jecker y Torre (México), en varias cartas a Baring Brothers (Londres) de los años 1848-1850, BBA, HC 4.5.2.100, 101, 105, 109, 110, 118 (Ms. 18.321).

Un negocio modesto pero seguro de Baring Brothers con México consistía en el giro de letras de cambio, que generalmente solía acompañar al comercio de metales preciosos y mercancías. Dentro del marco de este tipo de negocios, resultaban comisiones bastante interesantes del contrato entre Baring Brothers y el gobierno estadunidense para el giro de los primeros 3 000 000 de los 15 000 000 de pesos de la indemnización en favor del gobierno mexicano, estipulada en 1848 en el Tratado de Paz de Guadalupe Hidalgo. Empero, entre 1849 y 1852, Baring Brothers logró finalmente girar a Londres 500 000 y más tarde 2 500 000 pesos como réditos que el propio gobierno mexicano debía a los tenedores de bonos. Le pagaron los réditos en Londres habiendo podido disponer de la suma íntegra en Washington para el comercio con Estados Unidos. La casa Baring Brothers organizó esta circulación perfecta de dinero, sin transporte de fondos en efectivo, contando con la ayuda de Thomas Ward, su comisionista en Boston, de Manning y Mackintosh y, después de la quiebra de esta casa, de Jecker, Torre y Cía., su comisionista en México, y de Francis de P. Falconnet y Edmund y Forstall, sus agentes confidenciales enviados a Washington y México. Confinada a este negocio, la casa Manning y Mackintosh disponía, entre 1849-1851, de un crédito especial de hasta 100 000 libras (aprox. 500 000 pesos) a girar contra Baring Brothers, aparte del crédito normal, ascendente a 20 000 libras de su cuenta corriente de trabajo.[59]

En su totalidad, el comercio de metales preciosos y de mercancías de Baring Brothers con México tenía una importancia secundaria, en comparación con el comercio con Europa y con los Estados Unidos de Norteamérica. Junto a esto, las pérdidas de la casa por inversiones directas en tierras, minas y obligaciones estatales eran frustrantemente elevadas y, más adelante, imposibles de reducir. Las pérdidas por inversiones directas, con un valor nominal de poco más de 170 000 libras (cerca de 850 000 pesos), tuvieron que ser borradas en los libros de la casa el 31 de diciembre de 1845.[60]

[59] Véanse cartas de Baring Brothers (Londres) a Manning y Mackintosh, Edmund S. Forstall y Jecker, Torre y Cía. (todos en México), BBA, LB 18 (1848), 19 (1848-1849), 22 (1851), y 24 (1852) (Ms. 18.322).

[60] Cifra que proviene de los Account Books, que no se me permitió revisar en el BBA, la que, sin embargo, puso gentilmente a mi disposición el profesor D. C. M. Platt (Oxford).

Si las ganancias elevadas de las dos casas, Goldschmidt y Barclay, por la emisión de los dos empréstitos y por los negocios de armas asociados a éstos fueron consumidas luego por pérdidas en especulaciones que llevaron a su bancarrota, como es de presumir, no fue posible comprobarlo. Los socios de la casa Barclay, Herring, Richardson y Cía. fueron mencionados en 1823 como copropietarios de minas de plata en México, pero no se pudo comprobar si en ello tuvieron éxito.[61] En todo caso, el estudio de la correspondencia conservada de *merchant bankers* londinenses de los años 1821-1860 concretiza la impresión de que, en cuanto se refiere a México, después de los comienzos eufóricos y especulativos de 1823-1826, el negocio de créditos, de mercancías y de inversiones directas fue, salvo excepciones, decepcionante, lento y de poco monto. Asimismo, la historia de las inversiones británicas en empresas accionistas de la minería de plata, en la primera mitad del siglo XIX, resultó ser "la historia de un desastre financiero", según constató Randall para el caso de la Compañía Real del Monte.[62]

Desde su llegada a fines de 1823, los representantes del servicio diplomático y consular de Gran Bretaña en México se esforzaron por fomentar la actividad económica de los comerciantes y empresarios británicos radicados en el país. Gracias al temprano reconocimiento político de la independencia y a la firma de un tratado comercial por Gran Bretaña, los comerciantes ingleses obtuvieron, a través de sus diplomáticos y cónsules, protección y ventajas, de las cuales sus competidores de Europa continental, y en parte también de Estados Unidos, tuvieron que prescindir.[63] Envíos de plata de comerciantes ingleses a Londres fueron transportados, para su mayor seguridad, desde Veracruz o Tampico en naves de la marina británica, solicitadas por el encargado de negocios en México al almirante en jefe para las

---

[61] Artículos de un convenio del 29 de diciembre de 1823 entre David Barclay, Charles Herring, Christopher Richardson, Richard Jeffrey, William Graham y John Diston Powles, copropietarios de minas de plata en México, y William Dollar, empresario encargado de trabajarlas, PRO, FO 203, vol. 3, f. 10r-31r; véase también English, *General*, 1825, pp. 4, 19, 25.

[62] Randall, *Real*, 1972, pp. XII, 213-219. Véase también informe de Richard Pakenham al vizconde Palmerston sobre las empresas mineras británicas, México, 3 de junio de 1831, PRO, FO 50, vol. 66, f. 76r-85v.

[63] Véase, por ejemplo Schneider, *Frankreich*, 1981, vol. I, pp. 26-29; Kossok, *Schatten*, 1964, pp. 138-154, 160-176; Bosch, "Primer", 1946, pp. 495-532.

Indias Occidentales en Jamaica. Adicionalmente circulaban a partir de 1827, entre Veracruz y Falmouth, paquebotes mensuales del servicio de correos.[64] Gracias a la enérgica protesta de sus representantes diplomáticos, los comerciantes británicos —a diferencia de los españoles— no se vieron afectados en 1828 por un empréstito forzoso de la administración militar de Veracruz.[65] En el caso de un empréstito del comerciante y cónsul Robert P. Staples al gobierno de México, Lionel Hervey, en su calidad de diplomático, pugnaba decididamente por la obtención de una garantía de amortización del gobierno británico, porque este crédito serviría para fortalecer el orden y la calma en el país y para afianzar la influencia británica. El ministro de Relaciones Exteriores, Canning, desaprobó este abuso de los poderes y, sin más ni más, relevó a Hervey de su cargo. El gobierno británico, por principio, no estaba dispuesto a asumir el riesgo de negocios particulares.[66]

De acuerdo con los contratos originales, los tenedores de bonos mexicanos debían recibir porcentajes fijos de los ingresos de las aduanas, en primer lugar las de Veracruz y Tampico, por derechos de importación y exportación. Estos porcentajes, legalmente fijados, fueron modificados varias veces. Con el consentimiento del ministro británico de Relaciones y del ministro mexicano de Hacienda, a partir de 1830, los vicecónsules británicos, como agentes privados de los tenedores de bonos, conjuntamente con los administradores de las aduanas de Veracruz, Tampico y otros puertos, eran los responsables de separar estas sumas destinadas al pago de los intereses de la deuda inglesa y mandarlas directamente a Londres con los paquebotes mensuales o con navíos de guerra británicos. Empero, debido a un sinnúmero de dificultades, este arreglo en la práctica no funcionó bien. Cuando los tenedores de bonos mexicanos, organizados

[64] Richard Pakenham al vizconde Dudley, núm. 86, México, 3 de diciembre de 1827, y Joseph Planta a Alexander Baring, Londres, 15 de enero de 1827, *PRO*, FO 50, vol. 36, f. 133r-138v y vol. 40, f. 157r-160v. Véase también Williams, *British*, 1972, pp. 427 ss., 433 ss., 436 ss. El problema de los empréstitos forzosos visto por los franceses en México lo trata Barker, *French*, 1979, índice, voz "Forced loans".

[65] Véanse las relaciones de agosto y septiembre de 1828, *PRO*, FO 50, vol. 45, f. 61r-88v, y vol. 48, f. 243r-274v.

[66] George Canning a Lionel Hervey, Londres, 20 de julio de 1824, en Wabster (comp.), *Britain*, 1938, vol. I, pp. 455-457, Lionel Hervey a George Canning, México, 20 de febrero, y Guanajuato, 31 de octubre de 1824, *PRO*, FO 50, vol. 4, f. 123r-128v, y vol. 5, f. 210r-213v. Véase además Turlington, *México*, 1930, pp. 32-35.

desde 1830 en un fuerte grupo de presión, enviaron a México agentes especiales para contratar conversiones directamente con el gobierno mexicano, contaron siempre con la protección benévola pero no oficial del ministro plenipotenciario. Además, el *merchant banker* Ewen C. Mackintosh, socio de Manning y Mackintosh, la casa comisionista de Baring Brothers, que trabajaba también de agente de los tenedores de bonos mexicanos, ocupaba entre 1839 y 1853 el cargo de cónsul en la capital mexicana. Sin embargo, en la época de 1823-1860 la ayuda benévola pero no oficial del servicio diplomático y consular británico en México a favor de los tenedores de bonos mexicanos se mantuvo siempre al margen de protestas o amenazas oficiales para evitar una intervención militar directa.[67]

Si se toma en cuenta el monto de las inversiones directas de Gran Bretaña, el gran número de comerciantes británicos y sus contactos, inclusive las posibilidades de sobornar al gobierno, sólo en los eufóricos primeros años, aproximadamente entre 1823 y 1826, pueden constatarse intentos de levantar un *informal empire* de Gran Bretaña en México. A partir de 1826 se observa, no obstante, un distanciamiento de los *merchant bankers* londinenses del comercio mexicano y la bancarrota de muchos de ellos. Considerando, además, a los comerciantes ingleses en México como inmigrantes privilegiados —al igual que los comerciantes peninsulares en la época colonial— y no como agentes de una quinta columna, y viendo la competencia creciente de europeos continentales y estadunidenses, así como la manifiestamente reser-

---

[67] Proceedings of the Committee of the Holders of Mexican Bonds... (Londres, 1830, *passim*) y Second Report of the Proceedings of the Committee of the Holders of Mexican Bonds... (Londres 1931, pp. 6 y 8; ejemplares de estos dos folletos se encuentran en BBA, HC 4.4.7.1+2, Ms. 18.321). Mexican National Debt, Contracted in London (Londres: Letts, Son and Company, 1860, *passim*, ejemplar en *PRO*, FO 50, vol. 359, f. 203r-216r). "Correspondence between Great Britain and Foreign Powers, and Communications from the British Government Glaimants, Relative to Loans Made by British Subjects", 1823-1847 y 1847-1853 (en Parliamentary Papers, House of Commons, Sessional Papers, 1847, vol. 69, pp. 522-571, y 1854, vol. 69, pp. 75-118, especialmente pp. 87-89 y 95). Véase, además, Turlington, *México*, 1930, pp. 57-60; True, "British", 1937, pp. 359 ss.; Smith, "New World", 1978, pp. 15-18. True, defensor del "imperialismo financiero" británico en la primera década después de la independencia mexicana, se equivoca cuando escribe que *"His majesty's minister in Mexico (was authorized 1830) to receive the sums of money..."* y que él y los vicecónsules de Veracruz y Tampico *"Were... transmitting to the british government such sums of money as might be set apart at their respective ports for the payment of dividends due to the holders of the bonds".*

vada política exterior, la deuda inglesa de México antes de 1860 no puede ser interpretada como ejemplo de un *informal empire* ni, menos aún, como ejemplo de una relación de dominación-dependencia por parte de Gran Bretaña.

BIBLIOGRAFÍA

Aguilar, Gustavo F., *Los presupuestos mexicanos desde los tiempos de la colonia hasta nuestros días*, Secretaría de Hacienda, México, 1940.
Alamán, Lucas, *Historia de Méjico desde los primeros movimientos que prepararon su independencia en el año de 1808 hasta la época presente*, J. M. Lara, México, 1849-1852, 5 vols.
―――, *Liquidación general de la deuda exterior de la república mexicana hasta fin de diciembre de 1841*, Ignacio Cumplido, México, 1845.
Aretz, Peter, *Die Entwicklung der Diskontpolitik der Bank von England, 1780-1850. Eine kritische Studie aus dem Notenbank –und Papier–geldwesen*, Berlín, 1916.
Barker, Nancy Nichols, *The french experience in Mexico, 1821-1861, a history of constant misunderstanding*, University of Carolina, Chapel Hill, N. C., 1979.
Bazant, Jan, *Historia de la deuda exterior de México, 1823-1946*, El Colegio de México, México, 1981.
Bock, Carl H., *Prelude to tragedy: the negotiation and breakdown of the tripartite convention of London, october 31, 1861*, University of Pensylvania, Philadelphia, Pa., 1966.
Bosch García, Carlos, "El primer tratado comercial anglomexicano, intereses económicos y políticos", *El Trimestre Económico*, vol. 13, núm. 3, 1946, México, pp. 495-532.
Buist, Marten G., *At spes non fracta; Hope & Co. 1770-1815, merchant bankers and diplomats at work*, La Haya, 1974.
Cain, Peter J., *Economic foundations of british overseas expansion 1815-1914*, McMillan, Nueva York, 1980.
Cardoso, Ciro F. S. (comp.), *Formación y desarrollo de la burguesía en México*, Siglo XXI, México, 1978.
Carmagnani, Marcello, "Finanzas y estado en México, 1820-1880", *Ibero-Amerikanisches Archiv*, vol. 9, núms. 3-4, 1983, pp. 297-317.
Casasús, Joaquín D., *Historia de la deuda contraída en Londres: con un apéndice sobre el estado actual de la hacienda pública*, Imprenta del Gobierno, México, 1885.
Castillo, Antonio del, *Resumen de los trabajos que sobre reconocimientos de criaderos y minas de azogue se practicaron en el año de 1844, bajo la dirección de la Junta de Fomento y Administrativa de Minería*, México, 1845.

Clapham, John, *The Bank of England, a history*, Cambridge University Press, Cambridge, 1966, 2 vols.

Colección de Decretos, Año de 1853, volumen consultado en la Biblioteca Lafragua de la Universidad Autónoma de Puebla.

Course of the Exchange, diario de la bolsa de valores, London, 1822.

Dixon, K. F., *The development of the London money market 1780-1830*, tesis doctoral, Londres, 1962.

Emden, Paul H., *Money powers of Europe in the nineteenth and twentieth centuries*, D. Appleton-Century, Nueva York, 1938.

English, Henry, *A general guide of the companies formed for working foreign mines*, Londres, 1825.

"Funding System" en *Encyclopaedia Britanica*, Edinburgh, A. and C. Black, Londres, 1842.

Gallagher, John, y Ronald Robinson, "The imperialism of free trade", *The Economic History Review*, segunda serie, num. 6, Welwyn Garden City, Hrts., 1953.

Gaver, Arthur D., Walt W. Rostow y Anna Jacobson Schwarz, *The growth and fluctuation of the british economy 1790-1850, an historical, statistical, and theoretical study of Britain's economic development*, Hassocks, Brightibm 1975, 2 vols.

Harris, Charles H. III, *A mexican family empire: the latifundio of the Sánchez Navarros, 1765-1867*, Austin, 1975, pp. 163 y ss.

Jenks, Leland H., *The migration of british capital to 1875*, Nueva York, Nelson, 1971.

Kahle, Günter, *Militar und Staatsbildung in den Anfänger der Unabhängigkeit Mexikos*, Köln, Germany, Böhlan, 1969.

Kossok, Manfred, *Im Schatten der Heilegen Allianz, Deutschland und Lateinamerika 1815-1830, Zur Politik der deutschen Staaten gegenüber der Unabhängigkeitsbewegung Mittel-und Südamerikas*, Berlín, 1964.

Lill, Thomas R., *National debt of Mexico, history and present status*, Nueva York, 1919.

Macedo, Pablo, *La evolución mercantil. Comunicaciones y obras públicas. La Hacienda pública. Tres monografías que dan idea de una parte de la evolución económica de México*, J. Ballescá, México, 1905.

Marichal, Carlos, *Historia de la deuda externa de América Latina*, Madrid, Alianza Editorial, 1992.

Matthews, R. C. O., *A study in trade-cyle history, economic fluctuations in Great Britain 1833-1842*, Cambridge, 1954.

Memoria de Hacienda y Crédito Público, correspondiente al cuadragésimo año económico, presentada por el secretario de Hacienda al Congreso de la Unión, el 16 de septiembre de 1870, México, 1870.

Memoria del ramo de Hacienda Federal de los Estados Unidos Mexicanos, leída en la Cámara de Diputados el 13 de enero, y en la de Senadores el 16 del mismo, por el ministro respectivo, año de 1826, México, 1826.

Mora, José María Luis, *Obras sueltas*, Editorial Porrúa, México, 1963.

Nolte, Vincent, *Fünfzig lahreee inbeiden Hemisphären, Reminiscenzen aus dem Leben eines ehemaligne Kaufmannes*, Hamburgo, 1853, 2 vols.

Payno, Manuel, *México y sus cuestiones financieras con la Inglaterra, la España y la Francia. Memoria que por orden del Supremo Gobierno Constitucional de la república escribe...*, Ignacio Cumplido, México, 1862.

Platt, D. C. M., "The imperialism of free trade, some reservations", *The Economic History Review*, segunda serie, núm. 21, 1968, Londres.

──────, "Finanzas británicas en México (1821-1867)", *Historia Mexicana*, vol. 32, núm. 2, 1982, México, pp. 226-261.

Ramírez Cabañas, Joaquín (comp.), *El empréstito de México a Colombia*, Secretaría de Relaciones Exteriores, México, 1930.

Randall, Robert W., *Real del Monte: a british mining venture in Mexico*, Institute of Latin American Studies, University of Texas, Austin, 1972.

Reeves, John, *The Rothschilds, the financial rules of nations*, Londres, 1887.

Riley, James C., *International government finance and the Amsterdam capital market 1740-1815*, Cambridge University, Nueva York, 1980.

Rippy, J. Fred, "Latin America and the british investment 'boom' of the 1820's", *The Journal of Modern History*, vol. 19, núm. 1, 1994, Chicago, Ill.

──────, *British investments in Latin America, 1822-1949: a case study in the operations of private enterprise in retarded regions*, University of Minnesota, Minneapolis, 1959.

Robertson, William S., *Iturbide of Mexico*, Duke University Press, Durham, 1952.

Rodríguez O., Jaime E., *The emergence of Spanish America, Vicente Rocafuerte and spanish americanism, 1808-1832*, University of California Press, Berkeley, 1975.

Rothschild Archives Londres (RAL):

Schneider, Jürgen, *Frankreich und die Unabhängigkeit Spanisch-Amerikas, Zum französischen Handel mit den entstehenden Nationalstaaten (1810-1850)*, Stuttgart, 1981, 2 vols.

Seammell, W. M., *The London discount market*, Londres, 1968.

Sierra, Justo, *Evolución política del pueblo mexicano*, UNAM, México, 1957.

Sims, Harold D., *La expulsión de los españoles de México (1821-1828)*, Fondo de Cultura Económica/Secretaría de Educación Pública, México, 1974.

Smith, Joseph, "New world diplomacy, a reappraisal of british policy toward Latin America, 1823-1850", *Inter-American Economic Affairs*, vol. 32, núm. 2, 1978, Washington, D. C., pp. 15-18.

Soetbeer, Adolf, *Edelmetall-Produktion und Werthverhältniss zwischen*, Gotha, 1879.

Tenenbaum, Barbara A., "Merchants, money, and mischief, the british in Mexico, 1821-1862", *The Americas*, núm. 35, 1979, Washington, D. C.

———, *México en la época de los agiotistas, 1821-1857*, Fondo de Cultura Económica, México, 1985.
TePaske, John J., *La Real Hacienda de Nueva España, la Real Caja de México (1576-1816)*, México, 1976, años 1795, ss.
True, Allen C., "British loans to mexican government 1822-1832, a decade of nineteenth century financial imperialism", *The Southwestern Social Science Quarterly*, vol. 17, núm. 4, 1937, Austin.
Turlington, Edgar, *Mexico and her foreign creditors*, Columbia University, Nueva York, 1930.
Wabster, Charles K. (comp.), *Britain and the independence of Latin America 1812-1830, Select documents from the Foreign Office Archives*, Ibero-American Institute of Great Britain, Londres, 1938, 2 vols.
Walker, David W., "Business as usual, the empresa del tabaco in Mexico, 1837-1844", *Hispanic American Historical Review*, núm. 64, 1984, Durham.
Ward, H. G., *Mexico in 1827*, H. Colburn, Londres, 1828, 2 vols.
Williams, Judith Blow, *British commercial policy and trade expansion 1750-1850*, Clarendon, Oxford, G. B., 1972.
Willie, Robert C., *México, Noticia sobre su hacienda bajo el gobierno español y después de la independencia*, Ignacio Cumplido, México, 1845.
Wynne, William H., *State insolvency and foreign bonholders, selected case histories of governmental foreing bond defaults and debt readiustments*, New Haven, 1951, 2 vols.
Yáñez Ruiz, Manuel, *El problema fiscal en las distintas etapas de nuestra organización política*, Secretaría de Hacienda, México, 1958-59, 5 vols.

LOS PRIMEROS EMPRÉSTITOS MEXICANOS, 1824-1825*

Jaime E. Rodríguez O.
UNIVERSIDAD DE CALIFORNIA, IRVINE

Nueva España, como he sostenido en otra parte, presentaba un marcado contraste con el México republicano. Durante la última parte del siglo XVIII el virreinato no sólo generaba ingresos suficientes para cubrir sus propios gastos sino que además subsidiaba las posesiones españolas en América Central y del Norte, en el Caribe y en las Filipinas, y también remitía fondos a la Caja Real de Madrid.[1] Pero esa situación favorable terminó con la revolución francesa, que desencadenó veinte años de guerras en Europa. Durante toda la crisis, de 1789 en adelante, España exigió a Nueva España que subordinara sus necesidades económicas a las de la metrópoli en peligro, cosa que nunca antes había sido necesaria, en los tres siglos de historia colonial.

Cuando el cura Miguel Hidalgo inició la lucha por la independencia en 1810, precipitó once años de guerra civil. Al suceder a veinte años de conflictos europeos, las guerras por la independencia arruinaron lo que quedaba de la economía y las instituciones del virreinato. La minería, el comercio y la agricultura declinaron seriamente. Pero el peor golpe para los intereses mexicanos fue el drenaje sistemático del sistema crediticio y financiero del país. Con las exorbitantes exigencias de España para financiar la guerra en Europa, y más tarde del gobierno virreinal para aplastar la rebelión interna, se inició la destrucción del siste-

---

* Tomado de *Pasado y presente de la deuda externa de México*, Instituto Mora/ *El Día* en libros, Sociedad Cooperativa de Publicaciones Mexicanas, México, 1988, pp. 13-42.
[1] Rodríguez, *Down*, 1983, p. 15.

ma crediticio y financiero de Nueva España. Enormes empréstitos forzosos e impuestos abrumadores sacaban dinero de México y, lo que es más significativo, alienaban a la elite mexicana. Normalmente los mexicanos ricos ayudaban a la corona en épocas de crisis, pero ahora las exigencias del real gobierno eran tan exorbitantes y tan perjudiciales para sus intereses que la elite perdió confianza en el sistema político y determinó no seguir ayudando al gobierno. Esa pérdida de confianza perseguiría a México durante décadas posteriores.[2]

En 1821, Agustín de Iturbide enfrentaba enormes responsabilidades sin recursos adecuados. El antiguo sistema fiscal ya no funcionaba: la conveniencia política obligaba a abolir muchos impuestos; otros eran ignorados porque el gobierno no era capaz de cobrarlos. La mayor parte de las contribuciones especiales para la guerra impuestas para financiar la lucha contra las fuerzas insurgentes fueron abolidas después de la independencia a fin de obtener un módico apoyo para el nuevo gobierno.

Desesperado por fondos para sostener su gobierno, Iturbide emitió papel moneda sin respaldo, impuso préstamos forzosos y confiscó cargamentos de oro. Esas y otras acciones arbitrarias completaron el proceso de alienación iniciado por España en 1789. Incapaz de establecer un sistema fiscal efectivo, el nuevo gobierno imperial buscó préstamos extranjeros para suplementar sus escasos ingresos hasta que pudiera restaurar la prosperidad y la confianza públicas. El intento, sin embargo, no logró su propósito.

El triunvirato que sucedió en 1823 al primer imperio mexicano, el poder ejecutivo supremo, encontró el tesoro vacío. El establecimiento del sistema federal, que dividía los ingresos fiscales entre el gobierno nacional y los estados, agravaba las dificultades financieras. Carente de ingresos adecuados, la república, igual que el régimen de Iturbide antes, recurrió a los préstamos extranjeros.[3]

Los dirigentes mexicanos aceptaron de buen grado los préstamos extranjeros, sin preocuparse por su costo, como medio razonable de obtener la tregua económica necesaria para restaurar la prosperidad nacional. Esperaban que los déficit de los pri-

---

[2] Flores, *Contrarrevolución*, 1969, pp. 15-103; Ladd, *Mexican*, 1976, pp. 89-161; Lindley, *Haciendas*, 1983, pp. 89-111.

[3] Flores, *Contrarrevolución*, 1969, pp. 83-103; Tenenbaum, *Politics*, 1986.

meros años de vida independiente desaparecieran pronto al recuperarse la economía y aumentar los ingresos fiscales. Tanto mexicanos como extranjeros creían que la nueva nación poseía inmensas riquezas aún no explotadas; las dificultades económicas subsiguientes a la independencia constituían apenas un impedimento menor que se superaría en cuanto el nuevo gobierno restaurase el orden interno. Los inversionistas extranjeros, en particular los británicos, estaban convencidos además de que, liberado de España, México alcanzaría rápidamente riqueza y poder. Por consiguiente, estaban ansiosos por ayudar a la nueva nación en su periodo inicial de dificultades. Naturalmente, los extranjeros esperaban beneficiarse ayudando a México.

Desdichadamente, la estructura financiera de la época estimulaba la especulación. A comienzos del siglo XIX los gobiernos obtenían préstamos vendiendo bonos en los mercados financieros europeos. Después de las guerras napoleónicas, Londres surgió como el principal mercado financiero. A comienzos de la década de 1820, los inversionistas ingleses tenían excedente de capital que estaban ansiosos de invertir en las nuevas naciones de América Latina, en particular México. Normalmente, una casa comercial de importación y exportación, como Baring Brothers o Barclay, Herring, Richardson y Cía., aceptaba el manejo del préstamo y a continuación asumía la responsabilidad de los detalles, desde imprimir los bonos hasta venderlos en los mercados financieros. Los bonos no se vendían a la par, sino a algún porcentaje de su valor declarado, generalmente proporcional a la confianza de los inversionistas en el gobierno que los vendía. Generalmente se vendían en dos etapas: durante la primera, grandes inversionistas, a menudo casas comerciales, hacían ofertas por la emisión; después, los ganadores revendían los bonos en la bolsa a numerosos inversionistas menores. La casa comercial cobraba una comisión por la venta además de los costos administrativos del manejo de la venta, y también retenía un fondo de amortización para pagar los dividendos trimestrales a los compradores de los bonos, y en algunos casos actuaba como agente financiero, comprando equipo, desembolsando fondos y actuando en general como banquero para el gobierno que había obtenido el préstamo. Todos esos servicios significaban comisiones para las casas comerciales, pero además con frecuencia los gobiernos negociaban con intermediarios que hacían los arreglos para que casas comerciales extranjeras lanzaran un préstamo, y esos individuos también recibían una comisión por sus servicios. Por tanto el lanzamiento de un préstamo gubernamental podía ser una empresa sumamente ventajosa para todos los implicados, y era natural que innumerables especuladores trataran ansiosamente de ayudar a un país potencialmente tan rico como México a obtener préstamos extranjeros. El celo de tales especuladores reafirmaba la opinión del gobierno de que México era rico y que eventualmente podría pagar todos los préstamos.

La turbulencia política que acompañó a la independencia complicó el proceso de negociación de préstamos extranjeros. Aun cuando diversos grupos mexicanos aceptaron la independencia en 1821, a menudo eran impulsados por motivaciones diferentes. Algunos querían simplemente un gobierno local; otros trataban de escapar al gobierno liberal de España; algunos eran partidarios de la república. El Plan de Iguala logró conciliar por algún tiempo a esos grupos. El breve imperio de Iturbide dejó el lugar a un triunvirato, el poder ejecutivo supremo, y después vino una lucha entre los partidarios del centralismo y los del federalismo. Los últimos triunfaron y establecieron una república federal en 1824. De ahí en adelante, ex monárquicos, iturbidistas, centralistas y federalistas entraron en cambiantes coaliciones que no hicieron sino aumentar la turbulencia política. Durante ese periodo de cambio político rápido, los varios regímenes autorizaron a algunos individuos a negociar préstamos extranjeros para México. Como esas personas a menudo entraban en conflictos de fidelidad política y debido también a que la lucha política interna se intensificó después de 1824, entre los agentes financieros de México surgieron rivalidades serias que afectaron el crédito de la nueva nación.[4]

La discordia entre los agentes financieros de México surgió con la autorización del primer préstamo. Francisco Borja Migoni, comerciante mexicano que había vivido en Londres muchos años, escribió en 1822 a Iturbide ofreciéndole negociar un préstamo en Inglaterra. Como monárquico que se había asociado con Iturbide, Borja Migoni esperaba que lo nombrara ministro plenipotenciario en Londres; no obtuvo ese cargo, pero el poder ejecutivo supremo le concedió plena autoridad para negociar un

---

[4] Sobre la política de esta época consúltese Anna, *Fall*, 1978, pp. 191-226; Ocampo, *Ideas*, 1969; Robertson, *Iturbide*, 1952, pp. 163-314; Benson, *Diputación*, 1955; Barragán, *Introducción*, 1978; Rodríguez, *Emergence*, 1975, pp. 47-88.

nuevo préstamo en 1823, y más tarde el presidente Guadalupe Victoria lo nombró cónsul general en Londres. El poder ejecutivo supremo contaba entre sus miembros a José Mariano Michelena, fuerte adversario de Iturbide, quien posteriormente fue acusado de tendencias autoritarias y despojado del cargo en la revuelta de Lobato, en enero de 1824. Aun cuando muchos desconfiaban de él, entre ellos el ministro de Hacienda José Ignacio Esteva, Michelena fue nombrado ministro plenipotenciario en Inglaterra poco tiempo después. Borja Migoni, quien se oponía a la república federal y desaprobó el nombramiento diplomático de Esteva, se convirtió en acerbo enemigo del ministro plenipotenciario y se negó a colaborar con él. En la disputa que siguió, primero sobre el uso y después sobre la seguridad de los fondos del empréstito, Esteva creyó más en Borja Migoni que en Michelena o en su colega Vicente Rocafuerte, posteriormente encargado de negocios de México en Londres. Esas animosidades se ahondaron cuando surgieron en México diferencias entre las facciones moderada y radical. Los moderados estaban en favor de Michelena y Rocafuerte; Esteva, aliado con los radicales, se puso de parte del cónsul general Borja Migoni, quien despreciaba a los moderados porque habían derrocado a Iturbide y después le habían negado el máximo cargo diplomático en Londres. Así, las rivalidades personales y las de la política interna mexicana dividían a los funcionarios de la nación que enfrentaban el complejo problema de obtener préstamos extranjeros. Esos conflictos explican además por qué los asuntos financieros de la nación fueron tan mal manejados en Inglaterra.[5]

Aun cuando varios grupos insurgentes habían tratado de obtener préstamos en Estados Unidos y en Europa durante la lucha por la independencia, el primer esfuerzo oficial se hizo bajo Iturbide. En mayo de 1822, Borja Migoni ofreció negociar un empréstito en Inglaterra, afirmando que sus nueve años de residencia en Londres le permitirían obtener los mejores términos posibles para México. Un préstamo inglés, sostuvo, no sólo resolvería la crisis financiera de la nueva nación sino que además aseguraría el interés de Inglaterra en la independencia y el bienestar de México. La Gran Colombia ya había conseguido un préstamo de 2 000 000 de libras y, como consecuencias de ello, declaraba Borja Migoni, Inglaterra estaba comprometida a ayudar a esa

---

[5] Estos asuntos se tratan en Rodríguez, *Emergence*, 1975, pp. 86-128.

nueva nación y no permitiría que España la reconquistara. Finalmente, como prueba de la accesibilidad del mercado inglés, mencionaba que los gobiernos de Francia, España, Prusia, Austria, Dinamarca y Persia también habían lanzado empréstitos en Londres.[6]

La oferta de Borja Migoni llegó en un momento oportuno. Un préstamo extranjero no sólo llenaría los cofres prácticamente vacíos del tesoro imperial, sino que además permitiría al nuevo país adquirir armamento para expulsar a las fuerzas españolas que quedaban en la fortaleza de San Juan de Ulúa. La captura de la fortaleza era crítica porque dominaba el acceso a Veracruz, principal puerto de entrada y fuente de la mayor parte de los ingresos aduaneros. El comercio mexicano, y por tanto las finanzas gubernamentales, no podían recuperarse hasta que el puerto de Veracruz quedara en libertad. Además con la fortaleza en poder del gobierno mexicano era menos probable que España intentara recuperar su antigua colonia.

En junio de 1822 el Congreso autorizó la negociación de un préstamo extranjero de entre 25 y 30 000 000 de pesos, dando instrucciones al gobierno para que obtuviera los mejores términos posibles y autorizándolo a hipotecar ingresos presentes y futuros como garantía del préstamo.[7] Con esa autoridad Iturbide nombró a Borja Migoni agente financiero de México en Londres. Pero antes de que se hubiera llegado a acuerdo alguno el emperador fue derrocado. En 1823, el Congreso constituyente autorizó un préstamo extranjero de 8 000 000 de pesos, y el poder ejecutivo supremo envió nuevas credenciales a Borja Migoni.[8]

Antes de que Borja Migoni pudiera negociar un préstamo en Londres llegaron a México varios agentes ingleses ofreciendo obtener préstamos para el apremiado gobierno, y aunque algunas de esas ofertas eran extremadamente onerosas, el gobierno mexicano consideró seriamente aceptar esos términos porque necesitaba desesperadamente el dinero y también porque estaba convencido de que la riqueza de la nación era tan grande que el gobierno podía pagar tasas usurarias a fin de obtener fondos rá-

---

[6] "Francisco de Borja Migoni a Agustín de Iturbide, Londres, 26 de mayo de 1822", en *Diplomacia*, 1910-1913, t. II, pp. 137-140.

[7] Dublán y Lozano, *Legislación*, 1876-1904, t. I, p. 617.

[8] "Lucas Alamán a Borja Migoni, México, 24 de abril de 1823; 4 de marzo de 1823", Archivo Histórico de la Secretaría de Relaciones Exteriores de México (en adelante AHSREM), H/121.32"823-24"/I. 40-II-21.

pidamente. Robert P. Staples, representante de la casa londinense de Thoms Kinder Jr., por ejemplo, ofreció negociar un préstamo de 1 000 000 de libras a 5%, que proporcionaría a México 57.24% de su valor declarado. Las negociaciones con Staples terminaron ante el ofrecimiento de términos mejores por Bartholomew Vigors Richards, representante de la casa comercial londinense de Barclay, Herring, Richardson y Cía. El 5 de diciembre de 1823, José Ignacio Esteva, el nuevo ministro de Hacienda, firmó un contrato con Richards por un préstamo de 120 millones de pesos a 6% de interés anual. México emitiría bonos por esa cantidad y Barclay los compraría por 70% de su valor declarado (como la libra esterlina valía entonces cinco pesos, México negociaba un préstamo de 4 000 000 de libras, pero recibiría apenas 2 800 000). El acuerdo estipulaba que el contrato quedaría cancelado si la oficina de Barclay en Londres no ratificaba el contrato y lo devolvía a México antes del 24 de junio de 1824. El nuevo gobierno mexicano agregó esa cláusula para asegurarse de que Barclay actuaría con rapidez.[9]

Durante ese periodo, Borja Migoni estaba negociando en Londres el primer préstamo extranjero de México. Desdichadamente, como monárquico y antiguo partidario de Iturbide, el agente estaba dispuesto a explotar al nuevo gobierno republicano. En lugar de negociar con los grandes banqueros comerciales, como Rothschild, Baring Brothers o Barclay, que estaban ansiosos de contratar el préstamo, entró en un acuerdo secreto con B. A. Goldschmidt and Company. Esta firma accedió a actuar como agente para un grupo de comerciantes londinenses encabezado por Borja Migoni, que planeaba comprar los bonos de México a un precio considerablemente inferior al valor declarado. Una vez adquiridos, los comerciantes los revenderían con grandes beneficios. Para hacerlo, necesitaban tiempo para reunir el capital. Por tanto, Borja Migoni alargó el asunto informando a México que ninguna de las grandes firmas quería tratar con la recién constituida nación, aunque aseguró al gobierno que la casa bancaria de Goldschmidt, menor pero importante, estaba interesada. Dijo que las negociaciones se habían retardado debido a la noticia de la invasión de España por los franceses y el consiguiente temor de que la Santa Alianza reconquistara México.

[9] Rodríguez, *Emergence*, 1975, p. 108.

Pese a tales problemas, Borja Migoni prometía seguir trabajando para obtener el préstamo en términos favorables.[10]

Mientras los socios de Borja Migoni reunían sus fondos, surgió una nueva complicación. El doctor Patrick Mackie, agente de Inglaterra en México, regresó a Londres el 15 de noviembre de 1823. Enterado de que el gobierno mexicano deseaba conseguir un préstamo, se comunicó con Borja Migoni y se ofreció a interceder ante el gobierno británico. Desde luego Mackie esperaba beneficiarse de su ayuda para la obtención del préstamo. Borja Migoni no podía tratar con Mackie sin comprometer su propia empresa, y ante esa situación difícil trató de ganar tiempo. Permitió que Mackie le presentara a varios socios que estaban dispuestos a financiar el préstamo para México. Afortunadamente para el comerciante, el grupo de Mackie no tenía acceso directo a los fondos, y durante las semanas siguientes actuaron con tanta temeridad que dieron a Borja Migoni la oportunidad de apartarse de ellos denunciándolos como aventureros. Acusó incluso a Mackie de haber utilizado su cargo diplomático para aprovecharse de México.[11] Pero Mackie y sus amigos no se dejaron eliminar tan fácilmente, y exigieron una compensación de varios cientos de miles de libras. Borja Migoni inicialmente rechazó la exigencia, pero eventualmente los compensó con bonos por valor de 39 000 libras, que ocultó entre los gastos administrativos en el contrato con Goldschmidt. Posteriormente, Borja Migoni explicó que había autorizado ese regalo para asegurarse la buena voluntad de esos hombres influyentes.[12] Sin embargo, Mackie y sus socios estaban lejos de poder decidir el futuro de México: el pago estaba destinado en realidad a proteger los ex-

[10] Borja, "Exposición", 1827, pp. 3-7. La correspondencia oficial que Borja Migoni tuvo con el gobierno sobre este asunto se encuentra en *Diplomacia*, t. II, pp. 137-206; "José Mariano Michelena a Alamán, Londres, 24 de julio de 1824", *Diplomacia*, t. III, pp. 218-221; "Vicente Rocafuerte a Juan de Dios Cañedo, Londres, 28 de enero de 1828 y 19 de noviembre de 1828", AHSREM, H/300 (72:861)"823.30"/1. LE 1700 y H/131 "823"/14. LE 1621(6).

[11] Borja, "Exposición", 1827, pp. 9-18. Más tarde Michelena denunció las actividades de Borja Migoni. Después de leer los papeles de la delegación, afirmó que la correspondencia oficial de Borja Migoni estaba plagada de "mentiras y contradicciones" con las que él y sus asociados distraían la atención del gobierno para ganar tiempo para sus maniobras. "Michelena a Alamán, Londres, 24 de julio de 1824", *Diplomacia*, t. III, pp. 218-221.

[12] Borja, "Exposición", 1827, pp. 10-20.

orbitantes beneficios que Borja Migoni y sus amigos se proponían obtener del préstamo a México. Libre de Mackie y ansioso de evitar cualquier otra amenaza a su proyecto, Borja Migoni hizo un contrato verbal con Goldschmidt el 2 de enero de 1824. Aun cuando las negociaciones fueron secretas, hacía tiempo que circulaban rumores de que México pensaba lanzar bonos de un empréstito. Para el 20 de enero, el *Times* de Londres consideraba que los detalles del préstamo se harían públicos pronto, porque los suscriptores potenciales estaban deseosos de tener más información.

Al no hacer ni Goldschmidt ni Borja Migoni anuncio alguno, el *Times* inició una investigación y el 27 de enero informó que los bonos pronto estarían a la venta y que algunos compradores habían obtenido términos preferenciales —se trataba de Mackie y sus socios. Pero el diario no podía dar los nombres de esos suscriptores preferenciales ni la razón de ese tratamiento. Los bonos se vendieron en privado a los pocos que habían sido invitados a participar, y no en un remate público que pudo haber hecho aumentar el precio. La táctica de Borja Migoni tuvo éxito: cuando más tarde se vendieron los bonos en la bolsa, los compradores originales obtuvieron grandes beneficios.[13]

El 9 de febrero, Borja Migoni escribió al ministro de Hacienda para anunciar que el empréstito había sido completado con éxito, aunque desde luego no incluyó información acerca de las circunstancias relativas a su negociación y venta. Según los términos del contrato firmado el 7 de febrero de 1824, Goldschmidt proporcionaría a México 1 700 000 libras esterlinas en un plazo de quince meses, si el gobierno mexicano accedía a emitir bonos por valor de 3 200 000 a 30 años con 5% de interés. Los bonos se venderían con garantía por 58% de su valor declarado. México recibiría 50% del valor declarado y la casa comercial 8% restante, como comisión por la venta de los bonos. Goldschmidt recibiría además una comisión de 1.5% por cualesquiera fondos que administrase. Para garantizar el pago del préstamo, el gobierno mexicano accedía a hipotecar un tercio de sus ingresos aduanales a partir del 12 de abril de 1825. Goldschmidt retendría

---

[13] *Times Newspapers*, núm. 12 088, 20 de enero de 1824, p. 2; núm. 12 094, 27 de enero de 1824, p. 2; núm. 12 097, 11 de febrero de 1824, p. 2; Borja, "Exposición", 1827, pp. 18-20.

la suma de 400 000 libras para pagar intereses y establecer un fondo de amortización. La comisión por el préstamo, el costo de la impresión de los bonos y otros costos administrativos, que ascendieron a 62 768 libras, se deducirían de la parte de México. Finalmente, la cláusula número 12 prohibía a México recibir otro préstamo extranjero por un año y exigía que un cuarto de cualquier empréstito subsiguiente fuese utilizado para amortizar el de Goldschmidt.

Borja Migoni aseguró al ministro de Hacienda que había obtenido el mejor préstamo posible, en vista de que el espectro de la Santa Alianza atemorizaba a inversionistas que de otro modo hubieran estado interesados en los bonos mexicanos. El agente reconocía que la Gran Colombia había obtenido mejores términos, pero sostenía que la nación sudamericana había conseguido su préstamo cuando el mercado era favorable a América Latina. En realidad, Borja Migoni se jactaba de que el préstamo obtenido por él tenía la tasa de interés más baja concedida a nación alguna en el mercado londinense. Sostenía que el descuento de 42% estaba justificado porque otros países habían tenido que aceptar condiciones aún más desfavorables. Finalmente, para demostrar su dedicación generosa, Borja Migoni indicaba que renunciaría a la comisión habitualmente concedida a quien negociaba un préstamo gubernamental.[14]

Sus afirmaciones eran falsas. Borja Migoni vendió bonos mexicanos a su pequeño grupo de especuladores a 58% de su valor declarado. Ellos a su vez los revendieron a 84%, obteniendo así un beneficio de 45%. Los especuladores habían sabido desde el principio que su participación los beneficiaría, porque había una fuerte demanda de bonos hispanoamericanos en el mercado financiero de Londres: en el momento de la venta original, los títulos de Perú, Chile, Argentina y la Gran Colombia se estaban vendiendo en la bolsa de Londres a 80, 82, 85 y 88%, respectivamente.

También mentía Borja Migoni cuando afirmaba que la amenaza de la Santa Alianza había deprimido el mercado de bonos. Es cierto que había habido una declinación en el valor de los

---

[14] "Borja Migoni a José Ignacio Esteva, Londres, 9 de febrero de 1824", *Diplomacia*, t. II, pp. 185-194. El contrato celebrado con Goldschmidt está reproducido en Mora, *Obras*, 1963, pp. 437-444.

títulos hispanoamericanos en abril de 1823, cuando las tropas francesas penetraron en España, pero los precios volvieron a la normalidad en cuanto se hizo evidente que Inglaterra no permitiría ninguna intervención europea en los asuntos americanos. Además, como mantuvo artificialmente bajo el precio de la primera venta de la emisión mexicana, Borja Migoni se vio obligado a pedir prestados 16 000 000 de pesos —el doble de la suma autorizada por el Congreso— para conseguir la suma necesaria de 8 000 000 de pesos.

El comerciante mexicano, que había vivido en Londres muchos años y en secreto se había hecho ciudadano británico, tenía confianza absoluta en su capacidad para engañar a sus compatriotas. Subraya su audacia el hecho de que en ese mismo periodo Gran Colombia obtuvo de Goldschmidt un préstamo a 86%. Y la nación sudamericana no lo había negociado, como afirmaba Borja Migoni, en un momento en que el mercado era más favorable: la diferencia entre ambos préstamos se explica sólo suponiendo que el agente grancolombiano pensaba en el interés de su país y Borja Migoni no. En realidad, como lo demuestra el cuadro 1, México contrató el préstamo más oneroso negociado por alguna nación latinoamericana en los años previos a la gran dislocación económica de 1826.[15]

Además, Borja Migoni se aprovechó doblemente del préstamo. En octubre de 1824 el valor de los bonos mexicanos declinó por algún tiempo a 48% porque se temía que Iturbide derrocara al gobierno. El nuevo ministro de México en Inglaterra, José Mariano Michelena, trató de utilizar los 6 000 000 de pesos que estaban en manos de Goldschmidt para adquirir bonos a ese precio, con el plan de revenderlos cuando se disipara el temor y los bonos volvieran a aumentar de precio, lo que hubiera significado un beneficio de casi 50% para México, pero Borja Migoni, que conservaba la autoridad exclusiva en cuanto al desembolso de los fondos, se negó. En cambio, él y sus amigos compraron indivi-

[15] En relación con las críticas hechas al préstamo véase Michelena a Alamán, Londres, 26 de junio de 1824 y 24 de julio de 1824, AGSREM, H/311.1 (42:72) "824"/1; y *Diplomacia*, t. III, pp. 218-221; Rocafuerte a Cañedo, Londres, 22 de enero de 1828 y 19 de noviembre de 1828, AHSREM, H/300 (72:86) "823-30"/1. LE 1700 y H/131 "823"/14. LE 1621 (6); Murphy a Michelena, París, 1 de octubre de 1824, Hernández y Dávalos Papers, Universidad de Texas, Austin, 17-5-4122 (en adelante *HD*).

Cuadro 1. Préstamos británicos a América Latina

Año	País	Total en libras esterlinas	Precio de venta[a]	Precio en la bolsa[a]
1822	Chile	1 000 000	68.00	70.00
1822	Gran Colombia	2 000 000	82.00	84.00
1822	Perú	450 000	86.00	88.00
1824	Brasil	1 686 000	73.00	75.00
1824	Argentina	1 000 000	83.00	85.00
1824	Gran Colombia	4 750 000	86.50	88.50
1824	México	3 200 000	58.00	84.00
1824	Perú	750 000	80.00	82.00
1825	Brasil	4 000 000	83.00	85.00
1825	Guatemala	167 000	70.00	73.00
1825	México	3 200 000	86.75	89.75
1825	Perú	616 000	76.00	78.00

[a] Cantidades en porcentaje.
FUENTE: Andreades, *History*, 1966, pp. 249-250; Corporation, *Sixty-fourth*, 1937.

dualmente los bonos y los revendieron después con grandes beneficios.[16]

La cláusula del contrato de Goldschmidt que prohibía al gobierno mexicano recibir nuevos préstamos extranjeros hasta febrero de 1825 le impidió concluir las negociaciones con Barclay. México había iniciado conversaciones con Barclay en el entendido de que el dinero sería utilizado para adquirir barcos y armas, pero apenas Borja Migoni hizo un acuerdo verbal con Goldschmidt, esa casa comercial tomó medidas para impedir que se realizara el préstamo de Barclay. Tres semanas antes de la firma del acuerdo oficial, y actuando sin autoridad, Goldschmidt comunicó a Barclay que México no podía negociar otro préstamo hasta el 7 de febrero de 1825. Cuando llegó la advertencia, Barclay ya había adelantado fondos a México y había empezado a comprar el material bélico que el ministro de Guerra de México pedía con urgencia; entonces suspendió todas las adquisiciones hasta que se aclarara la situación. David Barclay y Charles He-

---

[16] Michelena a Carlos Alvear, Londres, 10 de noviembre de 1824, *HD*, 17-4.4203.

rring pidieron a Borja Migoni que modificara la cláusula restrictiva del contrato de Goldschmidt o reembolsara a su firma las sumas adelantadas a México y utilizadas para adquirir equipo. El agente mexicano se negó a discutir el asunto afirmando que nada podía hacer sin instrucciones de su gobierno.[17]

En un esfuerzo por resolver la situación, Barclay envió a México dos agentes, William Marshall y Robert Manning, con instrucciones de obtener una prórroga para la ratificación del contrato negociado por Richards. La firma tenía la esperanza de que eso le diera el tiempo necesario para modificar la cláusula de Goldschmidt. En abril, cuando los agentes británicos todavía estaban en viaje hacia México, Barclay recibió una nueva orden de comprar armas para el Ministerio de Guerra. La compañía informó al gobierno mexicano que mientras estuviera en vigor la cláusula de Goldschmidt todos los acuerdos anteriores quedaban anulados, pero hizo arreglos para adquirir dos fragatas de cuarenta y cuatro cañones. Al enterarse de que México enviaba a Gran Bretaña un nuevo ministro plenipotenciario, la compañía Barclay se apresuró a expresar su "infinita satisfacción" y su esperanza de que el nuevo enviado estuviera autorizado para resolver el dilema de la empresa.[18]

Uno de lo propósitos de la misión de Michelena consistía en obtener grandes cantidades de armas y barcos para la toma de la fortaleza de San Juan de Ulúa. Inmediatamente después de la partida del ministro plenipotenciario hacia Inglaterra, el ministro de Guerra empezó a mandarle instrucciones específicas sobre barcos. Como el tiempo era un factor crucial, el ministro autorizó al enviado a adquirir los mejores barcos disponibles e incluso barcos mercantes transformados.[19] A su llegada a Londres, el 24 de junio de 1824, Michelena despachó a sus asistentes a buscar armas en los Países Bajos, Francia e Inglaterra. El minis-

[17] Manuel de Mier y Terán a Michelena, México, 4 de abril de 1824; B.A. Goldschmidt a Barclay, Herring, Richardson y Cía., Londres, 12 de enero de 1824; David Barclay y Charles Herring a Borja Migoni, Londres, 26 de marzo de 1824 y 31 de marzo de 1824; Borja Migoni a Barclay, Herring, Richardson y Cía., Londres, 30 de marzo de 1824 y 3 de abril de 1824; Borja Migoni a Alamán, Londres, 30 de marzo de 1824, AHSREM, H/121.32 "823-24"/I. 40-11-21.

[18] Barclay, Herring, Richardson y Cía. a Esteva, Londres, 1 de abril de 1824 y 7 de mayo de 1824, AHSREM, H/131.32 "823-24"/I. 40-11-21.

[19] Mier y Terán a Michelena, México, 4 de abril de 1824, AHSREM, H/121 "823-24"/I. 40-11-21; Mier y Terán a Michelena, México, 4 de septiembre de 1824, HD, 17-4.4073.

tro mexicano suponía que podía comprar armas con los 6 000 000 de pesos del préstamo Goldschmidt, pero pese a exhortaciones y amenazas, Borja Migoni, primero como agente financiero y después como cónsul general, se negó a disponer de dinero alguno sin instrucciones específicas del ministro de Hacienda.[20]

El ministro plenipotenciario de México en Inglaterra se encontraba en una situación anómala: aunque diplomáticamente era superior a Borja Migoni, no tenía autoridad para disponer de los fondos del empréstito Goldschmidt; sólo Borja Migoni podía hacerlo. Además, tampoco tenía Michelena autoridad para hacer ningún cambio en la cláusula que prohibía otro préstamo hasta 1825. Impulsado por el temor de una invasión a México, el diplomático hizo repetidos esfuerzos para obtener armas a crédito, pero su posición era humillante: todos sabían que no podía tocar los 6 000 000 de pesos disponibles para cubrir gastos de México porque Borja Migoni, su inferior diplomático, no lo permitía. Eso resultó desastroso para México. En agosto y septiembre Michelena encontró barcos aceptables pero perdió la oportunidad de adquirirlos porque no pudo hacer el primer pago.[21]

Barclay, mientras tanto, aunque inquieto por el hecho de que el plenipotenciario mexicano no pudiera modificar el contrato con Goldschmidt, seguía interesado en manejar los negocios de México. La firma dio crédito a Michelena para comprar armas, en la creencia de que obtendría un nuevo contrato con México. Para septiembre, la compañía había adelantado a la nación más de 750 000 pesos, pero sin un contrato que protegiera esa suma y vacilaba en facilitar más fondos.[22] Sin embargo, cuando a fines

[20] Michelena a Alamán, Londres, 21 de agosto de 1824, AHSREM, H/131.1 (42:72) "824"/1. Cuando Michelena le dijo a Borja Migoni que la Compañía Barclay esperaba ser compensada por sus esfuerzos, el segundo contestó con sarcasmo: "He deducido que el gobierno esperaba del patriotismo generoso de aquellos caballeros una anticipación de valores en remesa de aprestos militares... La extraordinaria efusión de sentimientos de gratitud con que el gobierno y el ministro los colman, no me permitían creer que estos caballeros esperasen el dinero para hacer la remesa. Si me he engañado, no está en mi mano corregir este error." Borja Migoni a Michelena, Londres 31 de julio de 1824; Michelena a Alamán, 1 de agosto de 1824, *HD*, 17-4.4090, 4093.

[21] Michelena a Alamán, Londres, 23 de septiembre de 1824 (cartas 1 y 2), *HD*, 17-4.4108; Michelena a Alamán, 4 de noviembre de 1826; 23 de noviembre de 1824, *Papeles*, leg. II, núms. 116-117.

[22] Barclay, Herring, Richardson y Cía. a Michelena, Londres, 8 de septiembre de 1824, *HD*, 17-4.4075.

de septiembre Michelena encontró un excelente barco mercante en venta a buen precio, la firma prestó al ministro mexicano los fondos necesarios para efectuar el primer pago y se comprometió a convertirlo en un barco de guerra. En diciembre llegó la noticia de que el gobierno mexicano había autorizado un nuevo contrato con Barclay.[23]

La decisión mexicana de renegociar el contrato con Barclay no significaba que estuviera descontento con Borja Migoni. El gobierno apoyó el derecho del cónsul a disponer de los fondos del préstamo de Goldschmidt, y si bien autorizó a Michelena a arreglar un segundo préstamo, los términos del acuerdo debían respetar la limitación establecida por el contrato con Goldschmidt. Un cuarto de la nueva transacción se destinaría a amortizar el préstamo anterior. Además, el contrato con Barclay no podía entrar en vigor hasta el 7 de febrero de 1825. Michelena tendría autoridad para disponer de los fondos del segundo préstamo, pero no tendría acceso a los fondos de Goldschmidt.[24]

El ministro mexicano negoció inmediatamente un nuevo contrato con Barclay. México emitiría bonos a 30 años por 3 000 200 libras a 6% de interés; Barclay recibiría 6% como comisión por su venta, y México garantizaría el préstamo hipotecando un tercio de los ingresos de sus aduanas marítimas. Michelena estipuló además que los bonos no podían venderse por menos de 85% de su valor declarado. Durante esas negociaciones Barclay indicó que la firma quería ser el único agente financiero de México en Inglaterra. El mexicano vacilaba en aceptar, porque ello daría a la casa demasiado poder e influencia, pero a insistencia de la firma expuso a su gobierno la petición. Michelena aconsejó que no se le concediera tanta autoridad, pero el ministro de Hacienda, Esteva, aprobó la solicitud de Barclay como recompensa por la ayuda prestada a la nación y también porque los agentes de la firma en México presionaron mucho para ello.[25]

---

[23] La correspondencia sobre la adquisición de naves se encuentra en *HD*, 17-5.4142 a 18-2.4367.

[24] Decreto autorizando el contrato de Barclay y Cía., para vender los bonos de México en Londres. México, 25 de agosto de 1824, AHSREM, H/121.32 "823-24"/1. 40-11-21; Esteva a Michelena, México, 27 de octubre de 1824, *HD*, 17.5.4170.

[25] El contrato del empréstito de Barclay está reproducido en Mora, *Obras*, 1963, pp. 445-449; Michelena a Esteva, Londres, 25 de diciembre de 1824; Michelena a Alamán, Londres, 4 de enero de 1825, *HD*, 17-7.731, 18-1.4266.

El lunes 7 de febrero de 1825 Barclay vendió los bonos mexicanos. La compañía anunció que el ministro mexicano había establecido un precio de venta mínimo, pero no divulgó la cantidad. Al poco tiempo toda la emisión fue adquirida por B. A. Goldschmidt, quien ofreció el precio más alto, 86.75%. La venta produjo 2 999 900 libras, de las cuales Barclay and Company recibió 166 560 como comisión y 336 000 para establecer un fondo de amortización. El costo de la impresión de los bonos y demás gastos administrativos ascendió a 6 780 libras con diez chelines. Tres días después Goldschmidt revendió los bonos en la bolsa a 89.75% de su valor declarado. El *Times* declaró que había suscriptores suficientes para un empréstito de 40 000 000 de libras y señaló: "qué rápido está ascendiendo [el crédito de] ese excelente país en la estimación pública".[26] En realidad, como lo indica el cuadro 1, los bonos del segundo empréstito mexicano se vendieron en la bolsa londinense al precio más alto obtenido por ningún título latinoamericano. Esto contrastaba marcadamente con el préstamo negociado con Borja Migoni, vendido a unos pocos compinches a un precio artificialmente bajo y revendido después en la bolsa a precios mucho más altos. El cuadro 2 compara el préstamo de Goldschmidt con el de Barclay.

Apenas concluidos los acuerdos del préstamo de Barclay, Michelena volvió su atención hacia la obtención de armas para México. Una vez adquiridos los barcos y armas necesarios, decidió regresar a la patria, convencido de que sus enemigos en México trataban de hacerlo reemplazar por Borja Migoni como agente plenipotenciario en Londres. Por consiguiente, después de arreglar que Vicente Rocafuerte fuera nombrado encargado de negocios, en julio de 1825 partió, llevando el nuevo escuadrón a México, donde encontró y dispersó una pequeña flota española. A continuación los barcos mexicanos obligaron a la fortaleza de San Juan de Ulúa a capitular, asegurando así la independencia de México.[27]

---

[26] *Times Newspapers*, 8 de febrero de 1825, p. 2; 11 de febrero de 1825, p. 4. Se ha afirmado con frecuencia que las victorias de Bolívar en Perú contribuyeron al alza de los valores americanos en Londres, pero no es verdad, porque en la prensa londinense no aparecieron noticias sobre los triunfos grancolombianos hasta marzo, o sea un mes después de que se hizo el empréstito. *Times Newspapers*, 3 de marzo de 1825, p. 2.

[27] Rodríguez, *Emergence*, 1975, pp. 118-119.

Cuadro 2. Comparación de los préstamos de Goldschmidt
y Barclay (en pesos mexicanos)

	Goldschmidt	Barclay
Importe total	16 000 000	16 000 000
Interés (porcentaje)	5	6
Comisión (porcentaje)	8	6
Valor de venta (porcentaje)	58	86.75
Importe neto después del pago de comisiones	8 000 000	13 048 000
Gastos administrativos	313 843	33 902
Sumas recibidas por el gobierno de México después de todas las deducciones	5 686 157	11 333 298

Como encargado de negocios, Rocafuerte podía negociar con todas las naciones europeas, pero no tenía autoridad para administrar fondos de México. Eso preocupaba al diplomático, quien temía la creciente inestabilidad del mercado monetario inglés. La política liberal estaba permitiendo que el crédito se extendiera rápidamente y los inversionistas británicos, entusiasmados con el futuro de la América hispana, parecían estar dispuestos a financiar cualquier empresa, desde las minas de plata de México hasta las pesquerías de perlas de Venezuela.[28] Como la fiebre de especulación había alcanzado también a los mercados financieros continentales, Rocafuerte temía que toda la estructura financiera de Europa se derrumbara. Barclay aumentó los temores del encargado de negocios al convencer al ministro de Hacienda Esteva de que se comunicara directamente con la firma o con sus agentes en México, Manning y Marshall, a la vez que dejaba sin información al enviado diplomático de México en Londres. Debido a la política interna, el ministro de Hacienda dio crédito a los informes tranquilizadores del cónsul general Borja Migoni y no hizo caso a las advertencias de Rocafuerte.[29]

[28] Clapham, *Bank*, 1958, t. II, pp. 89-100.
[29] Rocafuerte, *Exposición*, 1829, pp. 4-9: Manuel Gómez Pedraza a Rocafuerte, México, 31 de octubre de 1825, AHSREM, H/310 (72:00) "835"/1. 4-222-36; *El Sol*, núm. 69, 22 de agosto de 1823, p. 276; Rocafuerte a Juan José Espinosa de los Monteros, Londres, s.a.; Rocafuerte a Cañedo, Londres, 19 de marzo de 1828, AHSREM, H/300 (72:86) "823-24"/1. LE 1700.

Rocafuerte observó impotente cómo Barclay and Company especulaba con el dinero de México. El encargado pensaba que el único modo de proteger el capital de su país era retirarlo de las manos de Barclay. Así, el 2 de agosto de 1825, después de recibir instrucciones de Esteva en el sentido de que la compañía Barclay pagara intereses por los fondos depositados con ellos, Rocafuerte sugirió en cambio que la firma depositara el dinero en el Banco de Inglaterra o lo invirtiera en *bills of exchequer*. El encargado de negocios esperaba proteger los fondos de su gobierno colocándolos en instituciones garantizadas por el gobierno británico y a la vez obtener los intereses que deseaba el ministro de Hacienda. Barclay rechazó las recomendaciones de Rocafuerte, puesto que hubieran reducido el capital operativo de la firma y disminuido su actividad en el mercado.

El encargado advirtió repetidamente a su gobierno que no podía contener a Barclay e insistió en que los fondos de México fueran depositados en el Banco de Inglaterra, pero pese a sus advertencias, Esteva no actuó.[30]

Desdichadamente, las tristes predicciones de Rocafuerte se materializaron y la situación financiera inglesa empeoró en los meses siguientes. Goldschmidt fue la primera gran casa comercial que quebró. El 15 de febrero de 1826 Rocafuerte comunicó a su gobierno que la firma estaba en serias dificultades y había suspendido el pago de dividendos. Observó que pese a las críticas circunstancias los directores de Goldschmidt habían actuado con "gran delicadeza" y no habían exigido las 50 000 libras del préstamo de Barclay destinadas a amortizar parte del empréstito mexicano de 1824.[31]

---

[30] Rocafuerte, *Exposición*, 1829 pp. 6-9, 18-19. La correspondencia entre Rocafuerte y Barclay aparece en las páginas 9-17. Esteva a Michelena, México, 16 de mayo de 1825, *HD*, 18-4.4409. Rocafuerte a Camacho, Londres, 4 de mayo de 1826; Alamán a Rocafuerte, México, 19 de agosto de 1825, AHSREM, III/352 (72:42)/2 7-16-61. H/122.32 /72:42) "825"/1.

[31] Rocafuerte a Camacho, Londres, 15 de febrero de 1826, reproducida parcialmente en Casasús, *Deuda*, 1885, p. 103. El número de quiebras creció en proporción inmensa hacia fines del año. El *Index to the Times Newspaper* lo demuestra claramente, ya que el número de enero-marzo de 1825 contiene diez páginas de avisos de quiebra, el de abril-junio, ocho páginas, y los posteriores mucho menos. *Palmer's Index to the Times Newspaper*, 1898, enero-marzo, pp. 5-14; abril-junio, pp. 4-11. Respecto a la situación económica de Inglaterra véase el *Times*, 2 de mayo de 1826, p. 4; 4 de mayo de 1826, p. 2. Los diplomáticos peruanos informaron a su gobierno acerca del "grande y extraordinario sacudimiento que ha sufrido

El desastre de Goldschmidt no afectó sustancialmente los fondos pertenecientes a México, puesto que sólo 4 000 libras, producto del primer préstamo, estaban aún en manos de la firma. Sin embargo, algunos propietarios de bonos del préstamo de 1824 no habían cobrado sus dividendos de enero y como Goldschmidt había quebrado, no se les pagaría. Para conservar la confianza del público en México y detener la declinación de los bonos del empréstito Goldschmidt, Rocafuerte arregló con Barclay que indemnizara a los dueños de bonos con fondos del préstamo de 1825.

La quiebra de Goldschmidt dio a México una oportunidad de redimir algunos de sus bonos a precios de ocasión. Rocafuerte utilizó las 50 000 libras del préstamo de Barclay destinadas originalmente a amortizar el préstamo de 1824 para comprar los devaluados bonos del empréstito Goldschmidt. Como su pago al fin del plazo establecido o a través de Goldschmidt hubiera sido al valor declarado, México no sólo recuperó parte de la primera emisión de bonos sino que además se ahorró 35 o 40%. La gran compra desencadenó además una recuperación que hizo aumentar el valor de los bonos mexicanos a 70%. Considerando el estado deprimido del mercado, el aumento fue espectacular y renovó la confianza en México.[32]

La Gran Colombia y Perú no tuvieron la misma suerte. Ambos perdieron grandes sumas en la quiebra de Goldschmidt. Los acreedores reclamaron el pago de millones de libras pendientes en las cuentas de Goldschmidt. Si Gran Colombia y Perú no respondían al pago de dividendos, la confianza se vería afectada. Lo que hiciera la Gran Colombia era de especial interés porque junto con México era considerada la más importante de las naciones hispanoamericanas.[33]

Desesperado, el ministro de la Gran Colombia, Manuel José Hurtado, imploró a Rocafuerte que ayudara al país sudamerica-

---

el comercio inglés, sacudimiento que parece no tiene igual en la historia de este pueblo. Pasan ya de quinientas las bancarrotas y algunas de casas de grandes fondos y créditos...", José G. Paredes y José Joaquín Olmedo al ministro de Relaciones Exteriores del Perú, Londres, 3 de febrero de 1826, Olmedo, *Epistolario*, 1960, pp. 522-523.

[32] "Rocafuerte a Camacho, Londres, 2 de marzo de 1826", Ramírez Cabañas, *Empréstito*, 1930, pp. 5-7.

[33] Rocafuerte a Cañedo, Londres, 19 de marzo de 1828, AHSREM, H/300 (72:861) "823-30"/1. LE 1700.

no a pagar sus dividendos de abril. Hurtado le aseguró que la Gran Colombia remitiría fondos para cubrir sus obligaciones, pero que era imposible que llegaran a tiempo. El diplomático mexicano estuvo de acuerdo con Hurtado en que las naciones americanas tenían que colaborar para mantener su crédito. También creía que los fondos mexicanos estarían más seguros en manos de la Gran Colombia que en los cofres de Barclay, por lo que solicitó a Barclay que adelantase los fondos a Hurtado. La firma accedió, y el 6 de abril de 1826 Rocafuerte y Hurtado firmaron un acuerdo que otorgaba a la Gran Colombia un préstamo sin intereses de 63 000 libras, a pagar en 18 meses.[34]

Este préstamo permitió a la Gran Colombia pagar sus dividendos de abril, pero debía encontrar otros medios para los restantes pagos trimestrales. Además, Perú y Chile también pidieron ayuda a México. Rocafuerte rechazó ambas solicitudes porque no creía que esos países fueran capaces de cubrir sus préstamos puntualmente y porque ya había sobrepasado su autoridad al hacer el préstamo a la Gran Colombia. Chile logró cubrir sus dividendos, pero Perú no.[35]

Al saberse que Perú no podía responder a sus obligaciones, el precio de los títulos hispanoamericanos declinó; hasta los bonos mexicanos cayeron a 60%. Comprendiendo la gravedad de la situación, Rocafuerte, Hurtado y el ministro de Argentina, Manuel de Sarratea, sugirieron a Perú lanzar un préstamo por medio de la sucursal francesa de la casa Rothschild, pero el ministro del Perú, José Joaquín de Olmedo, rechazó la sugerencia persuadido de que esa medida de emergencia aumentaría sustancialmente la deuda de su país sin dar a su gobierno más que un alivio momentáneo de sus dificultades financieras. Cuando se supo que Perú no cubriría su deuda, la opinión pública inglesa se tornó violentamente contraria a los Estados hispanoamericanos. El primer ministro George Canning fue ásperamente criticado por la oposición y la prensa por haber reconocido a los

---

[34] A pesar de que la Gran Colombia hizo varios intentos de pagar este préstamo, no pudo hacerlo durante muchos años. Esto dio para que algunos autores contemporáneos y posteriores criticaran a Rocafuerte. Los detalles relativos a dicho empréstito se tratan con mayor amplitud en Rodríguez, "Rocafuerte", 1969, pp. 485-515.

[35] José María del Castillo a Goldschmidt y Cía., Bogotá, 8 de abril de 1826, *El Sol*, núm. 1176, 2 de septiembre de 1826, p. 1780; "Olmedo a José de la Mar, Londres, 10 de junio de 1826", Olmedo, *Epistolario*, 1960, pp. 535-543.

nuevos países y por firmar tratados comerciales con la Gran Colombia y Argentina. El clamor del público puso en peligro el tratado comercial con México que se estaba negociando.[36] Las naciones hispanoamericanas eran víctimas de una dislocación europea. El desempleo aumentaba en Europa y con él el descontento. El gobierno británico, por ejemplo, tuvo que usar el ejército para sofocar revueltas en centros industriales.[37] La crisis económica atemorizaba a los inversionistas, que vendían sus títulos hispanoamericanos. Por tanto, al evaporarse el capital, muchas empresas extranjeras en América, especialmente británicas, quebraron. Cuando las nuevas naciones tuvieron dificultades con el servicio de sus deudas externas, el precio de sus títulos declinó drásticamente. Los bonos de la Gran Colombia cayeron a 34% en junio, cuando se hizo evidente que la nación sudamericana podría pagar sus dividendos en el futuro.[38]

La situación de México parecía mejor que la de sus repúblicas hermanas. El gobierno despachó medio millón de pesos para cubrir su deuda, y la llegada de esos fondos restauró transitoriamente la confianza de los ingleses. Como observó lacónicamente el *Times*: "La demanda de bonos mexicanos más bien ha aumentado."[39] Sin embargo, muchos dueños de bonos sabían que el mercado seguía inseguro y que la propia Barclay and Company

---

[36] Rocafuerte a Camacho, Londres, 4 de mayo de 1826, AHSREM, III/352 (72:42)2. 7-16-61. Según Olmedo la situación era la siguiente: "La causa principal de nuestro cuidado y de nuestra desgracia es que ha pasado el 15 de abril, día en que debieron pagarse los primeros dividendos de este año, y el señor Kinder no los ha pagado... El gobierno que no paga, sea por su propia mala fe o la de sus agentes, sea por pobreza, o porque sus fondos casualmente se demoraron, siempre, siempre pierde su crédito... Los acreedores no nos dejan vivir un instante; nos vienen a visitar en tropel; se quejan, se lamentan, nos piden explicaciones de este suceso, nos piden esperanzas; en fin, no nos dejan; porque si, como acabo de decir, la falta de este pago es ominosa en todas las circunstancias, en las presentes es horrible y mortal, pues muchas familias subsisten de estos intereses, y en el día que todo está paralizado, que pasan de 600 las bancarrotas y que no circula dinero, nadie tiene cómo vivir". "Olmedo a Simón Bolívar, Londres, 22 de abril de 1826", Olmedo, *Epistolario*, 1960, pp. 532-533.

[37] Rocafuerte a Camacho, Londres, 4 de mayo de 1826, AHSREM, III/352 (72:42)2. 7-1661.

[38] "Olmedo a De la Mar, Londres, 10 de junio de 1826", Olmedo, *Epistolario*, 1960, pp. 535-543; *Times Newspapers*, 21 de junio de 1826, p. 3.

[39] Rocafuerte a Camacho, Londres, 9 de junio de 1826, AHSREM, H/300 (72:861)"823-30"/1. LE 1700; *Times Newspapers*, 18 de junio de 1826, p. 2.

podía quebrar, de modo que, a pesar de la acción positiva de México, la declinación de los títulos continuó.

Los acreedores ingleses tenían amplia razón para sus temores porque, pese a la repetidas advertencias de Rocafuerte, el gobierno mexicano no estaba haciendo nada por proteger sus fondos. Por el contrario, el ministro de Hacienda Esteva trataba de disipar los temores del encargado de negocios ensalzando la "seguridad moral" que Barclay ofrecía.[40] Lamentablemente, su confianza resultó infundada: Barclay, Herring, Richardson y Cía. quebró en agosto. Esa quiebra le costó a México 303 928 libras que quedaban en el fondo hipotecario. Y aun cuando México había tratado de salvar el crédito de Hispanoamérica ayudando a la Gran Colombia, nadie pudo ayudar a México. Los acreedores ingleses reaccionaron como era de prever. El *Times* informó el 10 de agosto que los rumores sobre la declinación del crédito de México y la Gran Colombia habían creado el pánico en el mercado de títulos.[41]

Ya antes de la quiebra, Rocafuerte había acudido al influyente Alexander Baring solicitándole que fuera el agente financiero de México en Inglaterra. La quiebra de Barclay no hizo sino reforzar la resolución de Rocafuerte de transferir la representación de su gobierno a Baring Brothers. Convenció a Baring de que México podía responder a sus obligaciones, pero necesitaba tiempo, y le propuso que se convirtiera en agente único de México a cambio de pagar los dividendos de septiembre. Como el país era rico y tenía un futuro económico brillante, la asociación sería beneficiosa para Baring. Además, Rocafuerte aseguró a la firma que México estaba resuelto a proteger su crédito, y como prueba presentó copias de órdenes del ministro de Hacienda, que instruían a los funcionarios de la aduana para que dedicaran la mitad de todo lo recaudado al servicio de la deuda externa. Cuando Baring aceptó considerar el negocio, Rocafuerte convenció a Barclay de que rescindiera su contrato como agente financiero de México. Y el 13 de septiembre Baring Brothers aceptó encargarse de los negocios de México en Europa. La firma pagaría tanto los dividendos como los salarios y los gastos de los diplomáticos del país. Los adelantos ganarían un inte-

---

[40] Rocafuerte a Espinosa de los Monteros, Londres, 1 de julio de 1826, AHSREM, H/300 (72:861)"823-30"/1. LE 1700.
[41] *Times Newspapers*, 10 de agosto de 1826, p. 2.

rés de 5% y se pagarían lo antes posible. Además Baring despachó un agente a México para ratificar el acuerdo provisional y negociar un contrato formal.[42]

Los rumores sobre el inminente acuerdo estabilizaron el mercado para los títulos mexicanos. El 15, Rocafuerte anunció que Baring Brothers pagaría los dividendos mexicanos de septiembre. La prensa reaccionó favorablemente, pues creía que Baring no hubiera aceptado representar a México sin cerciorarse de que la república federal respondería a sus obligaciones futuras. Los bonos mexicanos ascendieron a 66% en un momento en que "el mercado inglés estaba [por lo demás] totalmente desierto".[43] Al mes siguiente llegó el ministro plenipotenciario Sebastián Camacho con fondos para cubrir los dividendos de enero y para devolver parte de lo adelantado por Baring. Con ello los títulos mexicanos subieron aún más, a 69%, mientras los bonos de otras naciones hispanoamericanas quedaban 30% por debajo.[44]

México logró continuar pagando sus dividendos hasta abril de 1827, pero no pudo cubrir los de octubre. Las demás naciones americanas no habían pagado dividendos por casi un año; ahora México, el mayor, el más rico y el más estable de los Estados hispanoamericanos, parecía estar a punto de no cumplir. Aun cuando el nuevo ministro de la Gran Colombia, José Fernández de Madrid, informó a su gobierno que si México no cumplía con sus pagos de octubre ello perjudicaría a todas las nuevas naciones, al principio la reacción pública fue leve.[45] Cuando Rocafuerte

[42] El 30 de agosto el *Times* declaró que no había razones para creer que México pudiera pagar los dividendos. *Times Newspapers*, 30 de agosto de 1826, p. 2. Barclay y Cía. a Rocafuerte, Londres 10 de septiembre; Rocafuerte a Alexander Baring, Londres, 11 de septiembre de 1826; Baring a Rocafuerte, Londres, 13 de septiembre de 1826, AHSREM, 2-5-25-4. Esteva a los directores de aduanas marítimas, México, 28 de diciembre de 1825; Acuerdo por el cual don Vicente Rocafuerte, encargado de negocios de México, transfiere a Baring Brothers la agencia de México anteriormente en manos de Barclay, Herring, Richardson y Compañía, Londres, 20 de septiembre de 1826, AHSREM, H/121.32 "823-24"/1. 40-II-21.

[43] *Times Newspapers*, 13 de septiembre de 1826, p. 2; 14 de septiembre de 1826, p. 2; 15 de septiembre de 1826, p. 2; 16 de septiembre de 1826, p. 2; Rocafuerte a los tenedores de bonos mexicanos, en *ibid.*, 15 de septiembre de 1826, p. 2.

[44] Rocafuerte a Espinosa de los Monteros, Londres, 9 de noviembre de 1826, AHSREM, III/352 (72:42)/2 7-16-61; *El Sol*, núm. 1276 (14 de diciembre de 1826), 2190; núm. 1280, 17 de diciembre de 1826, 1206 [sic] (equivocado por 2206); núm. 1275 (12 de diciembre de 1826), 2186.

[45] "José Fernández de Madrid a Bolívar, Londres, 21 de septiembre de 1827", O'Leary, *Memorias*, 1880, t. IX, pp. 299-300.

anunció que el dinero estaba en camino, muchos dueños de bonos creyeron que el pago sólo se estaba retrasando. Cuando finalmente comprendieron que México no podía hacer frente a sus obligaciones, los acreedores reaccionaron con furia, acusando a la república federal de fraude, engaño y traición.[46]

Como consecuencia del escándalo público, el Parlamento nombró una comisión para que investigara la deuda hispanoamericana. Sir Robert Wilson, miembro del Parlamento y amigo de las nuevas naciones, informó a Rocafuerte que si fuera posible pagar los dividendos se terminaría la cuestión, pero si por el contrario no se pagaba, las relaciones entre la Gran Bretaña y los nuevos países se deteriorarían.[47] Rocafuerte informó a su gobierno de la gravedad de la situación y exhortó al presidente a actuar. También la prensa mexicana se preocupó. *El Amigo del Pueblo* advirtió que era preciso hacer algo porque "El crédito de las naciones, es como la virginidad, que no se pierde más que una vez".[48]

Cuando se hizo evidente que México no podía pagar sus obligaciones en 1828, el presidente Guadalupe Victoria autorizó la recapitalización de la deuda externa de la nación. Baring Brothers, sin embargo, argumentó que era inútil cambiar los bonos viejos por nuevos a menos que el gobierno pudiera dar seguridad de que atendería al servicio de la deuda; la prometida adjudicación de los ingresos aduaneros, con demasiada frecuencia desviados hacia otros usos en casos de emergencia, no era suficiente para restaurar el crédito. México ya había roto demasiadas promesas, no debía hacer otras nuevas. Alexander Baring sugirió que lo mejor sería dejar las cosas como estaban,[49] hasta

---

[46] Joel Warrington, un poseedor de bonos inglés, fue uno de los muchos que exigieron el pago de dividendos. Expresó una opinión muy generalizada cuando dijo: "Ahora que su país ha perdido el honor y el crédito, es escarnecido y depreciado por todos los hombres honrados de Europa." Joel Warrington a Rocafuerte, Londres, 16 de febrero de 1828; Rocafuerte a Camacho, Londres, 20 de febrero de 1826, AHSREM, H/122.32(72:42) "827"/79.

[47] Rocafuerte a Cañedo, Londres, 20 de abril de 1828, Esteva a Cañedo, México, 22 de abril de 1828, AHSREM, H/122.32 (72:42) "827"/79. Rocafuerte a Lord Dudley, Londres, 19 de abril de 1828, Gran Bretaña, POR, FO 50/51, f. 9-13.

[48] *El Amigo del Pueblo*, núm. IV, 2 de abril de 1828, pp. 2, 4-5.

[49] Alexander Baring a Rocafuerte, Londres, 25 de diciembre de 1828; Rocafuerte a Cañedo, Londres, 22 de enero de 1829; José Ignacio Pavón a Baring Brothers, México, 30 de marzo de 1829, AHSREM, H/300 (72:861) "823-30"/1. LE 1700.

que fuera posible introducir cambios sustanciales en la estructura impositiva.

Los préstamos extranjeros que México obtuvo en Inglaterra fueron esenciales para el bienestar del país. Puesto que la estructura impositiva de la nueva nación era inadecuada, como lo ha demostrado Barbara Tenenbaum,[50] el gobierno necesitaba préstamos extranjeros para mantenerse en el poder. En realidad, gracias a esos préstamos Guadalupe Victoria fue el único jefe del ejecutivo que terminó su mandato entre la independencia y 1848.[51]

Informes contradictorios y estadísticas inadecuados hacen difícil determinar con exactitud cuánto recibió México y cuándo lo recibió. Mis cálculos indican que, deducidas las comisiones y otros costos, México obtuvo 17 019 455 pesos de los dos préstamos británicos. De esa cantidad, aproximadamente 1 854 640 se perdieron en la crisis de Londres, incluyendo las 4 000 libras perdidas del préstamo de Goldschmidt, las 63 000 del préstamo a la Gran Colombia y las 303 928 perdidas en la quiebra de Barclay. Así, en realidad México recibió poco más de 15 000 000 de pesos de ambos préstamos. Esa cantidad es igual al ingreso ordinario del gobierno en 1826-1827, uno de los mejores años de la década de 1820 para los ingresos gubernamentales. El gobierno mexicano usó la mayor parte de los 15 000 000 de pesos —alrededor de 70%— para cubrir gastos operativos generales, principalmente salarios del ejército. El resto se gastó en armamento y en el pago de la deuda. El dinero de los préstamos fue esencial porque cubrió grandes déficit entre 1824 y 1827.

Durante la década de 1820 las necesidades de México y los intereses británicos coincidieron. Inicialmente los inversionistas británicos veían a México como un lugar seguro para invertir su capital, pero la relativa pobreza e inestabilidad del gobierno pronto los desilusionaron. Después de la crisis financiera de 1826, los inversionistas británicos se volvieron hacia otras regiones que ofrecían mejores oportunidades. México no volvería a obtener un préstamo en Inglaterra hasta la década de 1860. Así, la primera parte de la década de 1820 fue un periodo anómalo en que México pudo obtener crédito en términos excelentes. Los préstamos de 1824 y 1825, por ejemplo, se vendieron en la bolsa

---

[50] Tenenbaum, *Politics*, 1986.
[51] Rodríguez, *Down*, 1983, p. 9.

a 84 y 89.75% de su valor declarado, respectivamente, de los mejores términos obtenidos en la época por gobierno alguno. Desdichadamente, los dirigentes mexicanos tenían poca experiencia en la negociación de préstamos extranjeros. Estaban tan seguros de la riqueza potencial de su país y tan desesperados por obtener dinero que aceptaron condiciones onerosas con tal de obtener los fondos rápidamente. Una serie de especuladores, entre ellos Borja Migoni, abusaron de la confianza del gobierno. Evidentemente la mayor pérdida ocurrió cuando Borja Migoni manipuló el mercado en contra de México. En vista del estado del mercado en ese momento, es probable que un préstamo abierto se hubiera vendido por lo menos a 80% de su valor declarado, en lugar del 58% arreglado por Borja Migoni. Un préstamo a 80% hubiera reunido 12 800 000 pesos en lugar de los 9 000 280 que se obtuvieron con el empréstito de Goldschmidt. La transacción costó a México más de 3 000 500 pesos.

También las luchas políticas internas de México afectaron el manejo de los fondos de los préstamos. La hostilidad del ministro de Hacienda Esteva hacia el ministro plenipotenciario Michelena y el encargado de negocios Rocafuerte, cegó a ambos a las maquinaciones del cónsul general Borja Migoni y al peligro que representaba la fiebre especuladora de los mercados financieros de Londres en 1825-1826. En consecuencia, México perdió casi 2 000 000 de pesos en las quiebras de sus agentes londinenses. Debido a las malas decisiones del gobierno mexicano, la nación recibió en realidad alrededor de 50% de los préstamos contratados, en lugar de 85% que podía haber obtenido.

Sólo teniendo presentes las virulentas luchas políticas de México podemos entender por qué los gobernantes estaban dispuestos a aceptar términos adversos a fin de obtener fondos rápidamente. Sin duda creían que eventualmente el potencial de la riqueza les permitiría superar el derroche y la mala administración asociados con esos préstamos. Evidentemente los extranjeros estaban dispuestos a prestar grandes sumas porque también ellos creían en la legendaria riqueza de México. Pero mexicanos y extranjeros se equivocaban: la nueva república no logró establecer el orden y la prosperidad internos por casi 50 años. Después del interés inicial por México, los inversionistas extranjeros se volvieron hacia otras áreas del mundo más estables. Aun cuando los primeros préstamos extranjeros contribuyeron a la consolidación de la independencia de México, también llegaron a convertirse en una carga seria que el país sólo con gran dificultad pudo superar.

BIBLIOGRAFÍA

AHSREM, Archivo Histórico de la Secretaría de Relaciones Exteriores de México.
Andreades, Andreas, *History of the Bank of England*, Nueva York, 1966.
Anna, Timothy E., *The fall of the royal government in Mexico city*, University of Nebraska Press, Lincoln, 1978.
Barragán, José, *Introducción al federalismo, la formación de los poderes, 1824*, Universidad Nacional Autónoma de México, México, 1978.
Borja Migoni, Francisco de, "Exposición del cónsul general de México en Londres sobre el empréstito que fue encargado", *El Amigo del Pueblo*, 12 de septiembre de 1827, pp. 3-7.
Casasús, Joaquín D., *Historia de la deuda contraída en Londres: Con un apéndice sobre el estado actual de la Hacienda pública*, Imprenta del Gobierno, México, 1885.
Clapham, John, *The Bank of England, a history*, Cambridge University Press, Cambridge, 1966, 2 vols.
Corporation of Foreign Bonholders, *Sixty-fourth Annual Report*, Londres, 1937.
Dublán, Manuel y José María Lozano, *Legislación mexicana*, Dublán y Lozano Hijos, México, 1876-1904, 34 vols.
El Sol, 1176, 2 de septiembre de 1826.
Flores Caballero, Romeo, *La contrarrevolución en la independencia, los españoles en la vida política, social y económica de México, 1804-1838*, El Colegio de México, México, 1969.
Hernández y Dávalos Papers [HP], Universidad de Texas, Austin.
La diplomacia mexicana, Secretaría de Relaciones Exteriores, Tipografía Artística y otros, México, 1910-1913, 3 tomos en 1 vol.
Ladd, Doris M., *The mexican nobility at independence. 1780-1826*, Institute of Latin American Studies, University of Texas, Austin, 1976.
Lee Benson, Nettie, *La diputación provincial y el federalismo mexicano*, El Colegio de México, México, 1955.
Lindley, Richard B., *Haciendas and economic development, Guadalajara, Mexico at independence*, University of Texas Press, Austin, 1983.
Mora, José María Luis, *Obras sueltas*, Editorial Porrúa, México, 1963.
O'Leary, Simón, *Memorias del general O'Leary*, Imprenta de la Gazeta Oficial, Caracas, 1880, 29 vols.
Ocampo, Javier, *Las ideas de un día, el pueblo mexicano ante la consumación de su independencia*, El Colegio de México, México, 1969.
Olmedo, José Joaquín, *Epistolario*, Editorial Cajica, Puebla, 1960.

Palmer's Index to the Times Newspaper, London, 1898.
Papeles de Lucas Alamán, Universidad de Texas, Austin.
Public Record Office, Foreign Office Papers.
Ramírez Cabañas, Joaquín (comp.), *El empréstito de México a Colombia*, Secretaría de Relaciones Exteriores, 1930.
Rocafuerte, Vicente, *Exposición, de las razones que determinaron a Vicente Rocafuerte a prestar a la República de Colombia la suma de 63 mil libras*, Imprenta de Macintosh, Londres, 1829.
Rodríguez O., Jaime E., "Rocafuerte y el empréstito a Colombia", *Historia Mexicana*, XVIII, abril-junio, 1969.

─────────, *Down from colonialism: México's nineteenth century crisis*, Chicano Studies Research Center, University of California, Los Ángeles, 1983.

─────────, *The emergence of Spanish America, Vicente Rocafuerte and spanish americanism, 1808-1832*, University of California Press, Berkeley, 1975.
Tenenbaum, Barbara A., *The politics of penury, debt and taxes in Mexico, 1821-1856*, University of New Mexico Press, Albuquerque, 1986.
Times Newspaper, Londres, 8 de febrero y 3 de marzo de 1825; 2 y 4 de mayo de 1826.

ORIGEN Y MONTO DE LA DEUDA PÚBLICA EN 1861*

Guadalupe Nava

La deuda pública de México de fines de la reforma y triunfo de la república al gobierno de Sebastián Lerdo de Tejada, constituye el final de una primera etapa de la larga historia de las obligaciones financieras de nuestro país con el exterior, cuya falta de cumplimiento había originado años atrás presiones diplomáticas que se transformaron en 1861 en franca intervención armada. La relación cronológica de todos estos acontecimientos, como bien lo dice el licenciado Sala Villagómez, pertenece propiamente a los anales del bandolerismo financiero internacional. La inestabilidad de los gobiernos que culminaron con Juárez en 1861 y precedieron a la dictadura porfiriana, así como el escaso desarrollo económico interior y, por consiguiente, la persistencia de una débil estructura fiscal, fueron factores principales del profundo desequilibrio financiero del país. En estas condiciones, resulta lógico que aquellos fugaces gobiernos contrajeran empréstitos de súbditos de países extranjeros aceptando generalmente términos muy onerosos que propiciaron la intervención extranjera. Al rompimiento de hostilidades en 1861 se llega a nuevos acuerdos que plantean la necesidad de revisar la deuda desde su origen, a fin de reconocer o rechazar los distintos créditos reclamados.

Esta revisión, a su vez interesante, motiva la publicación de la obra de Manuel Payno, indudablemente la mejor fuente estadís-

---

* Tomado de Varios autores, *Extremos de México. Homenaje a don Daniel Cosío Villegas*, Centro de Estudios Históricos-El Colegio de México, México, 1971, pp. 345-384.

tica de las finanzas crediticias de México de este periodo, puesto que proporciona una información completa y establece las bases legales de su reconocimiento en las consolidaciones posteriores durante el porfiriato. Es decididamente también importante esta etapa porque esclarece la deuda interna, convertida increíblemente en el argumento principal de la política exterior hacia México, en apoyo de las reclamaciones de los países intervencionistas.

La república restaurada de Juárez y el gobierno de Lerdo constituyen a su vez el principio de la estabilidad económica de México y la base del arreglo de las finanzas nacionales que debían analizarse posteriormente con Díaz.

ASPECTOS GENERALES DE LA ECONOMÍA EN 1861
Y SU NUEVA PROYECCIÓN AL TRIUNFO DEL RÉGIMEN
REPUBLICANO

El más ligero esbozo de la economía nacional en esta época manifiesta claramente la necesidad de un gobierno estable, que adoptara medidas que pusieran fin al escaso desarrollo económico interior, a fin de evitar el desequilibrio financiero. El desajuste presupuestal por la larga historia de las obligaciones financieras de México con el exterior, y los gastos extraordinarios de las guerras civiles del país, llevan a Juárez, triunfante sobre la reacción, a dictar medidas hacendarias necesarias, tal es la ley del 17 de julio de 1861 de suspensión del pago de la deuda por dos años, a fin de iniciar dichas reformas que debían encontrar un magnífico complemento en las Leyes de Reforma y la Constitución de 1857. Igualmente es perceptible cómo esta medida hacendaria de Juárez fue el pretexto más absurdo de los países extranjeros para lograr su deseada intervención en los problemas internos de México y detener la expansión económica de Estados Unidos.

Política interior

México vive en 1861 el triunfo del liberalismo. Juárez, vencedor, reconoce el mal estado de las relaciones exteriores llamándolas "legado de la reacción";[1] la lamentable situación del erario nacional; la estricta necesidad de dictar medidas enérgicas para arreglar la deuda pública y contar con parte de las rentas para cubrir los gastos precisos de la administración.

En los primeros meses de 1861 y antes de la ley del 17 de julio, el gobierno mexicano enfocó todo su interés en aclarar lo mejor posible la situación económica del país, a fin de llevar adelante la esencia del programa liberal triunfante. Este proyecto de reforma socioeconómica requería la liquidación del crédito público, el arreglo definitivo de la hacienda y dar solución adecuada a una serie de problemas consecuentes de las revueltas internas anteriores.

Los informes de Benito Juárez, Miguel Lerdo de Tejada, José María Mata, J. González Echevarría, León Guzmán, J. Suárez y Navarro, Ezequiel Montes y Balcárcel, presentados al Congreso de la Unión sirven para esclarecer el estado de la economía de México. José María Mata en la *Memoria* del 5 de mayo de 1861, dirigida al ejecutivo, informa que:

> la hacienda pública está en bancarrota, la suma de obligaciones que pesan sobre el erario es infinitamente superior a la suma de recursos con que cuenta para satisfacerlas [...]; [...] cuantos se han ocupado de la hacienda pública desde la independencia y aun desde antes, 1811 hasta el presente, han tenido ocasión de conocerlo y aun de demostrarlo en documentos oficiales [...] cuantos tienen créditos contra el erario, tienen también diariamente, y a pesar suyo, la prueba de esta triste verdad.[2]

León Guzmán rubrica lo anterior en la sesión del 17 de mayo, preguntando al Congreso: "¿Quién no sabe que la situación del tesoro público es angustiosa y desesperante, al extremo de orillarnos al último y tristísimo recurso de los insolventes? ¿Quién no ve con amargura que de la administración de justicia no nos queda más que el nombre, y del orden administrativo casi ni el recuerdo?"[3]

---

[1] *Diario de Debates* (en adelante *DD*), 1861, 1862, 1863, pp. 17-18.
[2] *Memoria*, 1870, pp. 536-537.
[3] *DD*, 1861, 1862, 1863, pp. 45-48.

Ezequiel Montes llega al meollo del asunto, refiriéndose a los ingresos federales apunta: "se habla de economía y nada se dice sobre si los impuestos de las aduanas marítimas, recurso principal de la nación, quedarán como hasta hoy, a merced de los gobiernos de los estados".[4]

Benito Juárez, en su discurso del 15 de junio del mismo año, puntualiza y resume claramente las realidades nacionales. Las Leyes de Reforma, dice, "serán respetadas por mi administración, y cuidaré de que tengan su completo desarrollo haciendo todos los esfuerzos que quepan en mi posibilidad para que la revolución democrática y regeneradora que la nación está ejecutando, siga su camino de conquistas sociales y humanitarias", pero después de esta declaración que pinta su radicalismo liberal, tiene que reconocer que: "Las llagas palpitantes de nuestra sociedad son el espíritu de rebelión de que está poseída una clase no muy reducida, aunque sí bastante desprestigiada"; "Respecto de la Hacienda, el gobierno vive rodeado de angustias por los gastos enormes que tiene necesidad de erogar para obtener la completa pacificación del país, y porque la guerra civil de cerca de siete años ha agotado casi todas las fuentes del erario. Este mal necesita un remedio pronto y radical", y termina pidiendo a los estados su cooperación para la grande obra de regenerar así la administración como la sociedad. "No dudo que, penetrados de la importancia del objeto, harán todos los esfuerzos posibles en el sentido, y entonces nada será imposible."[5]

Es decir, que en los primeros meses de 1861 la actitud optimista del partido liberal triunfante permitió que en el Congreso se apuntaran ideas avanzadas que respondían a los anhelos de la reforma, pero reconociendo en toda su significación la difícil situación económica de México. Así, bien pronto los problemas que se ventilaron fueron diferentes, pues más que medidas que tendieran a la reforma deseada se discutieron las de desajuste, falta de presupuesto, facultades del ejecutivo, nacionalización y legalidad de los créditos reclamados a México. El 27 de mayo, después de la presentación de un dictamen de la Comisión de Hacienda, se planteó el de las facultades constitucionales de Juárez en dicho ramo y de sus limitaciones. La delimitación de las fa-

---

[4] *Ibid.*, p. 76.
[5] *Ibid.*, pp. 132-135.

cultades del ejecutivo llevó también al tapete de la discusión la vigencia o no vigencia de la Constitución de 1857. Surge también la necesidad de hacer un presupuesto y la forma de poner en práctica la nacionalización de bienes a fin de incluirlos presupuestalmente.

El enfoque particular de las finanzas públicas, en relación con la política interna general del país, lleva al fin a la ley del 17 de julio de 1861 y la suspensión de pago a los acreedores por el término de dos años. En esta ley se impuso al ejecutivo la obligación de formar, en el término de un mes, un presupuesto de los gastos públicos, sobre la base de hacer las reducciones convenientes, sobre el de 31 de diciembre de 1855.

Este problema presupuestario fue motivo de largas discusiones, todas muy interesantes en la Cámara de Diputados, ocupando la atención de los legisladores la partida presupuestal del Ministerio de Guerra considerándosele en general muy elevada.

Guillermo Prieto consideraba impracticable por entonces la formación del presupuesto y rebatió largamente la idea de formarlo. Zamacona estimó que no se trataba del momento presente, sino del porvenir, y en las circunstancias más anormales afirmó: "la experiencia enseña que se puede adelantar mucho en la realización de economías, y en la mejora de la administración del erario. Emplazar todo trabajo, buscar pretextos que justifiquen la inacción y la intolerancia, es incurrir en el sofisma de 'no es tiempo', que con tanta razón se ha reprochado al partido moderado".[6]

En realidad, los presupuestos del país en esa época eran un problema muy difícil de estudiar por sus estimaciones imperfectas, pues primero las guerras civiles y más tarde la lucha contra la intervención hicieron erogar gastos imprevistos e impidieron recibir las partidas aduanales que fueron por mucho tiempo el renglón importante de los ingresos nacionales. Sin embargo, conforme lo estableció la ley del 17 de julio de 1861, el ejecutivo presentó la ley de presupuesto general haciendo todas las economías posibles al de 31 de diciembre de 1855.

Se redujeron los gastos a 8 327 418.04 pesos, es decir 6 100 906.89 menos que el de 1855 que fue de 14 228 324.93. Su distribución por ramos fue como sigue:

[6] *DD*, I, 1862-1863, pp. 97-98.

Poder legislativo	636 750.00
Poder ejecutivo	51 700.00
Ramo de Relaciones	210 340.00
Ramo de Gobernación	555 080.00
Ramo de Justicia	537 050.00
Ramo de Fomento	69 179.00
Ramo de Hacienda	1 521 924.00
Ramo de Guerra	4 745 395.04
	$ 8 327 418.04[7]

La disminución de los egresos y su distribución por ramos presentada por el ejecutivo, en realidad fue una cuestión puramente formal y fuera de la realidad, pues en principio se partió de un presupuesto anterior reducido, y obviamente la situación en 1861 era otra muy diferente por los disturbios de una prolongada guerra civil y los gastos que implicaba la guerra extranjera y que suponía menos ingresos por la paralización del movimiento mercantil y la ocupación de las aduanas, motivos por los cuales los ingresos tenían que ser menores mientras que mayores los egresos, y todo cálculo que se hiciera era impreciso.

La Constitución de 1857, las Leyes de Reforma y las facultades extraordinarias del poder ejecutivo fueron otros temas importantes de discusión en la política interna de México. Sobre la Constitución de 1857 y las facultades extraordinarias de Juárez ante la inminencia de los países intervencionistas para llevar adelante sus pretensiones y ante la declaración del emperador de los franceses hacia México: "que no le manda la guerra sino la felicidad; que su único enemigo es Juárez, que no le hace la guerra a la nación, sino a un solo hombre y que desapareciendo éste se hará lo que México quiera, y hasta tal punto, que si insiste en colocar a su cabeza al presidente Juárez, las tropas lo sostendrán".[8] Se escucharon argumentos como los siguientes durante las largas discusiones en el Congreso: "la Constitución es el pretexto de la revolución, mientras las Leyes de Reforma son el pensamiento de la gran revolución social"; "trabajamos por un programa y no por una persona".[9] Sin embargo, el Congreso de la Unión, con la representación nacional, manifestó que no acepta-

---

[7] *Memoria*, 1870, pp. 543-544.
[8] *DD*, I, 1862-1863, pp. 49-53.
[9] *Ibid.*, pp. 53, 110, 111.

ría jamás la menor intervención extranjera en los negocios y organización social y política del país, puesto que éste había conquistado beneficios sociales y políticos que le inspiraban doble apego a su nacionalidad, ya que no veía en ella una palabra vaga ni una idea abstracta, sino un conjunto de goces y de derechos positivos, declarando al mismo tiempo: "investido al ejecutivo de toda la suma de facultades necesarias para salvar la situación, pues para ello les confiere poderes bastantes la Constitución y tienen y depositan por lo mismo toda su confianza en el presidente".[10]

Así, la Diputación consideró un deber de los diputados mostrar al mundo que Francia no sólo traía la guerra a Juárez, sino a los poderes constitucionales, a la representación nacional, a las instituciones y a todo el pueblo mexicano.

Juárez, sopesando las enormes dificultades opuestas a la marcha del gobierno, así como la pobreza del país, la mala situación de las finanzas y todos los elementos de desorden y por consiguiente de debilidad que el estado de guerra introducía nuevamente en los ramos de la administración, declaró: "Esto es grave sin duda; mas la decisión del pueblo mexicano para repeler a los supuestos invasores, no puede detenerse ante ningún sacrificio."[11]

El problema serio en el aspecto de las facultades extraordinarias para el ejecutivo fue el de las finanzas públicas, que se presentó incluso antes de la suspensión del pago de la deuda. En efecto, el 4 de junio se autorizó al ejecutivo para arbitrar recursos, después de presentar al Congreso una iniciativa para que se le autorizara a fin de pagar créditos titulados de la revolución que no pasaran de 1 000 pesos.[12]

Más tarde, por iniciativa del ejecutivo, fue decretada por el Congreso la ley del 17 de julio, que entre otras cosas suspendía el pago de las convenciones diplomáticas. Los miembros del gabinete esperaban, y así lo indicaron a la Cámara, que esta ley no produjera conflicto con las potencias cuyos pagos se iban a suspender; pero nuestras relaciones diplomáticas tuvieron que resentirse y el ejecutivo presentó a la Cámara, como una solución a las dificultades con los países intervencionistas, los tratados

---

[10] *Ibid.*, p. 50.
[11] *Ibid.*, pp. 50-51.
[12] *DD*, 1861, 1862, 1863, p. 185.

celebrados entre el ministro de México y los ministros plenipotenciarios extranjeros. Las estipulaciones de estos tratados parecieron a la Cámara gravosas para la Nación. Se habló del contenido de las mismas que se anota más adelante y pidieron en concreto que cesaran las facultades extraordinarias a fin de evitar el despilfarro. Todo esto motivó discusiones muy acaloradas en el Congreso, pero al fin llegó a reconocerse que:

> las peticiones continuas de facultades extraordinarias debe recogerlas la historia como observaciones; pero nosotros no debemos tomarlas para recriminar, porque aquéllas servirían para dar a su tiempo el debido ensanche a la órbita del ejecutivo, y las recriminaciones sólo sirven para recrudecer los ánimos y fomentar resentimientos que ahora se deben olvidar.[13]

Así, el 25 de octubre de 1862 se presentó y aprobó el proyecto de ley que reafirmó las facultades extraordinarias a Juárez. Por dicho acuerdo se autorizó al ejecutivo en los ramos de Hacienda y Guerra para disponer de todos los elementos de la nación en cuanto juzgara conveniente para la defensa contra la injusta agresión de la Francia y contra las fuerzas reaccionarias que perturbaban el orden público. La facultad en Hacienda y Guerra otorgada a Juárez quedó estipulada en el artículo tercero en los siguientes puntos:

I. Imponer las contribuciones necesarias. II. Celebrar empréstitos, reconocer y mandar pagar la deuda legítima de la nación. III. Nombrar los ministros, agentes diplomáticos y cónsules, los empleados superiores de Hacienda, los coroneles y demás oficiales superiores del ejército. IV. Reglamentar el modo con que deben expedirse las patentes de corso y hacer las declaraciones de buenas o malas presas de mar y tierra. V. Negar o conceder la entrada de tropas extranjeras al territorio nacional, y consentir la estación de escuadras por más de un mes en las aguas de la república. VI. Levantar y sostener el ejército y la armada nacional, y reglamentar su organización y servicio. VII. Reglamentar, armar y disciplinar la guardia nacional y disponer de ella aun fuera de los estados. VIII. Conceder amnistía por delitos cuyo conocimiento corresponda a los tribunales de la federación. IX. Convocar al Congreso a sesiones extraordinarias, sin el acuerdo de la

---

[13] *DD*, I, 1862-1863, pp. 48-49.

diputación permanente. X. Emplear a los ciudadanos diputados al Congreso de la Unión. XI. Ordenar la traslación de los supremos poderes a cualquier punto de la república.[14]

En los siguientes artículos del proyecto de ley se estableció que estas facultades no podían ser delegables en su totalidad en ninguna otra persona, más que en parte cuando se considerara necesario y bajo la responsabilidad del propio ejecutivo; su duración de seis meses si antes no se restablecía la paz, y su continuidad en caso de que la guerra se prolongara. Así como la necesidad de que el ejecutivo informara al Congreso quince días después de que éste quedara instalado.

No habiendo cambiado las circunstancias excepcionales que determinaron al Congreso a investir al ejecutivo de facultades extraordinarias, para expeditar su acción administrativa dentro de los plazos fijados al conceder éstas, fue necesario prorrogarlas, lo cual se verificó por medio de las leyes de 27 de octubre de 1862 y 28 de mayo de 1863.

Las Leyes de Reforma dictadas en 1859 y puestas en práctica a partir de 1861, tienen un especial interés en la historia de la deuda porque de ellas se esperaba la solución para la deuda interior. Es así que se encuentran comentarios como el siguiente:

> Si la nacionalización de los bienes que administraba el clero se hubiera verificado como lo determinaron las leyes de 12 y 13 de julio de 1859, y del 5 de febrero de 1861, una gran parte de la deuda pública consolidada, representada por los bonos emitidos en virtud de la ley del 30 de noviembre de 1850, habría sido amortizada, supuesto que 60% de la mayor parte de esas operaciones debía pagarse en dichos títulos.[15]

Este cálculo no parece exagerado si se atiende a que José María Mata calculó en su informe de 5 de mayo de 1861 que hasta aquella fecha se habían amortizado 24 000 000 de pesos en créditos, de los cuales 16 lo eran por sólo operaciones de nacionalización, y más especialmente a que cuando el llamado imperio mandó que se sometieran a revisión todas estas operaciones, apareció que el valor de los bienes nacionalizados, de que se hicieron asientos en los libros respectivos, fue de 62 365 516 pesos.

---

[14] *DD*, II, 1862-1863, pp. 44-47.
[15] *Memoria*, 1870, p. 565.

Esta utilidad financiera que se les dio, fue motivo suficiente para suscitar en su derredor enconadas polémicas acerca de su práctica. Guillermo Prieto consideraba: "imprudentemente tocar las Leyes de Reforma, terreno de la lava volcánica candente todavía, en el que el menor paso hacia atrás frustraría todo lo conquistado por la revolución progresista".[16]

Manuel María de Zamacona, el 17 de noviembre de 1862 refuta a Prieto y afirma:

> esta imagen no corresponde a un ilustrado progresista, ¿por qué principios reformistas triunfantes en el país no han de tener, por decirlo así, su entrada triunfal en la misma Constitución? No es la reforma una lava candente, lejos de ser un terreno movedizo en que reinen la duda y la incertidumbre, forma ya los fundamentos graníticos, inalterables de nuestra sociedad, que se encuentra regenerada y emancipada de todo género de yugos.[17]

Sin embargo, el mismo Zamacona en una reunión posterior afirma que: "los bienes del clero se regalan por realizarlos, los especuladores sostienen al gobierno como la cuerda al ahorcado pues, afirma, sobre los bienes nacionalizados apenas ha arbitrado 300 000 cuando ha gastado 1 000 000".[18]

Pero acaba reconociendo que los efectos de la ley no son susceptibles de producirse al día siguiente y que por otro lado, los mismos ministros extranjeros aconsejaban a sus nacionales que se negaran al pago. Suárez Navarro hace cargos concretos y propone revisar las operaciones de nacionalización declarando nulas las contrarias a la ley del 13 de julio (vendidas en una tercera parte de su valor), "por la lesión enorme que esto causaba a la hacienda pública".[19] Los estados, a su vez, piden que los bienes nacionalizados se les consigne, aplicándose sólo 5% al gobierno general.[20]

La opinión más generalizada, a pesar de toda esta discusión, fue que la nacionalización de los bienes de manos muertas se llevaba a cabo con cuidado, pero que no había podido proporcionar las ventajas que en una situación normal producirían.

---

[16] *DD*, 1861, p. 96.
[17] *DD*, 1861-1862, pp. 97, 99.
[18] *Ibid.*, p. 268.
[19] *Ibid.*, pp. 83-84.
[20] *Ibid.*, p. 123.

El 13 de junio de 1861 la Comisión de Crédito Público presentó una iniciativa del gobierno a fin de conceder una prórroga a ios deudores de bonos por redención de capitales nacionalizados y se les dispensara el recargo de 50% en que conforme a la ley habían incurrido.

La Comisión de Hacienda pidió los expedientes de la nacionalización y un informe sobre las concesiones de plazos mayores de los prevenidos por la ley para la exhibición de numerario y títulos de la deuda a fin de estudiarlos. Vicente Riva Palacio, como presidente de la Comisión Revisora en el ramo de Hacienda, dijo en la sesión del 19 de junio: "que se abstenía de tocar los negocios de nacionalización por los peligros anunciados en los debates, *y que en lo demás, de los bienes nacionales, se ha aprovechado la clase para quien se hizo la reforma*",[21] por lo que la comisión tomando en cuenta que los deudores de bonos se habían ya aprovechado de los beneficios prodigados por las leyes de desamortización y nacionalización, así como de las concesiones de plazo para la entrega, opinaba que no había motivo para otorgarles un nuevo favor, privando a la república de la oportunidad que se le presentaba para aliviar en algo el gravamen de la deuda interior.[22] Por otra parte, se opinó que "revisar las operaciones de nacionalización era dar un golpe de muerte al crédito del gobierno".[23]

Independientemente de lo que se esperaba, comentara o refutara de la nacionalización de bienes y su aplicación en las finanzas crediticias de México, lo cierto es que dichas disposiciones se pusieron en práctica, que fueron conservadas también en el imperio de Maximiliano y que aun cuando sus productos no fueron aplicados totalmente a la amortización de la deuda consolidada, sí lo fueron en parte.

El monto de los bienes nacionalizados es difícil de conocer con exactitud por la propia intervención armada; sin embargo, Manuel Payno reunió la información de los bienes nacionalizados en esta época, empezando por fijar el monto de los bienes desamortizados que antecedió a la nacionalización de los mismos.

Los bienes desamortizados en la *Memoria* de Miguel Lerdo de Tejada, en 1857, se hacen ascender a 23 019 280.12 pesos. La ad-

[21] *Ibid.*, p. 144.
[22] *Ibid.*, p. 125.
[23] *Ibid.*, p. 179.

ministración de dichos bienes se estableció en marzo de 1862, y en septiembre se habían presentado 3 184 expedientes a revisión que importaban 23 991 827.04 pesos; pocos meses después, según otro documento de la misma oficina, habían aumentado los capitales y propiedades a la suma de 39 716 180.78 pesos.

Por último, en abril de 1866, según los datos que arroja la noticia de los valores de fincas rústicas y urbanas, capitales y capellanías presentadas a revisión conforme al decreto de Maximiliano de 25 de febrero de 1865 hasta abril de 1866, tanto en el Distrito como en los estados, ascendía a la suma de 62 365 516.41 pesos.[24]

De modo que de 1856 (Ley Lerdo) a 1866 habíase casi triplicado el valor de los bienes nacionalizados.

Legalidad de los créditos reclamados a México

Ante el rompimiento de las relaciones diplomáticas y la intervención extranjera en México, el gobierno y sus representantes debían legalizar los créditos extranjeros reclamados a nuestro país considerando lo que la Junta Superior de Hacienda estipulara en la liquidación de la deuda pública, puesto que una de sus finalidades fue amortizarla, según el artículo 8º de la ley del 17 de julio de 1861. Conforme atribuciones concedidas a la misma en el artículo 7º para: I. Liquidar la deuda contraída en Londres y convenciones extranjeras. II. Liquidar los créditos comprendidos en la ley de 30 de noviembre de 1850. III. Liquidar los créditos posteriores legítimos contra el erario hasta 30 de junio del presente año, incluso los comprendidos en la ley de 17 de diciembre de 1860, y hacer la conversión conforme a las bases que se darían en una ley especial.[25]

La junta podía además cobrar créditos a favor del erario, celebrar arreglos con los deudores, ejercer mando superior de hacienda en los estados y territorios sobre la desamortización y nacionalización y distribuir todos los fondos recaudados entre los acreedores del erario.

Este sistema de delegar facultades de administración hacendaria no dio buen resultado, y poco después desapareció. El 17

---

[24] Payno, *Cuentas*, 1868, pp. 409-416.
[25] Payno, *México*, 1862, doc. 22, p. 23.

de agosto se estipuló su reglamento; el 14 de diciembre se acordó reducir sus facultades a consultar con el ejecutivo, quedando sólo como árbitro en los problemas que se suscitaran; el 16 de diciembre quedó al frente de los capitales nacionalizados y por ley del 13 de abril de 1862 quedó suprimida la junta, creándose una sección especial en la Secretaría de Hacienda que se llamó de Desamortización y Nacionalización.[26]

La estimación legal de la deuda considerada por la Junta Superior de Hacienda debía ser igual a la deuda reconocida en 1862, que a su vez partía del monto de la misma según la conversión de 1852, puesto que ésta se hizo con base en la ley de 30 de noviembre de 1850. La estimación de la deuda en esta forma ascendió en números redondos a 81 632 561 pesos, de los cuales se debían:

A Inglaterra	69 311 658
A España	9 460 986
A Francia, incluso los bonos Jecker	$ 2 859 917

Las reclamaciones que los representantes de las potencias aliadas exigieron al gobierno de la república y que no están comprendidas en los datos precedentes tomados de la *Memoria* de Payno, fueron muy exageradas:

Los franceses reclamaban además de la parte de la Convención francesa y de los 15 000 000 de los bonos Jecker la cantidad de 12 000 000. Los ingleses reclamaban además del pago de la deuda de Londres, de la Convención inglesa, de los fondos ocupados de Capuchinas y de la Conducta de Laguna Seca, 3 346 341 pesos. Los españoles reclamaban también, además de los pagos comprendidos en la convención, una cantidad considerable que no se fijó.

Todas estas reclamaciones fueron difíciles de comprobar, y simplemente tomadas como pretexto para intervenir en México, al ser presentadas al ministro de Relaciones que tuvo la deferencia de considerarlas en el acto. La mayor parte de ellas provenían del estado de revolución, originadas por embargo de mulas, carros o semillas tomadas por diversas partidas de tropas. Por otra parte, ninguna ameritaba por sí sola interrumpir las relaciones para invadir el territorio, y un atenuante todavía mayor fue que

[26] *Memoria*, 1870, p. 552.

muchas estaban ya pagadas; otras en vía de pago; otras pendientes por no haberse determinado el adeudo y otras rechazadas por falta de comprobación.

Las reclamaciones reconocidas y liquidadas hasta el 14 de abril de 1862 fueron:

Señor Mackintosh	2 250.00
Santiago Kern	7 210.50
Luis G. Movellan	3 000.00
Joaquín Sander	1 578.00
Agustín Masse	10 182.25
Pedro Sieck y Cía.	468.69
Juan Leroux	10 600.00
Juan Salande	1 314.84
Rafael Tarbe	1 173.12
Adolfo Rassin	160.00
Justo Breton	3 940.62
Adrián Souberville	100.00
Tomás Guillabo	2 055.00
Maqua	5 003.00
Eduardo Strybos	3 626.00
J. J. Schmidt y Cía.	700.00
Rafael Solalinde	1 570.00
Bartolomé Tailleur	141.00
Renè Valadié	428.30
Ronhome	20 934.50
Boix	1 546.00
Imhof	45.00
Hauoley	270.00
Parres y Compañía	21 278.69
Santiago Evans	2 230.18
	$ 101 818.29[27]

El gobierno mexicano creyó conveniente manifestar al mundo la insuficiencia de ese pretexto para la intervención y comisionó a Manuel Payno para que formara un resumen de los créditos reclamados por cada una de las potencias signatarias del Tratado de Londres. Payno escribió la memoria de *México y sus cuestiones financieras con la Inglaterra, la España y la Francia*, que contiene todos los datos para presentar el verdadero origen y estado de las cuestiones en que versaban los intereses pecuniarios de los súb-

---

[27] Payno, *México*, 1862, pp. 339, 340, 341.

ditos de aquellas potencias, y ella vino a formar al mismo tiempo la demostración más concluyente de que no fue la defensa de esos intereses lo que determinó la intervención armada, estipulada en el Tratado de Londres, sino otras miras de carácter político y engrandecimiento mercantil o territorial. En efecto, al gobierno francés que manifestaba más empeño en la intervención, sólo se le reconoció un crédito contra el erario de México de 200 000 pesos, procedentes de la Convención francesa, puesto que los bonos Jecker, además de la nulidad de su origen en virtud de haber sido autorizados por una administración usurpadora que no podía obligar a la nación, no estaban garantizados por ningún convenio internacional, y ni siquiera había sido celebrado por un súbdito francés, pues Jecker era suizo, y conservaba esa nacionalidad al hacer su contrato respectivo, con el serio agravante de que las dificultades con la casa Jecker no fueron por bonos, puesto que su quiebra databa de mayo de 1860, y hasta enero de 1861 no había sido suspendido el negocio.

Las reclamaciones de los súbditos ingleses están publicadas en un informe de F. Glennie, cónsul británico en México, pero igualmente son poco claras como puede verse:

1a. clase	Reclamaciones reconocidas por el gobierno mexicano	1 350 834
2a. clase	Reclamaciones apoyadas por el gobierno británico	802 412
3a. clase	Reclamaciones aún no reconocidas pero aparentemente fundadas en consideraciones justas	649 175
4a. clase	Reclamaciones de origen dudoso	530 369
5a. clase	Reclamaciones a las que no se ha fijado cantidad	000 000
	Suma	$ 3 332 790

A lo que tengo que añadir una noticia recibida después de haber concluido esta lista, de una reclamación presentada por Mr. Bourdillan, como representante de Mr. Dalton (de la que adjunto copia), y asciende a		13 553
	Total	$ 3 346 343

Pese a su ilegalidad, Carlos Whitehead, comisionado y apoderado del comité de tenedores de bonos ingleses, dirigió al ministro de Hacienda de México un comunicado el 14 de septiembre de 1861, haciendo hincapié en que:

> habiendo quedado una parte considerable de la propiedad de la Iglesia para aplicarse al pago de la deuda pública, como V. E. me indica en su oficio de 12 del corriente, me tomo la libertad de sugerir, respetuosamente, que se podría aplicar desde luego a ese objeto interesante, depositándola en manos de terceros, si consiste de escrituras o pagarés, para aplicar el producido conforme se realice; lo que no causaría al gobierno ninguna privación por el momento de recursos porque como es público y notorio, es imposible hoy en día realizarlos, a no ser con un descuento ruinoso.[28]

De sumo interés es conocer en la historia de la deuda si se debían reconocer los nuevos créditos o no, problema que si en 1862 fue claro para Juárez y el grupo liberal en general, presenta grandes interrogativas por los tratados firmados por Manuel Doblado con los representantes extranjeros. Por esta razón se opinó muchas veces adversamente acerca de su personalidad, según asienta Sierra:

> Ora se le decía conspirando para derribar a Juárez y transformarse en dictador; ora maniobrando con los moderados para convocar una asamblea de notables y encabezar un gobierno interino; ora trabajando con Wyke, que lo reputaba el hombre de la situación; ora concertándose con un agiotista disfrutaba de la confianza de los franceses; ora colaborando con los magnates del mundo financiero para controlar los consejos de los aliados; ora tratando con la reacción y listo para cualquier transacción, menos una monarquía.[29]

Estudiar estos tratados o convenios, requiere hacer un resumen histórico acerca de los acuerdos aceptados en los mismos.

Los tratados o acuerdos firmados por Doblado con los representantes extranjeros fueron:

1) Tratado Wyke-Doblado con Inglaterra.
2) Tratado Wyke-Zamacona con Inglaterra.
3) Tratado Zarco-Saligny con Francia.
4) Convenio Corwin con Estados Unidos.

---

[28] *Ibid.*, doc. 26, pp. 45, 49.
[29] Sierra, *México*, 1957, pp. 39-40.

Resumen histórico de la deuda inglesa

La historia de la deuda contraída en Londres es la de un deudor inexperto, siempre deseoso de pagar, pero urgido y escaso de recursos, y de un acreedor prudente, dócil para las transacciones, pero impaciente y violento algunas veces, al perder la esperanza de un arreglo sólido y definitivo.

De este empréstito no hubo ni mucha fortuna ni muchas ventajas para los primitivos tenedores de bonos. Los que sacaron un positivo provecho fueron los agentes y especuladores que compraron, vendieron y volvieron a comprar y a vender en la bolsa los bonos mexicanos, que bajaban o subían de precio a medida que recibían dividendos y se hacían frecuentes amortizaciones.[30]

Conforme al plan de acción Wyke-Aldhan, este último agente de los tenedores de bonos ingleses en México comunicó, el 14 de septiembre de 1861, las resoluciones del comité de bonos manifestando su hostilidad hacia la república y la pretensión de convertir en crédito propio inglés la deuda de muchos y diversos particulares que habían contratado con México, dando además instrucciones precisas a Wyke en quien depositaron su confianza para dichas gestiones.

Los créditos reclamados por los tenedores de bonos habían sido reconocidos por el decreto de 23 de enero de 1857, expedido por Comonfort al suspenderse el pago de la deuda durante la guerra de Reforma. En este decreto se dio toda clase de seguridades a los tenedores de bonos y se convino además en que éstos pudieran nombrar agentes en los puertos para recibir los fondos y remitirlos a Londres. En el artículo segundo se aceptó librar al gobierno de toda responsabilidad en el momento en que el dinero estuviese en poder de dichos agentes.

Así, el gobierno constitucional remitió las sumas aduanales de Tampico y Veracruz y éstas fueron entregadas al agente Whitehead en México, de manera que, conforme al artículo segundo del referido decreto, cesó toda la responsabilidad del gobierno. El agente no las remitió por las conductas que iban de México a Veracruz y reunió, de septiembre de 1858 a octubre de 1860, 877 365.94 pesos.[31]

---

[30] Payno, *México*, 1862, pp. 5, 6, 7.
[31] *Ibid.*, p. 31.

Durante la guerra de Reforma, Juárez instaló el gobierno constitucional en Veracruz, plaza que trataron de tomar los conservadores, pero Juárez resistió, conservándose en su puesto, y los fondos de los tenedores de bonos remitidos de Veracruz a la capital cayeron en poder de los conservadores en la calle de Capuchinas. La cantidad tomada de estas conductas por los jefes constitucionales y los reaccionarios fue a cuenta de los derechos de exportación, para pagar los haberes a las tropas que custodiaban el dinero; así, es de todo punto falso que esas conductas hubiesen sido robadas. Estos acontecimientos vinieron a aumentar no sólo las dificultades financieras de Juárez, sino también las políticas produjeron una alteración momentánea en el orden establecido en la deuda de Londres, de tal suerte que el gobierno constitucional tuvo que hacer el 3 de febrero de 1859 un arreglo con el comandante Dunlop, de las fuerzas navales británicas en el Golfo, y posteriormente otro con el capitán Aldham, por el cual se obligó a separar 10% adicional de los derechos de importación a fin de cubrir las sumas tomadas por el gobierno durante 1860. Estos arreglos dieron margen a que se creyera equivocadamente que la deuda contraída en Londres había cambiado de naturaleza y se había convertido en una convención diplomática; incluso llegó a pensarse en una deuda de gobierno a gobierno.

Noticia falsa por completo, puesto que los convenios con Dunlop y Aldham fueron provisionales, lo que quedó perfectamente claro en el artículo 10, según puede observarse:

> En el caso de que el excelentísimo señor presidente interino constitucional de la república ocupe la capital de la misma como es de esperarse, de su buen derecho y en virtud de la voluntad de la mayoría de la nación, mantendría, porque lo cree justo, lo que estipula ahora; pero declara que en cuanto a que éstas estipulaciones sirvan de base a una futura convención diplomática, cree conveniente reservarse, y se reserva en efecto, el derecho natural de discutir cuál y cómo deba ser ésta cuando se entable por los medios regulares y debidos la solicitud respectiva.[32]

Con esto quedó demostrado que la deuda era del gobierno de México levantada en la plaza de Londres, con títulos al portador cuyos dueños variaron a cada momento, por lo que no se podía

---

[32] *Ibid.*, doc. 24, p. 44.

asignar nacionalidad fija a los tenedores de bonos, aun cuando pudiera suponerse que la mayoría pudiesen ser ingleses.

Los tenedores de bonos que se habían manifestado favorables al gobierno constitucional de la república cambiaron de opinión tan luego como no se hizo aplicación ninguna del producto de los bienes eclesiásticos, como anteriormente se les había indicado.

Las noticias del monto de estos bienes conocidas en Europa fueron muy exageradas, de ahí que los tenedores de bonos llegaran a expresarse como sigue:

> El gobierno de la Gran Bretaña está interesado en ayudarnos a que el gobierno de México nos dé plena seguridad para el pago de lo que nos debe por réditos atrasados, y afortunadamente México está en aptitud de otorgarnos esta seguridad con la hipoteca de *tierras y casas* que representen un capital de 12 500 000 pesos en un país donde el interés es 12% al año, es fácil obtener por este medio una renta anual de 600 a 700 000 pesos, que se pondrá en manos de depositarios nombrados por los tenedores de bonos, para ir devengando los atrasos.[33]

Posteriormente dirigió Whitehead al gobierno una nota, proponiendo se hipotecaran a favor de los tenedores de bonos todos los terrenos baldíos de la república.[34]

Divididos los aliados, por haber faltado los comisarios de Francia al cumplimiento de las estipulaciones de los preliminares de La Soledad, México intentó hacer arreglos convencionales con los representantes de Inglaterra y España para el pago de créditos de sus respectivos nacionales. Se firmaron dos tratados, uno por Zamacona y otro por Doblado.

Manuel M. de Zamacona, secretario de Relaciones del gobierno de México, firmó, el 21 de noviembre de 1861, un tratado con sir Charles Wyke, representante británico, por el cual se concedieron ventajas extraordinarias a los acreedores británicos.

Consta de once artículos. En los cuatro primeros, se estipuló el adeudo que México reconocía a Inglaterra y sus respectivos intereses; es decir, el dinero tomado de una conducta en Laguna Seca, y los 660 000 pesos extraídos de la legación británica, los cuales deberían ser devueltos a sus legítimos dueños con 10% de

---

[33] *Ibid.*, p. 37.
[34] *Ibid.*, doc. 26, pp. 45, 49.

los derechos de importación. La cuota del interés correspondiente al tiempo transcurrido por ambas sumas debía pagarse del mismo fondo, como sigue: 6% anual sobre los 660 000 pesos y 12% anual sobre el adeudo de la conducta tomada en Laguna Seca. Todos los tratados, convenciones y convenios concluidos antes del tratado entre las dos altas partes contratantes, estarían en vigor por ambas partes en todo lo que afectaran los intereses mexicanos e ingleses; y los decretos de 14 de octubre de 1850 y de 23 de enero de 1857, debían subsistir también en plena fuerza y vigor en todo lo respectivo a los tenedores de bonos en Londres. Las cantidades pertenecientes a los tenedores de bonos en Londres y a los interesados en la convención inglesa, que existieran en las aduanas y a la suspensión de pagos por la ley del 17 de julio último, debían ser pagados, así como 6% de interés, con el mismo fondo asignado a las reclamaciones de la legación y Laguna Seca, después de cubiertas estas reclamaciones.[35]

La forma de asegurar el pago a los ingleses del adeudo e intereses reconocidos en los cuatro primeros artículos del convenio, y que fue motivo de duras críticas posteriormente, se estipuló en el artículo VI que dice:

> Los agentes consulares ingleses, y los agentes de los tenedores de bonos en los diferentes puerto de la república, podrán exigir la manifestación de todos los libros y papeles de las aduanas que se refieran a los intereses de sus comitentes, así como los manifiestos y conocimientos de los buques, y todos los otros documentos que, con el objeto arriba indicado, crean necesario examinar. Cada mes se entregará, en cada una de las aduanas, al cónsul inglés, residente en el puerto, una noticia de los derechos pagados y de la liquidación de las asignaciones correspondientes a los tenedores de bonos en Londres y a los interesados en la convención; y en los lugares donde no haya cónsul inglés, esas noticias se darán a los agentes, si los hubiera, de los respectivos fondos.[36]

También fue motivo de duras censuras (justificadas por otra parte) el último párrafo del artículo VII que asentó:

> Para mayor seguridad, estos certificados se firmarán por los representantes de bonos mencionados arriba, así como por los ex-

[35] *Ibid.*, doc. 23, pp. 95, 96.
[36] *Ibid.*, p. 96.

presados agentes, y después de la liquidación serán remitidos por los administradores de las aduanas marítimas y fronterizas directamente al ministerio de Hacienda, a fin de que el gobierno pueda tomar nota de ellos, y formar la cuenta corriente de las respectivas deudas.[37]

Concretamente se señaló en la Cámara de Diputados en la sesión del 15 de diciembre de 1861 las fallas de este tratado, al reconocer y cubrir con el pabellón británico, la Convención inglesa, la deuda contraída en Londres en 1823 y la deuda de Miramón. Para el pago de todos estos créditos, se dijo: "la nación sacrificaba una no muy pequeña parte del producto de sus aduanas, bajando al mismo tiempo los aranceles y alzando las prohibiciones establecidas" aceptándose además, estipulaciones humillantes, puesto que los bonos nacionales que debían emitirse en virtud de este tratado necesitaban para su validez llevar al lado de la firma de nuestro ministro de Hacienda la firma del agente de nuestros acreedores; por semejante condición, el papel que se emitía, como que se abonaba por cuenta de derechos, tenía una verdadera representación monetaria y sin valor, faltándole la firma del agente de los acreedores.[38]

La no pequeña parte del producto de las aduanas nacionales a la que se refirieron los diputados está consignada en la *Memoria* de los tenedores de bonos según la cual se exigía:

> Una renta de 600 a 700 000 pesos sobre los bienes del clero y además: 12.5% adicional de los derechos de importación, 5% de los derechos de exportación de las aduanas del Golfo. 10% de exportación de las adunas del Pacífico, 26% de importación luego que éste amortizaba la Convención inglesa. De manera que si se hubiera accedido a este arreglo, hubieran tenido: 63% de los derechos de importación de todas las aduanas; 85% de la exportación del Pacífico y 10% del Golfo.[39]

Posteriormente, Manuel Doblado firmó otro tratado con el representante inglés muy semejante a éste, que fue también

---

[37] *Ibid.*, p. 97.
[38] *DD*, III, 1862-1863, pp. 80-81.
[39] Payno, *México*, 1862, p. 40.

motivo de duras críticas. La discusión sobre estos tratados continuó en las sesiones de la Cámara, uno de los impugnadores más tenaces fue Ignacio Ramírez.

Sometidos a la revisión del Congreso estos tratados, fueron reprobados, pero el 23 del mismo noviembre de 1861 se expidió un decreto por el cual se pusieron al corriente en las aduanas marítimas las asignaciones para la convención y deuda contraída en Londres. Tampoco fue aprobado este convenio por el gobierno británico, por el Tratado de Londres firmado entre las tres potencias a fin de llevar a cabo la intervención.

Resumen histórico de la deuda con España

El origen de esta deuda es doble: el primero es relativo a la inteligencia más bien que a la interpretación del artículo 7° del Tratado de Madrid, y el segundo a la introducción de algunos créditos españoles, de manera que vulgarmente, y para precisar la cuestión, se ha dicho que la Convención española se compone de créditos buenos y de créditos malos.

México, afirma Payno, de acuerdo con el artículo 7° de este tratado, debía considerar todos los créditos malos si se tratara de considerarlos como deuda extranjera y todos buenos como deuda nacional. Mientras el gobierno virreinal estuvo en paz, en lugar de deudas hubo un sobrante que remitía a España; pero al estallar la guerra por la Independencia comenzó a contraer deudas. Terminada la guerra con la Independencia, fue necesario hacerse esta pregunta: ¿Quién debe pagar a los acreedores?

La república, sin que mediara correspondencia diplomática, por el decreto del Congreso General de 28 de junio de 1824, aceptó "reconocer las deudas contraídas en la nación mexicana por el gobierno de los virreyes, hasta el 17 de septiembre de 1810";[40] sin exceptuar ni los créditos de juros, ni las pensiones a descendientes de conquistadores, ni los fondos que las ricas corporaciones habían prestado para sostener la lucha por diez años. Así, los libros de la Tesorería General de 1824 en adelante registraron partidas de amortizaciones que llegaron a sumar millones.

[40] *Ibid.*, doc. 2, p. 147.

En 1836, España reconoció la independencia de su antigua colonia y celebró un tratado de amistad y comercio, el Tratado de Madrid, que en su artículo 7° dice:

> En atención a que la república mexicana por ley de 28 de junio de 1824 ha reconocido voluntaria y espontáneamente como propia y nacional toda deuda contraída sobre su erario por el gobierno español de la metrópoli y por sus autoridades, mientras rigieron la ahora independiente nación mexicana, hasta que del todo cesaron de gobernarla en 1821; y que además no existe en la república confisco alguno de propiedades que pertenecían a súbditos españoles, la república mexicana y S. M. C. por sí sus herederos y sucesores, de común conformidad desisten de toda pretensión o reclamación mutua que sobre los expresados puntos pudieran suscitarse, y declaran las dos altas partes contratantes libres y quitas desde ahora para siempre de toda responsabilidad en esta parte.[41]

México estaba obligado a reconocer la deuda contraída por los virreyes hasta 1821, como propia y nacional, sin que pudiese ser o fuese en efecto extranjera, ni mucho menos que México pudiese tener respecto de ella responsabilidad con España, puesto que España misma había declarado a México desde 1836 libre de toda responsabilidad.

Sin embargo, las reclamaciones de particulares españoles al erario mexicano comenzaron en 1841 y siguieron en los años posteriores dando origen a la consabida convención, puesto que éstas se hicieron a través de los ministros respectivos.

Primera Convención. Se celebró entre Bermúdez de Castro por España y el ministro de Relaciones de México, José Ramón Pacheco, el 17 de julio de 1847 a través del Tratado Bermúdez-Pacheco, pocos meses antes de que las fuerzas invasoras de Estados Unidos ocuparan la capital.[42]

Las reclamaciones continuaron presentándose hasta 1861 a través de los diferentes ministros de Estado que hubo en México. El adeudo reclamado fue de 6 000 000 de pesos en números redondos. En 1848, continuaron con los ministros Mariano Otero y Luis Gonzaga, quienes decidieron separar 2% de las aduanas para dichas reclamaciones.

---

[41] *Ibid.*, doc. 1, p. 146.
[42] *Ibid.*, doc. 3, p. 148.

En 1849 continuaron Cuevas y el licenciado José María Lacunza. En 1850 y 1851 Juan Antonio Zayas, Lacunza, Yáñez y Fernando Ramírez. Con este último resultó la convención del 14 de noviembre de 1851, estipulando en favor de México un artículo secreto, que fue reprobado por España. El artículo dice:

> Tomando en consideración los infrascritos ministros de relaciones y de S. M. C. las diferencias que de tiempo atrás están pendientes entre ambos gobiernos con motivo de la inteligencia del artículo 7º del Tratado de Madrid, por la oposición que presenta la ley de 28 de junio de 1824, y aspirando a no dejar motivo ni ocasión capaz de turbar la paz y buena amistad que reina entre ambos países, y que tan sinceramente desean conservar, han convenido en que, si de la última revisión que se han reservado hacer de las reclamaciones, aparecieren dudas de aquel carácter, éstas se decidan de manera que se salve la dificultad que presenta dicha oposición, dirigiéndose para la resolución de los casos ocurrentes por las disposiciones contenidas en la mencionada ley, y que si las dificultades fueran tales que no puedan avenirse los infrascritos, se aplique a sus casos respectivos el artículo estipulado en el protocolo público de esta fecha respecto de pensiones, abriendo sobre ellas una especial negociación.[43]

Posteriormente comenzaron a liquidarse algunos créditos, y a la salida de Ramírez del ministerio, fueron admitidos por Miguel Arroyo los pertenecientes a Lorenzo Carrera.[44]

En 1853 continuaron Alamán y Bonilla con el marqués de la Rivera. De estas negociaciones resultó el convenio de 1853, que después se elevó a tratado el 30 de mayo de 1854.[45]

La dilación para liquidar este adeudo fue porque aun cuando todos los secretarios de Relaciones entraban al puesto sin los informes exactos, pero con el deseo de concluirlo de manera amistosa, su espíritu se rebelaba al comparar el texto claro y preciso del artículo 7º del Tratado de Madrid con las pretensiones que envolvían las notas de los ministros de España.

Así, lo mismo que dijeron Otero, Lacunza, Yáñez y Ramírez, que eran del partido liberal, como lo que opinaron Cuevas, Ala-

[43] *Ibid.*, doc. 6, p. 114.
[44] *Ibid.*, doc. 7.
[45] *Ibid.*, docs. 8 y 9, p. 149.

mán y Bonilla, que pertenecían según la voz pública al partido conservador, y posteriormente Herrera durante la administración dictatorial de Santa Anna, coincidieron en calificar de absurdas las pretensiones del gobierno español con la aprobación completa de algunos españoles dignos de memoria, como Santos Álvarez, el general Prim y Calderón Collantes.

Sin embargo, esta cuestión fue elevada a tratado en la última convención y México tuvo que abandonar sus pretensiones al artículo 7º; se suscitó entonces otra cuestión importante, la del origen de los créditos reclamados.

En todos los arreglos se había sentado esta doctrina: "los créditos han de ser españoles", doctrina que al fin fue consignada como artículo expreso en el último tratado como sigue: "Artículo 13. Las reclamaciones españolas comprendidas en este convenio, son únicamente las de origen y propiedad españolas; no aquellas que aunque de origen español, han pasado a ser propiedad de ciudadanos de otra nación."[46]

En un informe de Higinio Núñez presentado el 10 de noviembre de 1855,[47] se esclarece cuáles debían ser los créditos reconocidos conforme a este artículo, y que posteriormente se consideraron en la conversión de 3% consolidada conforme a la liquidación del 20 de febrero de 1861 y los créditos que no debían entrar en la conversión, ascendiendo estos últimos a 2 427 941 pesos, 4 reales, 4 granos.

Conversión que se hizo con títulos de 3% consolidado conforme a la liquidación de 20 de febrero de 1861:

Capital liquidado a varios, en el cual están incluidas las escrituras a que se refiere el informe de Higinio Núñez, 6 633 423.11 pesos.

Numeración y valor de los bonos expedidos a varios en distintas fechas.

Números
```
    1   a    100    100
3 868   a  3 900     15
  101   a    225    125
3 901   a  3 910     10
  226   a    325    100
```

Pesos
```
115 bonos de a 20 000 = 2 300 000.00
135 bonos de a 10 000 = 1 350 000.00
```

[46] *Ibid.*, doc. 10, p. 151.
[47] *Ibid.*, doc. B, pp. 179, 180.

Números				Pesos			
3 396	a	3 495	100				
3 911	a	3 921	11	211 bonos de a	5 000	=	1 055 000.00
326	a	625	300				
3 496	a	3 585	90				
3 786	a	3 806	21				
3 826	a	3 852	27				
3 922	a	3 936	15	453 bonos de a	2 500	=	1 132 500.00
626	a	995		370 bonos de a	1 000	=	370 000.00
996	a	1 495		500 bonos de a	500	=	250 000.00
1 496	a	1 895		400 bonos de a	200	=	80 000.00
1 896	a	2 395	500				
3 586	a	3 752	167				
3 754	a	3 777	24				
3 937	a	3 953	17	708 bonos de a	100	=	70 800.00
2 396	a	3 395	1 000				
3 954	a	3 957	4	1 004 bonos de a	25	=	25 100.00
			1	1 certificado de a			23.11
		Bonos 3 896 y 1		certificado			$ 6 633 423.11[48]

El importe de los dividendos vencidos por réditos a razón de 3% anual durante diez años, del 14 de agosto de 1852 al 14 de febrero de 1862, fue 1 949 145.75 pesos, de los cuales se pagaron hasta el 14 de febrero de 1855 incluso, 424 971.375, adeudándose por dicho concepto 1 524 174.375.[49]

Los apoderados de los tenedores de bonos de esta primera convención recibieron algunas partidas de la Tesorería General y de la Junta de Crédito Público, entregando en su lugar a la Tesorería los cupones correspondientes, pero en muchos casos por menos cantidad de la que recibían. Los saldos resultantes en contra de los mismos fueron de 4 758.77 pesos, cantidad que debía deducirse del adeudo total por concepto de réditos quedando éste reducido a 1 519 316 pesos.[50]

El pago de la convención, aunque con dilaciones, se puso en ejecución, y comenzó a separarse el tanto por ciento asignado en las aduanas y el apoderado que nombraron los tenedores de créditos a recibir las letras.[51]

---

[48] *Ibid.*, doc. C, p. 181.
[49] *Ibid.*, doc. D, p. 183.
[50] *Ibid.*, doc. E, p. 185.
[51] *Ibid.*, p. 153.

La Segunda Convención española o créditos del padre Morán fue firmada el 6 de diciembre de 1851 por José Fernández Ramírez en representación de México, y Juan Antonio Zayas por España. En ésta se formalizaron los créditos de las haciendas Chica y Grande del Estado de México, cerca de Texcoco, que habían sido vendidas por el fraile dominico José Servín de la Mora al general José María Cervantes, venta que el padre Morán trató de nulificar por todos los medios posibles, entre otros, la legitimidad de la propiedad española de dichos bienes, y que el licenciado Florentino Cornejo, encargado de dicho negocio, había desconocido apoyándose en el Tratado de Madrid; los créditos y réditos sin documentos de la testamentaría de Josefa de Paula Argüelles que había dejado unas fincas para las misiones de Filipinas y Californias y los del Carro de China.

Acerca de la primera reclamación el general Cervantes pidió al gobierno que le capitalizara una pensión que disfrutaba y añadiendo 50 000 pesos se pagase toda la cantidad del negocio que importó 212 390 pesos por el valor de las haciendas. El gobierno se comprometió en consecuencia a satisfacer al padre Morán el valor de las haciendas con tal de que éste le entregase las escrituras a Cervantes y se cortase el pleito. El valor de las haciendas se fijó en 115 000 pesos. Hasta aquí, el problema no fue sino un negocio para el general Cervantes y el padre Morán. Pero, el 7 de noviembre de 1844, el ministro español Pedro Pascual Oliver firmó la segunda convención en la que se estipuló el pago de los 145 000 pesos, valor de las haciendas y su indemnización que debían pagarse con 1% de los derechos de importación y 1% de los derechos de conductas. Se amortizaría 6% de los réditos cada seis meses; el padre Morán entregaría el documento de traslación de dominio al general Cervantes y no podrían ya hacer ningún reclamo los misioneros de Filipinas.

Es decir, que el gobierno mexicano condescendió a que se volviese deuda extranjera y convención un pleito de dos frailes y además, pese a lo estipulado de que bajo ningún pretexto podrían hacer ya reclamo alguno los misioneros de Filipinas, el mismo Oliver en 1845 reclamó el producto de dichos bienes y el gobierno mexicano consintió el 26 de septiembre del mismo año en hacer otro arreglo por el cual abonó 61 346 pesos por un lado y 30 000, posteriormente, los réditos vencidos desde 1827 en adelante. Así, este negocio por el que recibió la Tesorería 50 000 pesos en efectivo, costó:

Al padre Morán   236 346
Al general Cervantes   212 390
                                 $ 448 736

Acerca del segundo crédito de Josefa de Paula Argüelles, fueron unas fincas rústicas dejadas a las misiones de Filipinas y Californias, vendidas posteriormente. En 1842, el gobierno provisional de Santa Anna ocupó los bienes de las misiones de California. A consecuencia de esto, el doctor Mariano Gálvez, apoderado del padre Morán, presentó reclamación. Contra la fuerza o valor que hubiese podido tener esta reclamación, habrá que oponer, primero, el artículo 6º de la Convención de 7 de noviembre, pero más que todo, la falta completa y absoluta de documentos de los reclamantes.

Se reclamaba a la Tesorería mexicana una cuantiosa suma, sin exhibir ni un solo título. La cantidad reclamada se tomó de una noticia que México comunicó a la legación de España sacada de los libros de la Tesorería General acerca de los enteros que había hecho doña Juana Guerra y otras personas de sumas procedentes de los bienes de doña Josefa Argüelles.

Las cantidades entregadas en la Tesorería General, según constancia de los libros manuales de los citados bienes, ascendieron a 681 942 pesos, 7 reales, 6 granos.[52]

Posteriormente, el doctor Gálvez reclamó otros 10 000 pesos destinados al Carro de China.

En resumen, este negocio que no pudo pasar de 100 000, ascendió a más de un millón.

La cuenta de réditos pagados a razón de 3, 4 y 6% fueron:

1845 a 1851	314 572.32
Por 10 dividendos a 3% de 1852 a 1856	138 465.00
Por 7 dividendos a 6%	174 612.00
Por 55 bonos amortizados	158 000.00
Total	$ 785 649.32[53]

La cuenta de amortización del capital de la convención española del padre Morán fue:

---

[52] *Ibid.*, pp. 197-199.
[53] *Ibid.*, doc. F, pp. 209-211.

Capital de la Convención   983 000
Capital amortizado   158 000
                     Deuda $ 825 000[54]

El resumen demuestra que el negocio del padre Morán había costado, hasta 1861, 785 000 pesos, y aún quedaba debiendo la república 825 000 que ganaba el rédito de 6% anual.

Resumen histórico de la deuda con Francia

La deuda con Francia hasta la intervención se originó en las convenciones de los bonos Jecker y los bonos Peza. Las convenciones fueron tres: los adeudos de la primera fueron el crédito Serment P. Fort y Cía. y G. Drusina y Cía., del que México pagó capital y rédito casi triplicado. En la tercera convención hubo varios créditos, de los cuales sólo quedaba un saldo a favor de los tenedores de bonos por 190 845.03 pesos, este saldo insignificante no pudo ser motivo de la intervención, por lo que se deduce ostensiblemente que la actitud de Francia respecto a México fue el crédito de los bonos Jecker originados en la segunda convención.

El interés moral que envuelve este negocio, además del cuantioso que representa, me obliga a tratarlo con la mayor claridad posible.

El negocio de Jecker tuvo realmente tres formas: La primera fue la que le dio el decreto de 21 de octubre de 1852 para arreglar el pago de los créditos que tuvieran a su favor sentencia de la Suprema Corte de Justicia. La segunda, la que le dio el convenio o propuesta general que presentó la casa Jecker el 29 de octubre de 1859; y la tercera, la que sucesivamente tomó a consecuencia de las propuestas o contratos que hizo la misma casa Jecker para llevar a efecto la conversión.

Así, de la primera operación que debió practicarse conforme al decreto, a las que efectivamente se hicieron, hay una gran diferencia.

Los adeudos Jecker en su primera forma por razón de varias transacciones y contratos con el erario, llegaron a sumar 99 000

---

[54] *Ibid.*, doc. G, p. 213.

pesos en números redondos, crédito incluido en la consolidación de la deuda pública de 30 de noviembre de 1850. No contentos con este reconocimiento ocurrieron a la Suprema Corte de Justicia para demandar al gobierno, obteniendo indebidamente sentencia favorable.

Al mismo tiempo se autorizó al gobierno por decreto de 21 de octubre de 1851 para arreglar el pago de los créditos que tuvieran sentencia a su favor. Conforme a estos acuerdos, el ministro plenipotenciario de Francia celebró un convenio con el ministro de Hacienda de la república, por el cual se le reconoció a la casa interesada la suma de 109 143 pesos que deberían ser pagados con la parte libre de los derechos de importación de las aduanas marítimas de San Blas, Mazatlán y Guaymas. Por un trastorno político ocurrido en Mazatlán, los señores Jecker y Torre ocurrieron al gobierno, solicitando se dividiesen las órdenes y se les mandase pagar por diversas aduanas. El gobierno accedió, asignando los pagos a las siguientes aduanas:

A cargo de la aduana marítima de

San Blas	10 000
Altata	10 000
Manzanillo	20 000
Guaymas	4 143
Veracruz	65 000
Suma	$ 109 143

Después de expedidas estas órdenes, ninguna otra solicitud ni pretensión aparece en el expediente, de manera que gradualmente fueron amortizándose esos créditos hasta saldarse la cuenta.[55]

La segunda forma del crédito Jecker está relacionada con los bonos Peza y Zuloaga, puesto que la emisión y conversión de los primeros se hizo en su mayor parte con los segundos. Es necesario por tanto dar una idea sucinta del origen y naturaleza de estos últimos, pero admitiendo de antemano que cualquiera que sea el valor que se les calcule y el arreglo que más adelante pudo haber hecho para retirar de circulación ese motivo de escándalo y de futuras especulaciones, debe considerarse como asunto puramente doméstico, y el gobierno hubiera cometido un gran de-

---

[55] *Ibid.*, p. 224.

sacierto de haber admitido una nota diplomática en relación con este negocio.

La deuda interior de México estaba representada por un fondo consolidado de 3%. Existían en la Tesorería General, en enero de 1858, cosa de 11 000 000 de bonos de este fondo, destinados a ir haciendo la conversión a los diversos interesados que presentaban los créditos especificados en la ley de 30 de noviembre de 1850. El 16 de julio de 1858, Carlos Peza, ministro de Hacienda del gobierno de Miramón, expidió un decreto que autorizó la emisión de un nuevo fondo de 80 000 000 con el rédito de 6 y 12% unos y sin réditos otros. El objeto esencial de estos bonos fue pagar con parte de ellos una contribución general que la misma ley estableció, convertir los bonos de 3% y pagar los réditos vencidos. En el curso del tiempo estos bonos fueron dados en prenda y vendidos por un precio de 5, 4, 1.5, 1 y hasta de 0.5 por ciento.

Igualmente fueron extraídos de la Tesorería y vendidos o empeñados en vil precio los bonos del antiguo fondo consolidado de 3%, de manera que se echó a la plaza toda esa enorme deuda, sin amortizar en su lugar ninguno de los títulos o documentos legales o liquidados de la deuda flotante. Estos bonos fueron conocidos en el mercado con dos denominaciones: bonos Peza y bonos Zuloaga. El curso de ambos fue absolutamente ilegal, no sólo porque emanaron del gobierno reaccionario que usurpó los poderes públicos en la capital, sino porque en el cuerpo de los mismos se hallan insertos los decretos de su creación, y estos decretos designan el objeto de ese papel y el modo y términos en que debían tener su curso, y ninguno de los interesados que ha especulado con ellos ha podido dudar ni un momento que las descabelladas y escandalosas operaciones de agio que hacían los ministros de Hacienda reaccionarios con este papel no estaban autorizadas por ley alguna, pues las leyes de la creación de esos títulos les designaban su carácter y objeto. Los bonos Peza sólo interesan por la conversión que tuvieron con los bonos Jecker.

La emisión y el interés que debía ganar el nuevo papel emitido por valor de los 80 000 000 debía hacerse en la siguiente forma: 49 999 696 ganarían 6% anual aplicados al cambio de los antiguos bonos cuyo interés era de 3%; 13 333 340 no ganarían rédito y se aplicarían al pago de réditos vencidos de los antiguos bonos; 16 666 964 ganarían 12% anual y se aplicarían a la capitalización de pensiones tomando por base la cantidad que recibía el interesado como un rédito correspondiente a un capital de 12 por ciento.[56]

Fácil es percibir los gravámenes que se imponían al tesoro público y la imposibilidad de cumplir la promesa de recibir los nuevos bonos por dos terceras partes del valor de las asignaciones hechas a cada estado a título de contingente.

El cambio de los antiguos títulos de la deuda interior por los nuevos bonos debió hacerse con un premio sobre el capital, así:

En los primeros 15 días	5%
Segundos 15 días	7%
Terceros 15 días	9%
Cuartos 15 días	11%

Los créditos contra la aduana de México y las libranzas aceptadas por la Tesorería hasta aquella fecha debían ser convertidas en 35% en el segundo plazo; 30% en el tercero y 20% en el cuarto.[57]

Publicada la ley que ordenó la creación de este nuevo papel, tuvieron lugar las operaciones de conversión, contratos, refacciones y capitalizaciones. Los bonos emitidos fueron por:

Refacción	4 673 576.00
Contratos	521 365 651.93
Conversión de créditos antiguos	369 650.00
Total	$ 57 179 877.93[58]

El monto de dinero entregado por refacción, contratos y conversión de créditos de los bonos Peza puede reducirse a la demostración siguiente:

En bonos para su refacción	4 477 203.00
En dinero efectivo para la refacción	196 373.00
En dinero efectivo en los contratos	246 770.81
En conversiones de créditos y capitalizaciones	369 650.00
En créditos, incluso bonos	1 663 494.62
Recibió el gobierno	6 953 491.43
Total de bonos emitidos	57 179 877.93
Pérdida que en los contratos sufre la nación	$ 50 226 386.50[59]

[56] *Ibid.*, pp. 288, 289.
[57] *Ibid.*, p. 289.
[58] *Ibid.*, p. 295.
[59] *Ibid.*, p. 297.

Por el decreto del 29 de octubre de 1859 el gobierno reaccionario emitió un nuevo papel nacional. Este papel debería importar la suma de 15 000 000 de pesos representados por los bonos Jecker de diversos valores y con el rédito de 6% anual, pagadero por semestres.

El rédito lo garantizaba una mitad la casa de Jecker y otra la Tesorería General, la cual hizo efectiva esta garantía recibiendo tanto el capital como los cupones que se fueran venciendo, en la proporción de 20% de todas las rentas del gobierno entonces central o dictatorial en la forma, pero en el hecho reducido a la capital y a unas cuantas provincias, que a cada momento abandonaba y volvía a recobrar. Esta advertencia es muy importante y muy de tenerse presente.

Las modificaciones que sufrió este negocio en su tercera forma fueron obra únicamente de las combinaciones mercantiles de la casa Jecker.

En el decreto para la emisión de los bonos Jecker y primera propuesta de la casa para refaccionar los 15 000 000, se trató de la conversión de un fondo en otro, pero como el fondo que se iba a convertir no era más que los bonos Peza, que ni estaban emitidos al público ni gravitaban sobre ninguna renta, ni figuraban ni podían figurar como deuda nacional, la operación se resentía en su misma base de un defecto capital; se trataba de convertir en una alucinadora y aparente ventaja, pues se pregonaba el beneficio de que el gobierno recibiría recursos a la vez que amortizase 15 000 000 de su deuda interior. Si así se hubiese hecho, el negocio habría sido menos malo, pero en realidad lo que pasó fue que se amortizaron bonos Peza y bonos Zuloaga, sacados de la Tesorería por medio de pequeñas y multiplicadas operaciones de agio, sin amortizar en su lugar ninguno de los títulos antiguos.

La misma casa Jecker se mezcló en estas operaciones, pues tomó en empeño 6 000 000 de bonos Peza, con los cuales se quedó definitivamente al precio de 2%, según consta en la partida número 6 del manual de cargo de febrero de 1860. Pero lo más singular es que el negocio no se realizó ni conforme al decreto, ni conforme a la proposición primera de la casa Jecker, sino por medio de contratos que parcialmente se presentaron al gobierno, pues el público no acudió a hacer la conversión sino sólo en una pequeña parte; así es que se completó llana y voluntariamente por parte de Jecker, alterando en la forma y modo de exhibir el dinero, las bases del decreto y aun las de su primera proposición.

El primer contrato de refacción propuesto al gobierno por la casa Jecker fue de 27 de octubre de 1859, es decir, dos días antes de la publicación del decreto.

El segundo contrato presentado por su sobrino y socio Julio Borneque fue del 26 de enero de 1860. Y el tercero, presentado por la misma persona, el 13 de marzo de 1860.

En virtud de estos contratos, refaccionó los bonos Peza y tomó el nuevo fondo en la proporción siguiente:

Refacción por el primer semestre	2 000 000.00
Refacción Borneque por el segundo	6 000 000.00
Refacción el mismo por el tercero	6 241 611.17
Suma	$ 14 241 611.17
Corretaje pagado a Clemente Caricabura	150 000.00
Refaccionado por varios	609 338.83
Suma igual al fondo emitido	$ 15 000 950.00[60]

El 9 de noviembre de 1859 se publicó un decreto por el cual se determinaron la serie, valor y numeración de los bonos que se imprimieron de cuenta del gobierno, y se fueron entregando a la mencionada casa Jecker, la que los puso desde luego en venta en el público, el cual introducía en todas sus contribuciones estos bonos en la proporción de 20%. Las oficinas pasaban estos bonos a la Tesorería, donde se hacía la amortización. Es de advertir que estos bonos tuvieron su curso únicamente en la capital y algunos departamentos, pues los puertos estaban todos ocupados por el gobierno constitucional, que nunca conoció ni supo nada oficial de semejante contrato.[61]

Los bonos deberían ser de las series, números y valores que se expresan a continuación:

40 000	bonos de la 1a. serie, letra H, color azul, números 1 a 40 000 por valor de 25 pesos cada uno	1 000 000
40 000	bonos de la 2a. serie, letra B, color amarillo, números 1 a 40 000 de a 50 pesos cada uno	2 000 000

[60] *Ibid.*, p. 254 y docs. B, C y D.
[61] *Ibid.*, doc. E.

| | | 40 000 | bonos de la 3a. serie, letra C, color verde, números 1 a 40 000 de a 100 pesos cada uno | 4 000 000 |

       40 000   bonos de la 3a. serie, letra C, color
                verde, números 1 a 40 000 de a
                100 pesos cada uno   4 000 000
       10 000   bonos de la 4a. serie, letra D, color
                anaranjado, números 1 a 10 000 de
                a 500 pesos cada uno   5 000 000
        3 000   bonos de la 5a. serie, letra E, color
                carmín, números 1 a 3 000 de a
                1 000 pesos cada uno   3 000 000
                133 000 bonos por valor de $ 15 000 000[62]

Términos en que hizo la casa Jecker la refacción de 14 241 611.17 pesos de bonos llamados Peza y Zuloaga, por cambio de igual cantidad que recibió de los creados por decreto del gobierno reaccionario.

	Dinero efectivo	Bonos introducidos como dinero	Órdenes sobre aduanas introducidas como dinero	Vestuario y equipo para el ejército	Total
Entregó conforme al contrato de octubre de 1859	100 000	30 000		70 000	200 000
Entregó J. Borneque conforme al contrato de 28 de enero de 1860	210 000	92 000		298 000	600 000
Id. conforme el contrato de 3 de marzo	413 020	124 750	100 000		637 770
Total	723 020	246 750	100 000	368 000	1 437 770[63]

Posteriormente se introdujeron otros créditos o bonos, de manera que puede decirse que ésta es la cuarta variación o mo-

---

[62] *Ibid.*, docs. E y P, p. 277.
[63] *Ibid.*, p. 255.

dificación que sufrió el negocio. El resultado que presenta la liquidación de la Tesorería General, es el siguiente:

Entregó la casa Jecker en dinero	618 927.83
En bonos comunes de 3 y 5%	342 000.00
En bonos Peza	30 000.00
En bonos Jecker (los de su contrato)	24 750.00
En órdenes de aduanas	100 000.00
En vestuario	368 000.00
En diverso créditos y pagos	6 750.56
Total	$ 1 490 428.39

En resumen, por 1 490 428 pesos en dinero, vestuario, órdenes y bonos en la forma expresada, se recargó al erario de una responsabilidad de 16 800 000 pesos.[64]

Ninguna partida se puso en favor del gobierno por réditos, como debía ser, supuesto que Jecker, al recibir los 14 000 000 de bonos, se reservaba de la refacción 5% para su comisión y 10% para pagar el rédito a que quedaba responsable, natural era que cuando el gobierno amortizaba un bono, la casa devolvería todo 10% que había tenido depositado correspondiente a ese bono. Pues nada de esto: con pagar un semestre, es decir 1.5%, la casa se consideraba libre de toda obligación y se quedaba con 8.5% además de 5% de comisión. Así lo pretendió la casa y lo sostuvo al tiempo de hacerse algunas liquidaciones de réditos en la Tesorería, y el gobierno, a quien se consultó, no resolvió la cuestión sino en lo relativo a la fecha desde la cual debería liquidarse el rédito.[65]

La casa Jecker no podía exigir al gobierno el cumplimiento liso y llano del decreto del 29 de octubre, base de todo, puesto que la misma casa estuvo muy distante de cumplirlo, y no se necesita más prueba que presentar la partida de 618 000 pesos entregados en dinero en vez de 10% que correspondía a los 14 000 000 y pico de pesos que en distintas épocas refaccionó la casa.

Pero todavía hay otra razón más fuerte. El contrato se infringió completamente por la casa Jecker, a mediados de mayo de 1860 suspendió sus pagos y canceló sus negocios, reunió a sus

---

[64] *Ibid.*, p. 256.
[65] *Ibid.*, pp. 256, 257.

acreedores y obtuvo esperas mediante la administración de una junta interventora. En la junta de acreedores, mientras Jecker presentaba como parte de su capital para responder a sus compromisos los 14 000 000 de bonos, mientras lo dio indebida e ilegalmente en hipoteca, ni una palabra se dijo del depósito de 1 500 000 en efectivo que debía tener en su caja para que su contrato fuera valedero, y para que pudiera legítimamente dar en hipoteca ese papel que la nación entonces, y muchos meses después, pagaba de sus mejores rentas.

Aun antes de la quiebra ya habían otras faltas cometidas: las de haber intervenido directa y activamente en las cuestiones políticas del país, puesto que no fue el préstamo sencillo de un banquero indiferente a la política, sino la sociedad real y efectiva que se hizo con la entidad revolucionaria.

En 1861, el negocio Jecker estaba real y positivamente en suspenso. El gobierno legítimo constitucional no pudo reconocer esta empresa mercantil hecha ex profeso contra él, quedando además, por la misma organización política que volvió a regir en el país, suspensa la asignación de 20%, que de hecho no percibió la casa Jecker más que en los pocos y determinados puntos que ocupaba el gobierno reaccionario. Jecker, en vez de ocurrir al ministerio de Hacienda para un arreglo o a la Corte de Justicia para demandar al gobierno, ocurrió a la legación, la que propuso un arreglo que tenía por base reducir el fondo a 10 000 000, que se amortizaría con 15% de las aduanas. Estas proposiciones las acompañó con una nota confidencial, en que decía al Ministerio de Relaciones que si el negocio no se arreglaba de la manera que proponía, acarrearía la ruina del gobierno y de la nación.[66]

Mientras se estuvieron admitiendo los bonos, se amortizaron, de enero a diciembre de 1860, 554 127.25 pesos por capital y réditos sin incluir los que se amortizaron en algunas jefaturas de Hacienda de los estados, ni los últimos de la administración principal de rentas del Distrito y los que se admitieron en las rentas del clero,

Intereses	4 681.27
Capital	549 445.98
	$ 554 127.25[67]

[66] *Ibid.*, p. 262.
[67] *Ibid.*, doc. H.

Para percibir lo ruinoso de este negocio basta hacer el siguiente análisis:

Cantidad que recibió el gobierno reaccionario en efectivo por el negocio Jecker, según la liquidación de la Tesorería General	618 927.83
Capital pagado por las rentas públicas de enero a diciembre de 1860	554 127.25
Diferencia	$ 64 800.58

es decir, una miserable suma que el gobierno no rehusó hacer un arreglo equitativo y justo que tuviera por base reponerle el dinero en efectivo desembolsado y abonarle un interés por el tiempo dilatado en saldarse la cuenta.

En el monto de la deuda considerada por México hasta fin de junio de 1862, sólo se incluyen la deuda contraída por México en Londres y las reclamaciones de diversos súbditos extranjeros en las que intervinieron las legaciones, según veremos más adelante, pudiendo observarse, además, que la cantidad mayor que México debía provenía de la deuda contraída con los tenedores de bonos, la que había crecido por una serie de operaciones ruinosas ejecutadas y por la acumulación de réditos.

Francia fue incuestionablemente la que tuvo menos razón para intervenir en México, puesto que los pagos de las convenciones se habían hecho con regularidad y exactitud, no obstante las circunstancias en que se vio el país, y en las cuales tanto las tropas reaccionarias de la capital como las constitucionales de Veracruz no tenían ni qué comer, mientras se remataban a la par los bonos de la Convención francesa. Hasta 1862 según los expedientes de la Tesorería General existían 24 reclamaciones inglesas de las que se habían concluido once; 48 españolas de las que estaban terminadas quince y 34 francesas de las que 18 estaban terminadas y el resto, lo mismo que las de otras potencias, en los trámites necesarios para la averiguación de los hechos. En 1863 las reclamaciones francesas aparte el negocio de Jecker se hicieron subir a una suma enorme. Esta exageración la sostuvo Saligny a veces en 25 o 30 000 000 de pesos, expresando que se tomarían las aduanas del norte y del sur para pagar dichos intereses.

México, aparte del pago de ciento noventa y tantos mil pesos debidos a la convención francesa consolidada y algunas reclamaciones admitidas, no reconoció ningún otro cargo.[68]

A principios de 1862, en una reunión de los representantes de las potencias extranjeras en la que se presentaron las reclamaciones, las de España subían a más de 15 000 000 de pesos, incluso la Convención española. Las reclamaciones de Francia importaban 12 000 000 y aparte el negocio Jecker de 15 000 000, la suma total era de 3 000 000.

Los comisarios de España e Inglaterra rechazaron las pretensiones de Saligny, estalló la discordia y por la habilidad diplomática de Manuel Doblado se rompió el tratado de Londres y se retiraron España e Inglaterra dejando sola a Francia.

Por otra parte, es de sumo interés constatar que Juárez y Lerdo no desconocieron en ningún momento la importancia de la deuda y esto por una razón obvia, puesto que era bien sabido que los ingresos aduanales estaban comprometidos a su pago. Además, es también necesario asentar cómo la nacionalización de bienes para cubrir la deuda interior del país había fracasado.

Así, Miguel Lerdo de Tejada, ministro de Hacienda, informa en un manifiesto el 7 de julio de 1861:

> la enajenación de fincas y capitales del clero, que deberán ser propiedad de la nación, se hará admitiendo en pago tres quintas partes en títulos de capitalización, o de deuda pública interior o exterior y dos quintas partes en dinero efectivo pagadero en abonos mensuales. También se aplicarán a la amortización de la deuda interior y exterior los terrenos baldíos o nacionales que existen actualmente en la república, enlazando estas operaciones con proyectos de colonización.

Respecto de la deuda exterior reducida a convenciones diplomáticas:

> el gobierno procurará con empeño su extinción ya con la enajenación de bienes nacionales, ya con la de terrenos baldíos; pero si esto no se lograse, seguirá respetando, como lo hace hoy, lo pactado con los acreedores, entregándoles puntualmente la parte asignada al pago de intereses y amortización de capitales, porque tiene la convicción de que sólo de esta manera podrá la nación ir

[68] Payno, *Cuentas*, 1868, p. 750.

recobrando el crédito y buen nombre que ha perdido por no observar fielmente esa conducta.[69]

Juárez también, aunque en forma más realista, se dirige al Congreso el 1 de mayo de 1861 y dice:

> la Hacienda pública se encuentra en lamentable situación que no pueden remediar las Leyes de Reforma, ni la nacionalización de bienes de manos muertas, operación que por el gravamen que pesa sobre las otras rentas, y por el que es resultado de la guerra civil, no ha podido proporcionar las ventajas que una situación normal produciría para arreglar la deuda pública.[70]

Política exterior

La idea de la intervención europea en México se inició desde mediados del siglo XIX. La actitud amenazante de Estados Unidos la retardó, pero la guerra civil separatista presentó una buena oportunidad para proseguir los interrumpidos fines de las potencias extranjeras. La intervención europea en México, en 1861, era inminente. Las dimensiones de la crisis superaron a la destreza diplomática.

Bien conocidos son los intereses de cada uno de los países intervencionistas y la importancia de la intriga política de los conservadores mexicanos deportados en las cortes europeas en los acontecimientos posteriores; así como lo que se convino primero en los Convenios de Londres y más tarde en el Tratado de la Soledad: la absoluta solidaridad en las reclamaciones y respeto al gobierno de Juárez, declarando ostensiblemente que su intervención era con el solo objeto de poner al corriente el pago de créditos de sus respectivos súbditos, que se habían suspendido por la ley del 17 de julio del mismo año, aun cuando en el artículo tercero de dichos convenios aceptaron establecer una comisión compuesta de tres comisarios, nombrados respectivamente por cada una de todas las cuestiones que "pueda suscitar el empleo y la distribución de las sumas que se recaudaren en México, teniendo en consideración los derechos respectivos de las partes contratantes".

[69] *Memoria*, 1870, pp. 498, 499.
[70] *DD*, 1861, 1862, 1863, pp. 17, 19.

En realidad, el "César" que por tantos años influyó en los destinos de Europa, anhelaba tener bajo su férula a América, y los momentos eran propicios. México quedó frente a Francia y también América frente a Europa. Así lo manifestaron claramente el 27 de octubre de 1862 los miembros integrantes de la comisión de estudio ante el Congreso de la Unión:

> El emperador de los franceses trae la guerra, no a México solo, sino al continente americano. Así lo ha comprendido el Perú y Chile; así deben comprenderlo y lo comprenden también los Estados Unidos del Norte y las demás repúblicas del continente, y México sólo sirve de ensayo y de puerta para que, una vez abierta, se siga entrando a lo que resta del continente. La causa de México es una causa continental, al defender sus libertades, se defienden las libertades del nuevo mundo.[71]

El peligro de la intervención europea en América, apuntado tan claramente por entonces, se justifica con lo que Napoleón comunicara a Forey en su carta de 3 de julio de 1862, en donde se dice:

> En el estado actual de la civilización del mundo, la prosperidad de la América no es indiferente a la Europa, porque ella alimenta a nuestras fábricas y hace vivir nuestro comercio; tenemos interés en que la república de Estados Unidos sea poderosa y próspera; pero no tenemos ninguno en que se apodere de todo el Golfo de México, domine desde allí las Antillas, así como la América del Sur, y sea la única abastecedora de los productos del nuevo mundo. Vemos ahora, por una triste experiencia, cuán precaria es la suerte de una industria que está reducida a buscar su materia prima en un mercado único. Si por lo contrario, México conserva su independencia y mantiene la integridad de su territorio; si un gobierno estable se constituye allí con la ayuda de la Francia, habremos restituido a la raza latina de allende el océano su fuerza y su prestigio; habremos garantizado su seguridad a nuestras colonias de las Antillas y a las de España; habremos establecido nuestra influencia benéfica en el centro de América; y esta influencia, creando salidas inmensas a nuestro comercio, nos procurará las materias indispensables para nuestra industria. México, regenerado así, nos será siempre favorable, no sólo por gratitud, sino también porque sus intereses estarán de acuerdo con los nuestros, y

[71] *Ibid.*, p. 51.

porque encontrará un punto de apoyo para sus buenas relaciones con las potencias europeas.[72]

De lo que se trataba, en realidad, era de levantar una barrera por el imperialismo francés, a la reciente preponderancia estadunidense en los países americanos.

La mira napoleónica era imponer un príncipe en el trono de México que se viera siempre obligado a obrar en favor de los intereses de Francia.

El 9 de junio Forey hizo su entrada a México, inmiscuyéndose de inmediato en la política nacional a través de un manifiesto por el que dio a conocer que los bienes del clero, nacionalizados por Juárez, quedarían en poder de los que nuevamente los poseían. El 10 de julio, la Junta de Notables declaró como forma de gobierno la monarquía, la corona se ofreció al príncipe Fernando Maximiliano, archiduque de Austria. En caso de que éste no aceptara, "la nación mexicana se remite a la benevolencia de S. M. Napoleón III, emperador de los franceses, para que le indique otro príncipe católico".[73]

El gobierno que se iba a establecer en México en cualquiera de sus formas, sería una dependencia de Napoleón III, y por consiguiente un amago a los principios republicanos de la América Española, y una restricción a su preponderancia.

Bazaine, que contaba según instrucciones recibidas a última hora, con que Maximiliano abdicaría y que así gestionaría con el gobierno que quedara en México algún arreglo para el reconocimiento de la deuda francesa, se vio contrariado cuando supo la resolución definitiva de Maximiliano, de quedarse en el país, para sostenerse con los elementos que en el mismo se le ofrecieron por los conservadores. Así es que le retiró toda ayuda, y aun procuró que los soldados extranjeros que se habían alistado al servicio del emperador dejaran sus banderas.[74]

Los liberales mexicanos habían obtenido el triunfo sobre los conservadores ayudados por los estados capitalistas norteamericanos. Así, la influencia estadunidense se afirmó, pero no tanto que pudiera destruir radicalmente las posiciones del capital europeo en México.

---

[72] Javret, *Le Mexique*, p. 38, citado por García en *Juárez*, 1904, pp. 6, 7.
[73] Sierra, *México*, 1957, p. 392.
[74] *Ibid.*, p. 399.

Los Estados Unidos Americanos conocían bien a dónde iban a parar los golpes del César francés; pero, a causa de su guerra civil, estaban en el caso de disimular.

El final de la guerra de Secesión, con la derrota de los esclavistas, así como la gravedad de la crisis europea, vinieron a echar por tierra este objetivo de la burguesía francesa y su aliado Napoleón.

El gobierno de Washington expresaba que siendo un hecho incontrovertible que todos los pueblos del continente habían adoptado la forma republicana, "consideraba tan injusta una intervención europea para privarlos de ella, como lo sería una intervención americana para destruir la monarquía de Europa", por lo que siempre reconoció al gobierno constitucional de México y logró a través de su ministro en Viena impedir el desembarco de voluntarios austriacos en nuestro país.[75]

Creó así las condiciones políticas precisas para conseguir, definitivamente, su hegemonía económica. Para esto se hizo necesario contar, al propio tiempo, con un gobierno fuerte, con un gobierno que favoreciera sus intereses. Este gobierno fue, tiempo después, el de Porfirio Díaz.

Así se explica cómo la mira napoleónica era intervenir en la política interna mexicana e imponer un príncipe en el trono de México que se viera siempre obligado a obrar en favor de los intereses de Francia, puesto que no hubiera podido sostenerse en ninguna otra forma.

BIBLIOGRAFÍA

Diario de Debates. Historia del Segundo Congreso Constitucional, 1861, 1862, 1863.

García, Genaro, *Juárez: refutación a don Francisco Bulnes*, C. Bouret, México, 1904.

Memoria de Hacienda y Crédito Público, correspondiente al cuadragésimo año económico, presentada por el secretario de Hacienda al Congreso de la Unión, el 16 de septiembre de 1870, México, 1870.

Payno, Manuel, *Cuentas, gastos, acreedores y otros asuntos del tiempo de la intervención francesa y del imperio, de 1861 a 1867*, Ignacio Cumplido, México, 1868.

---

[75] Sierra, *Juárez*, 1970.

————, *México y sus cuestiones financieras con la Inglaterra, la España y la Francia. Memoria que por orden del Supremo Gobierno Constitucional de la república escribe...*, Ignacio Cumplido, México, 1862.
Sierra, Justo, *Juárez, su obra y su tiempo*, UNAM/Cámara de Diputados, México, 1972, Editorial Porrúa, 1970.
————, *México, su evolución social*, J. Ballescá, México, 1900, 2 vols.

LOS CAPITALES FRANCESES Y LA EXPEDICIÓN A MÉXICO*

Geneviève Gille

La expedición a México ya ha sido objeto de numerosos estudios, se le han dedicado obras importantes.[1] Algunas de ellas, como parte de archivos privados de gran interés,[2] han mostrado el vínculo que existió entre las operaciones militares y ciertas expectativas de orden económico y financiero.

Los móviles económicos de la expedición habían sido los primeros enunciados en ésta. Napoleón III les concedía mucha importancia y durante su cautiverio en el fuerte de Ham había tenido ocasión de hacer proyectos de canales para atravesar Centroamérica.[3] No obstante, parece que se atribuía de manera muy general, a todos esos países aún mal conocidos, una riqueza casi infinita que exaltaba la imaginación. Michel Chevalier, en dos artículos publicados en la *Revue des Deux Mondes*[4] retomados de una obra de varios autores que apareció en 1863,[5] confirmó de alguna manera esta figuración de la mente del emperador, sobre quien tenía una cierta influencia en esas materias. México, y una buena parte de América Latina podían aparecer como un mercado promisorio a la economía francesa y como una reserva de

---

* Tomado de *Revue d'Histoire Diplomatique*, vol. 69, julio-septiembre, 1965, pp. 193-224 [traducción de Isabel Vericat].

[1] Schefer, *Grande*, 1939. Es una de las obras más recientes sobre el tema.

[2] Gaulot, *L'expédition*, 1906 (Louet tuvo noticia de los papeles de Bazaine); Corti, *Maximilien*, 1927.

[3] Dausette, *Louis-Napoléon*, 1961, pp. 192-193.

[4] Chevalier, "L'expédition", 1 de abril de 1862, pp. 543-561; Chevalier, "L'expédition", 15 de abril 1862, pp. 879-918.

[5] Chevalier, *Mexique*, 1863, p. 16.

materias primas. Se llegaba incluso a imaginar las plantaciones de algodón, cuya ausencia se hacía sentir cruelmente en Francia, sobre todo después de la guerra civil norteamericana.

No hay que desdeñar, sin embargo, los motivos políticos que desempeñaron un papel importante en el desarrollo del "gran pensamiento del reino". El emperador deseaba aprovechar las dificultades internas de Estados Unidos, por constituir éste, en Centroamérica, una barrera a su expansionismo. Para ello era necesario dar a México, devastado desde hacía tiempo por las guerras civiles, un gobierno estable y fuerte.

El descubrimiento de documentos privados inéditos y la utilización de los documentos del préstamo mexicano, recientemente sacados a la luz por el Ministerio de Finanzas, nos permiten precisar el papel de los capitales franceses en México durante la ocupación francesa, y creemos que hay algún interés en vincularlos con lo que ya sabíamos. Ahí aparece con mayor claridad el papel que Napoleón III deseaba, sin duda, que desempeñaran los capitales franceses en los sectores de la economía mexicana que podían afectar: el crédito público, el establecimiento de una banca nacional, los ferrocarriles y las minas.[6]

La derrota que Estados Unidos había infligido a México en 1848 y la inestabilidad política no habían sido favorables para el desarrollo económico del país. Las riquezas seguían sin explotar, las finanzas públicas se sostenían apenas.

A pesar de todo, algunos europeos se habían instalado en México, y algunos de ellos explotaban las minas y otros trataban de conseguir concesiones de ferrocarriles. Un cierto Escandón había obtenido la concesión del ferrocarril de México a Veracruz en 1857.[7] La casa Rothschild se había interesado desde hacía tiempo en México, y desde 1843 tenía en el país un agente permanente, Davidson,[8] que había montado explotaciones mineras y fábricas para el tratamiento del mineral.[9] En 1858, Zuloaga obtuvo

---

[6] El coloquio reciente celebrado en México no parece que se haya ocupado del problema de los capitales franceses en México: AA.VV., *Intervención*, 1964.
[7] Archivo Rothschild (en adelante AR), Davidson en la casa de París, 2 de diciembre de 1857.
[8] Los archivos de la casa Rothschild contienen la correspondencia en inglés expedida por Davidson en Londres y París. Ésta es una de nuestras fuentes.
[9] AR, Davidson en la casa de París, 2 de diciembre de 1857.

de la casa Rothschild un préstamo de 700 000 piastras, con un interés de 72%, garantizado con los bienes del clero.[10]

Miramón sucedió a Zuloaga sin que por ello se resolvieran las dificultades financieras. Dos préstamos forzosos, en 1858 y en 1859, no producirían casi nada. En octubre de 1859 Miramón trató con un banquero franco-suizo de México, Jecker, quien emitió bonos a 6% por un monto nominal de 15 000 000 de piastras, una especie de bonos del Tesoro, a pagar a término. La operación no rindió casi nada a su autor: la casa Jecker se puso en liquidación en 1860 y los tenedores de bonos se encontraron impagos, mientras que la revuelta de Juárez se produjo en el entretanto. Todo esto es muy conocido y también la importancia que tuvo el crédito Jecker entre los pretextos para enviar la expedición.[11] Las amenazas de intervención estadunidense, expresadas en el mensaje presidencial de Buchanan, el 29 de diciembre de 1859, decidieron a actuar a las potencias europeas, además de que los bonos de Jecker tenían como garantía los productos de las aduanas de Veracruz, entonces en manos de Juárez.

Se firmó un convenio entre Francia, Inglaterra y España, pues había que invitar en común a los dos gobiernos mexicanos rivales a deponer las armas y a convocar una Asamblea Constituyente. Cada gobierno extranjero despachó a un enviado que, en el caso de Francia, fue Dubois de Saligny. Después de la suspensión de cobros de Jecker, Thouvenel dio a Dubois de Saligny instrucciones complementarias (28 de agosto de 1860) a propósito de este crédito. Cuando el enviado francés, retenido un largo periodo en Europa por la enfermedad de su colega inglés, llegó a la ciudad de México, Juárez ya había ocupado la capital. Por tanto, Dubois de Saligny firmó con Juárez, en marzo de 1861, un convenio para la regulación de las indemnizaciones reclamadas por los residentes franceses. Pero, el 17 de julio de 1861, Juárez denunció el convenio y obtuvo del Congreso que suspendiera la

---

[10] *Ibid.*, la casa de Londres a Davidson, 1 de noviembre de 1858. Las casas de Londres y París no estaban satisfechas con este contrato del que ignoramos los detalles. De todos modos, no comportaba una comisión de 28%, como escribe Schefer.

[11] Una carta de Jecker a Conti, del 8 de diciembre de 1869 (por tanto, muy posterior a la muerte de Morny) indica que "Morny, un asociado, debía recibir 30% de todos los beneficios del crédito Jecker en el asunto de México". El trato es posible pero esta carta no basta para establecer la veracidad del mismo. Véase Boulenger, *Duc*, 1925, pp. 130-134.

aplicación del mismo durante dos años. Esto marcó la ruptura, y la convención de Londres del 31 de octubre de 1861 determinó las modalidades de la intervención.

Francia reclamaba una indemnización de 12 000 000 de piastras, o sea 60 000 000 de francos, más otra por los hechos posteriores al 31 de julio de 1861. Además, México tenía que aceptar la ejecución completa del contrato de Jecker de 1859. Como garantía, los principales puertos, en particular Veracruz y Tampico, tenían que ser ocupados. Napoleón III había advertido de ello a su embajador en Londres, Flahaut, mediante una carta del 10 de octubre de 1861, carta en la que se precisaban claramente los móviles políticos y, sobre todo, económicos de la intervención francesa para satisfacción del gobierno británico.

Las dificultades de esta operación que se transformaría muy rápidamente en una intervención puramente francesa y que duraría de julio de 1862 a mayo de 1867, son conocidas. Antes incluso de que la cuestión militar fuera regulada, Napoleón III se preocuparía de los problemas que tendría que resolver un gobierno mexicano y, en particular, el más urgente de todos: el financiero. Napoleón se lo expondría al general Forey, comandante de las tropas francesas:

> Cuando usted esté en México, una de las primeras cuestiones será la de restablecer el orden en las finanzas, porque esto nos permitirá, sin sobrecargar al país, cobrar nuestras indemnizaciones. Según las informaciones que poseo, los ingresos habituales de México, en tiempos ordinarios, son de 50 000 000 de piastras, o sea, 250 millones de francos, y como la administración de México puede ser ampliamente pagada con 20 000 000 de piastras, o 100 millones de francos, habría por tanto, todos los años, una reserva de 150 millones de francos con los que será posible, no sólo pagar nuestros gastos de guerra, sino sentar las bases de un préstamo que podría ayudar a la regeneración del país.[12]

En verdad, las cifras dadas por Napoleón III no tenían más que un lejano parecido con la realidad. Los ingresos fiscales totales de México, cuando el país estaba completamente ocupado, no rebasaron nunca los 100 millones de francos.[13]

---

[12] Gaulot, *L'expedition*, t. I, 1906, p. 120.
[13] *Ibid.*, p. 175.

El único financiero del que se disponía en el país era el pagador del cuerpo expedicionario, Louet, que estaba ya muy ocupado con sus funciones. El emperador decidió enviar a México a un "experto", y fue un antiguo recaudador general de finanzas del departamento de Saboya, Budin, el elegido para cumplir este papel. Se trataba de un antiguo suboficial del ejército de África, cuya competencia no parecía estar a la altura de la misión. Las dos primeras medidas que tomó a su llegada a México, en mayo de 1863, tuvieron que ser rápidamente revocadas, pues se prefería esperar. Las tropas francesas entraron en México el 5 de junio de 1863 y el general Forey se instaló en el país el 10 de junio siguiente. El agente de los Rothschild, Davidson, se reinstaló en México poco después.

Se planteó una primera cuestión de corte técnico: se trataba de los pagos del ejército francés en el país. No se podía pensar en enviar dinero francés en metálico, por tanto, había que hacer transferencias del terreno comercial, y la plaza de México no ofrecía casi recursos.

> En el momento en que empezaba mi correspondencia... —escribió Davidson—, he recibido la visita del tesorero principal del ejército francés [Louet]; deseaba que lo ayudara a realizar alguna combinación para asegurar un suministro de fondos, porque él considera que, en el estado actual del comercio, este mercado es demasiado limitado para producir la suma necesaria. El resultado ha sido que hemos redactado un contrato para la remisión de 2 o 3 000 000 de dólares de California [...] Este asunto podría abrir el camino a otras operaciones beneficiosas [...].

La carta seguía exponiendo consideraciones generales.

> Soy incapaz de escribirle hoy respecto a los asuntos políticos en general, pero le incluyo un resumen de los últimos acontecimientos [...] La finalidad de la expedición no es dudosa. Se establecerá una monarquía y el candidato del que mucho se habla, el archiduque, parece que deberá aceptar un cargo que será muy gravoso, al menos durante los primeros años [...]. Le aseguro que mi atención se dirige principalmente a la realización posible y más cercana de sus afanes aquí. Comprenderá que la simple llegada del ejército a la capital no es suficiente para generar un mejoramiento inmediato de la situación general.[14]

[14] AR, Davidson en la casa de París, 25 de junio de 1863.

Junto a sus preocupaciones financieras, Davidson no deja de incluir juicios sobre los políticos, franceses o mexicanos. Después de la nominación de la junta superior, el 18 de junio, y de la elección por esta última, el 21 de junio, del triunvirato que debía constituir el gobierno provisional, Davidson da sus impresiones:

> Sé que es casi imposible enviar a M. de Saligny; pero lo que me gustaría ver lo más rápido posible sería la nominación de un comandante en jefe más enérgico, que tuviera suficiente talento y tacto para moderar al ministro, que da muestras de una parcialidad extrema por un partido de este país. Sabemos que el gobierno provisional estará virtualmente bajo el control total de los franceses, pero se hubiera podido hacer una mejor elección de marionetas que la de dos generales del antiguo régimen y los arzobispos.[15]

El representante de los Rothschild prestaba una atención muy particular a los cambios. Se trataba en efecto de una de las actividades de la casa Rothschild, pues los numerosos pagos que tenía que hacer para el cuerpo expedicionario podían tener repercusiones importantes para ella. Parece que otros financieros parisinos tuvieron ideas análogas y vemos así que los principales grupos se introducirían por esta vía, en un país donde las grandes operaciones mercantiles no debían tardar. Después de haber encomiado la ventaja de vender dólares a Londres,[16] Davidson precisaba su pensamiento:

> Creo que ciertas maniobras de este tipo son necesarias, si usted quiere conservar un lugar en el mercado de cambios aquí. Porque sé que ciertos amigos de M. Fould que están en la administración, esperan monopolizar por último todos los negocios y también poder no solamente atender a las necesidades del ejército, sino enviar por barco dinero (en metálico) a Francia.[17]

Davidson esperaba mucho del nombramiento de Bazaine y se expresaba aliviado de la anulación definitiva de dos medidas

---

[15] *Ibid.*, se trataba del general Almonte, de monseñor Labastida, arzobispo de México, del general Salas y de dos suplentes, monseñor Ormaechea, obispo de Tulancingo, y M. Pavón.
[16] *Ibid.*, 11 de julio de 1863.
[17] *Ibid.*, 26 de septiembre de 1863.

intempestivas de Budin: la incautación de los bienes de los que se negaban a "adherirse a la intervención" y la prohibición de salida a las mercancías y las barras de plata.

Conseguir un eventual préstamo dominaba sobre todos los demás problemas. Napoleón III lo había comprendido muy bien: la intervención austríaca en Nápoles en 1821 y la francesa en España en 1823, habían mostrado que era importante reunir al crédito público exterior para establecer un gobierno y para saldar igualmente los gastos de una intervención militar. "Aquí nos ocupamos activamente de tomar las medidas financieras apropiadas para desarrollar los recursos del país. Cuando el nuevo gobierno tenga cierta apariencia de estabilidad, será fácil obtener un gran préstamo."[18] El emperador escribía igualmente al respecto a Bazaine:

> Una de las cuestiones más importantes es obtener un préstamo y para descartar a los intrigantes, es totalmente necesario que el gobierno provisional otorgue a alguien plenos poderes. Yo he puesto los ojos sobre M. Arrangoiz, hombre honorable, dos veces ministro de Finanzas en México y actualmente cercano al archiduque; haga pues que se le encargue negociar un préstamo en Europa, bajo la supervisión y la autorización del gobierno francés.[19]

Se hablaba de lo mismo en la correspondencia dirigida por Napoleón III a Maximiliano: "Las más grandes casas de Londres y París se ocupan, conjuntamente con mi ministro de Finanzas, de la cuestión del préstamo, y no dudo de que se logre en el momento en que se establezca un gobierno estable."[20]

El préstamo era necesario, de modo que no es sorprendente que los banqueros, tanto ingleses como franceses, se hayan ocupado de él. Esas operaciones financieras debían estar listas cuando se hubieran cumplido las condiciones políticas. Desafortunadamente, no poseemos más que una documentación bastante fragmentaria sobre esas conversaciones preliminares.

Los Baring y los Rothschild de Londres entraron en contacto con este fin. Se estableció un acuerdo secreto que la casa Baring confirmaría en estos términos a la casa Rothschild de Londres:

---

[18] Gaulot, *L'expedition*, t. I, 1906, p. 174, carta del 12 de septiembre de 1863.
[19] *Ibid.*, p. 179, carta del 29 de septiembre de 1863.
[20] Corti, *Maximilien*, 1927, p. 393, carta del 19 de septiembre de 1863.

Es de nuestro conocimiento que el resultado de la conversación que ustedes han tenido a bien entablar entre nuestro asociado M. Baring y el barón James de Rothschild, ha sido que, aunque no sea el momento de emprender un negocio financiero de importancia con México, queda entendido que alguna proposición que haga el gobierno francés a sus casas o a nosotros, nos la comunicaremos mutuamente a fin de poder de inmediato, si el asunto nos parece conveniente a todos, hacer la cuenta en común. En este caso, la mitad de la operación la harán sus casas y la otra mitad nosotros y nuestros amigos. Pero queda entendido que no aparecerá ningún otro nombre como parte contratante aparte de los de sus casas y los nuestros sin consentimiento recíproco. Para evitar las objeciones que podrían surgir en cuanto al pago de dividendos y del principal en una sola oficina de Londres, de un préstamo en que aparecerían los nombres de nuestras dos casas como partes contratantes, proponemos que, como en los préstamos de la provincia de Canadá de los que los señores Glyn[21] y nosotros somos agentes comunes, la mitad de lo que sería pagadero en Londres se domicilie en la casa de ustedes y la otra mitad a nuestro nombre. Nos gustaría conocer su opinión sobre este asunto. Estamos totalmente de acuerdo con ustedes en cuanto a mantener este acuerdo secreto por el momento.[22]

Había también que estudiar las modalidades de un eventual contrato. Aparte de las cuestiones de precios y de tasas, condicionadas en gran medida por la garantía francesa, el problema de la que podía ofrecer el gobierno mexicano era importante. Los Rothschild informaron a su representante, Davidson, y él contestó:

En respuesta a vuestra demanda del 15 de mayo a propósito de los bienes muebles del Estado mexicano, les ruego consideren que, en este momento, no existe nada que la nación pueda ofrecer en garantía. Los diferentes gobiernos han hecho tantas hipotecas o tantas ventas sobre los bienes considerados de la nación, que todo está metido en un laberinto de lo más complicado e incomprensible en ciertos casos [...] No hay ningún bien del que un gobierno mexicano, sea cual sea, pueda dar de buena fe un documento sin discusión. Pienso que vuestra demanda me ha sido dirigida con el fin de determinar la deuda externa o la garantía de los nuevos

---

[21] Casa londinense muy comprometida en los asuntos financieros de Norteamérica y Sudamérica.
[22] AR, copia de la carta del 29 de junio de 1863.

préstamos. Ningún bien, de ningún tipo, podría ser producido. Solamente con el desarrollo futuro de los inmensos recursos del país, se podrían establecer las bases de esas operaciones.[23]

La casa Rothschild no era la única en calcular los riesgos y las ventajas de un préstamo. El ministro francés de Finanzas había pedido informaciones análogas. Davidson había hecho que le remitieran una copia de ellas:

> A propósito de las informaciones solicitadas sobre los bienes del Estado [...] y por acuerdo con M. Bourdillon, he juzgado conveniente hacer una copia de la carta que ese señor ha enviado a M. Fould [...]. Pese a las preocupaciones y molestias de M. Bourdillon para obtener tales informaciones..., permítaseme hacer algunas observaciones. El tema tiene dos aspectos a considerar: las cuestiones políticas y las estimaciones financieras. Me voy a referir particularmente a las segundas. Se propone emitir un préstamo garantizado de 100 millones de dólares. El ingreso del país está evaluado en 26 000 000 de dólares. Se ha propuesto apropiarse de 9 000 000 con un pago de 5% de interés y con 4% de amortización, dejando 15 000 000 para los gastos generales del gobierno y para los compromisos de México, independientes de la reclamación del gobierno francés respecto a su indemnización, la cual se calcula en 101 millones. Los cambios que estimo necesarios son los siguientes: el préstamo sería de 150 millones; no se dedicarían más que 7 500 000 dólares de los ingresos del país a pagar los intereses del préstamo, lo cual dejaría 18 000 000 para los gastos del gobierno, además de un crédito de 12 000 000 a tomar sobre el capital del préstamo.

Davidson proponía después una reducción de los compromisos de México con los otros países: "Si el gobierno de Estados Unidos daba su consentimiento para la liquidación de los reclamos de sus ciudadanos y a su reembolso luego de este proyecto, esto haría desaparecer virtualmente la principal dificultad política ligada a la cuestión mexicana, misma que se ha previsto y de la que se ocupa el artículo II del Tratado de Londres."

Además de los problemas exteriores, estaban también las cuestiones internas. Era indispensable que las medidas tomadas lo fueran en una perspectiva de reconciliación general y de unidad:

[23] AR, Davidson a la casa, 9 de julio de 1863.

a fin de conciliar a los diferentes partidos de México —proseguía Davidson—, yo aconsejaría también que, en caso de que se llegara a un acuerdo financiero de esta índole, una cierta suma fuera destinada al pago de la indemnización a los mexicanos con reclamos importantes e ineludibles a su propio gobierno, suma que se elevaría a 10% del préstamo, por ejemplo, y que, a mi juicio, estaría así muy bien empleada de esta manera [...] Esto contribuiría más, sin duda, a reconciliar a los indígenas con el nuevo gobierno que un gasto igual hecho de otra manera.

El corresponsal de los Rothschild terminaba su carta con consideraciones sobre el momento a escoger para lanzarse a realizar esta operación del préstamo, operación que sus diversos aspectos volvían un poco compleja:

Llegamos a la cuestión de saber si el momento es propicio para poner en ejecución un proyecto de esta índole; esto conlleva en el examen de la situación política de los asuntos en general [...] Para hablar francamente, las artimañas de los franceses desde su ocupación de la capital han sido una gran farsa [...] Yo no puedo creer que Maximiliano acepte como elecciones lo que se ha hecho aquí, pero no puedo tampoco formarme una opinión sobre lo que el emperador decidirá, si lo rehúse.[24]

Las negociaciones sobre el préstamo continuaron. Es sintomático ver que se mantenían estrechos contactos con financieros ingleses. Pudo tratarse de interesar a los círculos de la City en el nuevo imperio mexicano para ganarse así un muy sólido apoyo ante el gobierno británico. Se recordaba, ciertamente, hasta qué punto los préstamos negociados por las nuevas repúblicas sudamericanas en 1823-1824 habían sido importantes para que Inglaterra las reconociera;[25] o tal vez el asunto no se considerara más que como un simple negocio financiero que la garantía francesa debía hacer absolutamente seguro.

Se disiente mucho en los círculos financieros —se podía leer en el *Economist*— acerca de los proyectos que el ministro de Finanzas propondría al nuevo cuerpo legislativo en cuanto al monto del préstamo mexicano y de los banqueros que lo lanzaron, a la manera en que ese préstamo será repartido y, en particular, la porción

---

[24] *Ibid.*, 26 de julio de 1863.
[26] Véase Gille, "Tentatives", 1963, pp. 52-75.

que Francia tomará como indemnización por gastos de guerra; finalmente, en cuanto a la garantía que Francia otorgará, garantía a la que M. Fould se opone, según se dice. Pero como todo esto no está basado más que en informaciones poco sólidas, sería una pérdida de espacio informar de ello con detalle.[26]

James de Rothschild tenía, por tanto, múltiples razones para inquietarse por las soluciones que se iban a dar a esos diversos problemas, y decidió abrirse directamente al ministro francés de Finanzas:

"Desde hace algún tiempo, el mundo financiero se ocupa mucho del préstamo que se va a hacer a México. En nuestra preocupación por todo lo que pueda interesar al gobierno del emperador, nos sería grato poner nuestros servicios a disposición de V. E., a fin de facilitar con nuestra mediación el reembolso de los gastos que la expedición de México ha implicado para el gobierno francés. En esta ocasión, nos apresuramos a poner prestamente en conocimiento de V. E. que hemos convenido con la casa Baring hacer, en concierto con ella y para México, toda gran operación financiera que pudiera presentarse.

"Este entendimiento con M. M. Baring nos ha parecido oportuno no sólo a causa de la posición difícil en que se encuentra México, sino también por los préstamos anteriores de los que esta casa ha sido el principal intermediario.

"Queremos, pues, reiterar a V. E. la seguridad de que estaremos encantados de entrar en negociaciones para la emisión de un préstamo tan pronto como haya llegado el momento propicio; en espera de ello, creemos nuestro deber apelar a vuestra atención, señor ministro, sobre los siguientes puntos en que desearíamos fuera fijado.

"Tal préstamo, ¿estará precedido o seguido de la unificación de los títulos de la antigua deuda mexicana? Si no se hace nada con los bonos ingleses, dotados de una garantía de 25% sobre los productos de las aduanas, los mercados de Londres y de Holanda se cerrarán a los nuevos préstamos.

"El préstamo se emitiría en Francia, con gran perjuicio suyo, ya que, para un asunto de tanta importancia, ésta tiene necesidad de apoyarse en el extranjero, y toca a V. E. apreciar si, en este caso, el gobierno francés no incurriría en una responsabilidad mo-

---

[26] *Economist*, 19 de septiembre de 1863.

ral para con los suscriptores; y si no habría a la vez un interés político y financiero respecto a que el préstamo conservara, por el contrario, un carácter por así decirlo europeo.

"¿Cuáles serían las garantías dadas por el gobierno mexicano a los suscriptores del préstamo?

"¿En qué medida la intervención del gobierno francés aseguraría la buena ejecución de las condiciones mismas del préstamo?

"¿Durante cuánto tiempo el ejército francés permanecería en México para mantener el orden y la tranquilidad en el país?

"¿Los productos de las aduanas que pudieran ser afectados como garantía del préstamo serán recaudados, como lo ha hecho Inglaterra en Marruecos, en Venezuela y otros diferentes países, por comisarios franceses para ser remitidos a los contratantes del préstamo?

"Indicamos estas cuestiones sumariamente, pero usted comprenderá su importancia, señor ministro. Le quedaríamos, pues, muy reconocidos, si usted tuviera a bien hacernos algunas indicaciones al respecto a fin de aclararnos nosotros mismos y de ponernos en condiciones de presentar una proposición seria que pudiera tener el acuerdo de V. E."[27]

Hubiera sido muy interesante conocer la respuesta del ministro de Finanzas, nos hubiera aclarado sus intenciones y sus vacilaciones también. Desafortunadamente, no se ha podido hallar. El gobierno francés se preocupaba, en todo caso, de las bases sobre las que se otorgaría el futuro préstamo. La primera de ellas era el costo de la intervención militar, del que el gobierno francés se informó a través de su representante en México. Éste le proporcionó una evaluación aproximada, fijada, con fecha del primero de enero de 1864, en la suma de 210 millones de francos, desglosada de la manera siguiente: 184 millones de gastos de guerra. 18 000 000 anticipados por el Tesoro francés para la reorganización de las tropas mexicanas. 8 000 000 anticipados por el Tesoro francés para el ferrocarril de la Veracruz a La Soledad y al Chiquihuite.[28]

Según las informaciones recopiladas en el país, Davidson llegó más o menos a las mismas conclusiones que su casa de París:

---

[27] AR, carta del 19 de septiembre de 1863.
[28] Archivo Asuntos Exteriores, CP México 60, fo. 421, despacho del 26 de noviembre de 1863.

Yo repetiría que si el archiduque viene, con la ayuda moral de Inglaterra y de España, considero que ustedes deberían prestar una seria atención a la cuestión del préstamo. Si Maximiliano viene con el único apoyo de Francia y si el préstamo no es garantizado por las potencias europeas, yo no tendría ninguna confianza en estos asuntos, ya sea financiera o políticamente.

Y agregaba: "Tengo la seguridad de que, sobre este préstamo, los señores Hottinguer y otras casas francesas han declarado que se trataba de un asunto que ellos no podían tomar en consideración, y que no podía se emprendido más que por vuestra casa y, quizá, por la de los hermanos Baring."[29]

Todo el inicio del año 1864 fue ocupado por las negociaciones políticas que debían desembocar en la aceptación por Maximiliano del trono de México. Un acuerdo que reglamentaba el principio de las operaciones financieras fue firmado por Napoleón III y Maximiliano, entonces en Londres, el 5 de marzo de 1864. Otra de las estipulaciones de orden militar, los pagos a hacer por México a Francia, estaba claramente fijada. Se trataba de 270 millones para cubrir los gastos de la expedición hasta el primero de julio de 1864, y 1 000 francos por hombre y por año para las tropas que quedaran después de esa fecha. El gobierno mexicano debía remitir de inmediato al gobierno francés una suma de 66 000 000 en títulos del préstamo a las tasas de emisión. La indemnización de los residentes franceses por los perjuicios sufridos con motivo de los acontecimientos políticos que habían conducido a la intervención francesa estaba igualmente prevista.[30] La ratificación del tratado y de un acuerdo secreto debía producirse el 10 de abril en Miramar, después de la proclamación del imperio de México.

Al aceptar su cargo en el imperio de México, Maximiliano promulgó dos decretos, el 10 y el 11 de abril, que organizarían la administración de la deuda pública de México.[31] Por estos decretos se instituyó en París una comisión de finanzas de México formada por tres delegados: un mexicano, Hidalgo; un inglés, Hope, director de la Compañía Financiera Internacional de Londres, y un francés, el conde de Germiny, que la presidía.[32] Esta

---

[29] AR, Davidson a su casa, 9 de diciembre de 1863.
[30] Gaulot, *L'expedition*, t. I, 1906, p. 288.
[31] Véase *Journal du Crédit Public*, 16 de abril de 1861.
[32] Archivo Nacional, F 30, 1594.

comisión estaba encargada de elaborar el gran libro de la deuda exterior del imperio mexicano. Los bonos ingleses, emitidos en 1851, debían ser inscritos en este libro por ley. La comisión estaba encargada finalmente de supervisar todo lo que tuviera que ver con las finanzas mexicanas.

Otro decreto determinaba el monto del nuevo préstamo, fijado en 305 millones de francos en valor nominal. La renta era de 6% y debía ser emitida a razón de 63 francos efectivos por cada 100 francos de capital nominal. Había que deducir de ella 105 millones, lo cual correspondía, a las tasas de emisión, a los 66 000 000 enviados directamente al gobierno francés siguiendo las estipulaciones del tratado del 5 de marzo. Los 210 millones restantes, adeudados por México a Francia, debían ser pagados en catorce anualidades. De esos 66 000 000, doce estaban reservados a las indemnizaciones debidas a los residentes franceses.[33] El saldo del préstamo, es decir, 200 millones de francos en capital nominal, o 126 millones de francos efectivos, habían sido objeto de un contrato entre el nuevo gobierno mexicano y la banca londinense Glyn, Mills and Co.,[34] contrato firmado el 20 de marzo de 1864.

La casa Rothschild se había, pues, declarado incompetente o se había descartado. No cabe duda de que el asunto había sido espinoso. Puede ser que las casas francesas hayan querido hacer la operación. Los tenedores de bonos mexicanos de los antiguos préstamos habían protestado en Inglaterra y amenazaban con cerrar la Bolsa de Valores de Londres al nuevo préstamo.[35] ¿Qué representaba, pues, la casa Glyn, Mills and Co.? Era una muy antigua casa de bolsa, sólidamente establecida, cuyas operaciones estaban muy extendidas en América Latina. Estaba vinculada al Crédito Mobiliario de los Péreire, quienes habían contribuido a fundar en Londres, a principios de 1863, con financieros ingleses, la Compañía Financiera Internacional cuyo director, como acabamos de ver, era uno de los miembros de la comisión internacional.[36] Fue, pues, un grupo anglofrancés, formado por Glyn, Mills and Co., del Crédito Mobiliario y de la Compañía Financiera Internacional, el que asumió efectivamente el préstamo mexicano.

[33] *Journal du Crédit Public*, 2 y 9 de abril de 1864.
[34] Fulford, *Glyn's*, 1953, p. 160.
[35] Corti, *Maximilien*, 1927, p. 406, Napoleón a Maximiliano, 28 de marzo de 1864.
[36] Gille, "Fondation", 1961, p. 35.

La suscripción a éste se abrió del 18 al 23 de abril, principalmente en París y en Londres, pero también en algunos otros lugares. En París se hacía en las oficinas de la Sociedad General de Crédito Mobiliario y, en los departamentos, en el domicilio de todos los corresponsales del Crédito Hipotecario y del Crédito Mobiliario. La prensa parece que "calentó" al público. "Los capitales buscarán fondos del Estado que, a la solidez de esta naturaleza de valores, reúnan el atractivo muy particular de una inversión al 10 por ciento."[37]

Parece que, en Francia, la suscripción fue particularmente fructífera; o por lo menos, muchos periódicos se hicieron eco de ella.[38] No parece que fuera así en otros lugares. En Bruselas, la suscripción se había abierto en la Sociedad General de Bélgica y en la Banca de Bélgica.[39] La primera de estas bancas no había conseguido colocar en el plazo determinado más que un capital de poco más de 300 000 francos.[40] En Inglaterra, el fracaso fue también considerable.

> El préstamo mexicano es decepcionante —escribía un tiempo después el *Economist*. En lugar de un éxito brillante, les hubiera ido mal a todos los que hubieran tomado parte en él. El gobierno francés debe estar profundamente mortificado por este fracaso, habiendo tomado ese préstamo bajo su tutela. La suma con que M. Fould contaba no ha sido suscrita y esto va alterar sus planes. El Crédito Mobiliario debe estar molesto también de no haber podido lanzar a pesar de toda su influencia, un negocio tan pequeño; y se puede decir lo mismo de M. M. Glyn, Mills and Co.[41]

El mismo periódico consideraba que las suscripciones francesas no habían sido siempre tan numerosas como se pensaba.[42] En realidad, 500 000 libras esterlinas, o sea, alrededor de 25 000 000 de francos, habían sido suscritos en la plaza de Londres.[43]

Maximiliano podía, no obstante, llegar a México, ya que su gobierno disponía de algunos medios para lo sucesivo. El represen-

---

[37] *Journal du Crédit Public*, 16 de abril de 1864.
[38] *Ibid.*, 23 de abril de 1864.
[39] Archivo Société Général Belgique, sesión del consejo del 23 de abril de 1864.
[40] *Ibid.*, 23 de abril de 1864.
[41] *Economist*, 14 de mayo de 1864.
[42] *Ibid.*, 7 de mayo de 1864.
[43] Fulford, *Glyn's*, 1953.

tante de Rothschild no manifestó mucho entusiasmo acerca de esta llegada:

> No existía ningún elemento de opinión pública en favor del archiduque o de quien fuera que fuese; pero lo que sí existía, y esto en el espíritu de los clanes más respetables, era una lasitud total, nacida de las guerras civiles y de la anarquía... y el más fuerte deseo de ver a no importa qué régimen nuevo que ofreciera garantías de progreso. El apoyo sólido y constante de Napoleón al archiduque es, naturalmente, la causa por la que es ahora emperador de México [...]. La acogida brindada al emperador ha sido bastante fría en general, salvo por parte de los indígenas[...]. Dado que el emperador no ha publicado ningún decreto ni proclama de ningún tipo, parece que está determinado a ponerse completamente al corriente de los hombres y de las cosas tal como son.[44]

Unos días más tarde agregaría: "Es de esperar que el juicio y el tacto del emperador traerán pronto remedio a la mala conducta de los franceses: hemos obtenido ciertamente una gran mejora en cuanto a la dirección de los ramos administrativos y financieros."[45] El experto francés enviado a México, Budin, había sido sustituido por un diputado, Corta,[46] cuyo mantenimiento se pedía encarecidamente para restablecer la situación financiera.

Esta situación no era aún muy brillante. El primer préstamo habría debido proporcionar, si se hubiera colocado todo, 126 millones. Se hizo una serie de dotaciones: 8 000 000 a Maximiliano; 24 000 000 a la Caja de la Comisión de Finanzas Mexicanas establecida en París, para garantizar los intereses durante dos años; 1 500 000 para la terminación del palacio de Miramar; 1 800 000 para la Legión belga; 2 500 000 para la Legión austríaca y unos 50 000 000 para el Tesoro mexicano.[47]

También había que pagar, a partir del primero de julio de 1864, a las tropas francesas. Pero Bazaine, que no recibía nada, tuvo que cubrirse con los adelantos hechos por las delegaciones sobre los fondos del préstamo depositados en París, los cuales se agotaron rápidamente. Por otra parte, el gobierno francés se sen-

---

[44] AR, Davidson a su casa, 27 de junio de 1864.
[45] *Ibid.*, 10 de agosto de 1864.
[46] Corta (Ch. Eustache) (1805-1870), nacido en Bayona; subprefecto revocado en febrero de 1848; diputado de Las Landas de 1852 a 1865; senador de 1865 a 1870.
[47] Gaulot, *L'expedition*, t. II, 1906, p. 52.

tía embarazado con la Cámara a la que había anunciado, con motivo de la aprobación del convenio de Miramar, el fin de su concurso financiero.

Maximiliano creó entonces una comisión de finanzas dividida en seis secciones.[48] Davidson, el representante de los Rothschild, aceptó formar parte de ella.[49] La persistente anarquía administrativa no dejaba de inquietar a los financieros europeos: "He tomado nota —decía Davidson a los Rothschild—, de la observación contenida en vuestra carta del 12 de julio, respecto a que no desean aumentar sus negocios en este país antes de ver las cosas más en orden."[50]

Una carta de Fould a Bazaine hace hincapié en estas dificultades y en el hecho de que Maximiliano no cumplía los compromisos del convenio de Miramar. La carta confirma además que, en efecto, el préstamo no había sido cubierto:

> Para la inteligencia de lo que precede, debo decirle que sobre los 12 096 000 francos a 6%, que formaban el monto del préstamo mexicano, no se han negociado más que 9 575 000 y que quedan 2 521 000 francos de títulos disponibles. Ya he hecho saber al emperador Maximiliano la necesidad de pensar en la negociación de un nuevo préstamo: es evidente que es el único medio de procurarse los recursos necesarios para fortalecer a su gobierno. Esperaré a M. Corta, cuyo regreso es inminente, para enviarle un proyecto redactado de acuerdo con él.[51]

Así pues, se reconocía que era necesario un nuevo préstamo. Davidson expresaría esa misma opinión: "El préstamo de Miramar ha sido tan mal utilizado que no queda ya casi nada para México y lo poco que ha producido ha sido totalmente absorbido por los gastos de las tropas francesas."[52] Y todo el mundo hablaba igualmente del nuevo préstamo:

> Aquí se interesan mucho —observaba el corresponsal parisino del *Economist*— por el nuevo préstamo que México está obligado a lanzar, no sólo porque la mayor parte de él se pedirá a París, ya que los otros países tienen poca confianza en México, sino también

---

[48] Se organizó también un Tribunal de cuentas.
[49] AR, Davidson a su casa, 26 de julio de 1864.
[50] *Ibid.*, 10 de agosto de 1864.
[51] Gaulot, *L'expédition*, t. II, 1906, p. 56, carta del 30 de octubre de 1864.
[52] AR, Davidson a su casa, 10 de noviembre de 1864.

porque es sólo por este medio que Francia podrá obtener el reembolso de los adelantos que ha hecho.[53]

Según este mismo periódico, el gobierno francés había recibido de México en pago de sus adelantos, las sumas que habían sido acordadas, o sea, 12 500 000 francos en especie, además de valores del préstamo mexicano por un monto total de 54 000 000.[54] En marzo de 1865, fue enviado por Fould un verdadero ultimátum financiero a Randon, para que se lo transmitiera a Bazaine:

> El Tesoro francés no hará en el futuro ningún adelanto al gobierno mexicano, al título que sea, a menos que el gobierno de S. M. el emperador Maximiliano no haya otorgado su adhesión definitiva a las proposiciones siguientes:
> 1) Los títulos del segundo préstamo mexicano, por una suma de 50 000 000, deberán ser remitidos al Tesoro francés para ser incorporados a los 12 000 000 de títulos del préstamo de 1864 [...] a la regulación en bloque de las reclamaciones de todo origen que emanen de súbditos franceses.
> 2) El gobierno mexicano deberá obligarse a reembolsar al Tesoro francés las sumas cuyo detalle está indicado. Este reembolso deberá realizarse por medio de órdenes de pago a la Comisión de Finanzas de México en París, para ser cubiertos, ya sea por medio de los recursos que haya disponibles sobre el préstamo de 1864, ya sobre el producto del nuevo préstamo a contratar.
> 3) Por último, el gobierno mexicano se comprometerá a poner en manos de los agentes de la administración francesa, la dirección y los ingresos de las aduanas de todos los puertos del Golfo de México y del Pacífico, ocupados y sometidos al imperio, quienes los administrarán por cuenta del gobierno mexicano.[55]

Algunas aveniencias confidenciales acompañaban este requerimiento. Napoleón III no se hacía quizá muchas ilusiones. "El estado financiero de México no es brillante y debe excitar nuestra comprensión —escribía el mismo día a Bazaine. Las cartas que el ministro de la Guerra os escribe, según la opinión del ministro de Finanzas, autorizan a permitir que los pagadores del ejército proporcionen alrededor de 2 000 000 al mes al gobierno."[56]

---

[53] *Economist*, 26 de noviembre de 1864.
[54] *Ibid.*, 14 de enero de 1865.
[55] Gaulot, *L'expedition*, t. II, 1906, p. 90, carta del 14 de marzo de 1865.
[56] *Ibid.*, p. 92.

No obstante, las negociaciones para un nuevo préstamo, prosiguieron. Nos faltan precisamente los documentos sobre las discusiones que tuvieron lugar, sin duda, en el Ministerio de Finanzas en París, entre los pretensos prestamistas y los representantes del gobierno mexicano. El asunto concluyó en abril con un grupo financiero muy diferente del precedente. Lo encabezaba una casa de bolsa parisina, el Banco de Crédito de París, que se había asociado con otros dos establecimientos el año anterior, la Cía. General de Crédito de Londres y la Sociedad General de Bélgica[57] dando nacimiento a la Sociedad General. El grupo comprendería finalmente también a una serie de casas de banca parisinas, de las que unas habían seguido no hacía mucho a los Rothschild, como Blount y Marcuard, y otras formaban parte del grupo Crédito Mobiliario, como Hottinguer y Fouls. Había por último algunos recién llegados, como Stern. El *Economist* dio noticia del asunto de inmediato:

> El asunto del préstamo mexicano ha concluido más rápidamente de lo que se creía. Se ha firmado un contrato para la emisión de un nuevo préstamo de 250 millones de francos [...]. El préstamo será emitido en París por el Banco de Crédito, en 500 000 bonos de 340 francos, con un valor nominal de 500 francos (o sea, a una tasa de 68%) y con un interés de 6%. La tasa de interés y la diferencia entre la suma suscrita y aquella en que el interés será pagado, elevará la renta a 10%. Además, habrá una lotería en cada tiraje bianual. Hay una estipulación extraordinaria. El gobierno mexicano, además del producto del préstamo, cederá a la Caja de Depósitos y Consignaciones de París una suma suficiente para producir, a interés compuesto y al cabo de 50 años, un capital igual al monto nominal total del préstamo. La mencionada suma se deberá invertir en títulos franceses y este capital deberá ser repartido entre los obligacionistas. Estas condiciones, por muy extrañas que sean, han sido aceptadas. Han sido concebidas por los grandes cerebros del Ministerio de Finanzas, y se las considera una curiosidad. En Francia, se piensa que garantizar un capital por medio de una inversión a interés compuesto es una idea nueva y valiosa, susceptible de ser aplicada no sólo a los préstamos, sino a toda empresa. El hecho de que el Banco de Crédito haya obtenido el contrato, ha causado cierta tristeza en algunos banqueros que consideraban que los préstamos extranjeros eran su feudo. Al tomarlo

---

[57] Archivo Société Générale, sesiones del consejo de administración del 11 y el 12 de abril de 1865.

tan rápido después del de Túnez, el banco muestra su intención de lograr que los estados extranjeros le otorguen una parte importante de sus asuntos. Hay que recordar que este banco estaba impaciente por tomar el préstamo mexicano del año pasado, pero que fue desbancado por el Crédito Mobiliario. Bajo los auspicios del Mobiliario, tal préstamo no había obtenido más que indiferencia. Si este nuevo negocio gana el favor del público, el prestigio del Banco de Crédito crecerá enormemente y el del Mobiliario mermará.[58]

El gobierno francés hizo todo lo que estaba a su alcance para que la operación fuera un éxito. A los recaudadores generales se les pidió no sólo que hicieran las suscripciones, sino que las facilitaran. Puede incluso que una cierta suma de inversión les haya sido asignada a cada uno de ellos.[59] El éxito fue bastante claro, y Fould avisó de ello a Bazaine:

El préstamo ha sido suscrito y aunque los banqueros estaban personalmente empeñados en ello, felizmente 70 000 compradores han entrado en esta operación. De hacerse unos días más tarde, se hubiera hundido ante el público a causa de la toma de Richmond, la rendición de Lee y el asesinato del presidente Lincoln. La oposición en Francia lanzará probablemente fuego y llamas por este préstamo y atacará las condiciones del mismo; pero no hay que conceder demasiada importancia a esos ataques siempre dictados por los mismos sentimientos de hostilidad hacia la expedición a México. Esta impresión se atenuará por otra parte con las medidas hábiles y enérgicas que usted tome y que apresurarán la pacificación del país. El gobierno de México recibirá del préstamo recursos relativamente considerables; pero no sabría manejarlos con demasiada economía porque esfuerzos de la índole de los que acaban de hacerse no pueden renovarse por mucho tiempo.[60]

A decir verdad, se dudaba un poco por doquier del éxito del asunto mexicano. Una carta del comandante Mangin al mariscal de Castellane daba testimonio de ello desde el inicio de la expedición:

---

[58] *Economist*, 15 de abril de 1865.
[59] Véase la correspondencia de los recaudadores generales con el ministro de Finanzas en Archivo Nacional, F 30, 1594.
[60] Gaulot, *L'expedition*, t. II, 1906, p. 142, carta de abril de 1865.

LOS CAPITALES FRANCESES

> El emperador ha sido engañado indignamente por su ministro, M. de Saligny y otros, sobre la situación del país; nosotros sostenemos una causa que ya no tiene ni puede tener partidarios. Tenemos con nosotros a elementos como Almonte, Miranda y otros, que son objeto de horror en el país y que nos hacen ser detestados hasta por nuestros nacionales. No me atrevo a decirle todo lo que pensamos, pero no podemos continuar así; aquí hace falta otro general y otro ministro, porque este último deshonra el nombre francés. Y además hace falta mucha gente; pero, aunque fuéramos cincuenta mil, entraremos por todas partes, iremos a México, pero no tendremos un solo seguidor.[61]

La realización del segundo préstamo no había logrado poner fin a las dificultades financieras del gobierno mexicano, siempre en busca de sumas inalcanzables. Los despachos diplomáticos enviados a Francia dan cuenta de ello:

> El gobierno mexicano tiene necesidad de 1 200 000 piastras (6 000 000 de francos). Trata de negociar una suma igual de letras de cambio sobre los fondos provenientes del segundo préstamo, y se han contratado agentes que van de puerta en puerta a ofrecerlas a 4.90 francos, sin encontrar comprador. Desesperados, han recurrido a M. Davidson, agente de la casa Rothschild, y éste ha venido a preguntarme qué debía hacer, exponiendo que no consentiría en aceptar el papel mexicano si no se le probaba, mediante una carta de M. de Germiny, que la suma estaba disponible. M. Davidson ha recurrido al comercio, ofreciendo órdenes de pago de su casa de bolsa a cambio de las que él recibiría sin duda del gobierno mexicano. Pero los compradores se han presentado en muy bajo número. Aún ayer, no se había llegado a una inversión de 100 millones de piastras.[62]

Es probable, no obstante, que Davidson escuchara opiniones tranquilizadoras y que sus temores desaparecieran. "M. Davidson, agente de la casa Rothschild, ha firmado un acuerdo, en virtud del cual, será en lo sucesivo encargado de la negociación de todas las órdenes de pago a emitir por el gobierno sobre los fondos procedentes del segundo préstamo."[63] No era fácil, en efecto, ha-

---

[61] *Campagnes*, 1898, pp. 399-401.
[62] Archivo Asuntos Exteriores, CP México 64, despacho del 29 de julio de 1865.
[63] *Ibid.*, despacho del 11 de agosto de 1865.

cer llegar a México los fondos del préstamo reunidos en Francia. La ausencia de un comercio extendido entre los dos países, presentaba el riesgo de no poder emplearlos. No obstante, la casa Rothschild, cuya actividad en materia de cambio era casi universal, esperaba sin duda aprovecharse de la situación para obtener beneficios que no eran ciertamente nada desdeñables.

Paralelamente, se trataba de regular el problema del crédito Jecker. Corta había presentado a Napoleón un proyecto de acuerdo y éste había fijado el monto del mismo en 27 703 770 francos.[64] A Jecker le inquietaba hallar la manera en que él pudiera recuperar este crédito. Así, inició nuevas conversaciones con el ministro de Finanzas mexicano, recientemente nombrado, César, antiguo recaudador de la administración de las Aduanas de Jalapa. Este último obtuvo una merma de deuda que reducía este crédito a 22 660 000 francos, suma que debía pagar en tres plazos: el 15 de octubre y el 15 de diciembre de 1865, y el 15 de febrero de 1866. Las dos primeras órdenes de pago las cubrió la Comisión Parisina de Finanzas de México. Ante la indignación provocada en París por este "arreglo", no sin provecho para el ministro de Finanzas mexicano, el último plazo no fue cubierto. No obstante, hubo que esperar hasta principios de marzo de 1866, para que Maximiliano consintiera en deshacerse de su ministro de Finanzas.

El intercambio de certificados del préstamo, entregados en el momento de la suscripción por las obligaciones regulares de 500 francos inscritas en el gran libro de la deuda externa mexicana, no se hizo sino hasta octubre de 1865. La lentitud de las operaciones ejecutadas por el Banco de Crédito, y el acuerdo Jecker incrementaron una vez más las dificultades financieras de México:[65] "El gobierno mexicano se ha reducido a pedir adelantos al Tesoro francés." Puede ser que el gobierno mexicano haya considerado conseguir un nuevo préstamo en Inglaterra y que el ministro mexicano de Finanzas haya manifestado su descontento cuando se le mostró que tal cosa era irrealizable: "El gobierno mexicano necesitaba en total una suma de 4 000 000 de piastras y M. Davidson, el agente de la casa Rothschild, se negó a continuar descontando las órdenes de pago sobre París." Los funcionarios franceses reclamaron en vano un estado de cuenta real de

---

[64] Gaulot, *L'expedition*, t. II, 1906, p. 271.
[65] *Economist*, 28 de octubre de 1865.

la situación financiera de México: el que les había sido transmitido no concordaba, en efecto, con las informaciones que ellos recibían de Francia. De hecho, el ministro mexicano de Finanzas ignoraba que el intercambio de las órdenes de pago hubiera absorbido una parte tan grande del préstamo, o sea 17 o 18 000 000, y declaró que la comisión de París no contaba con los poderes necesarios para cubrirlas. Se negó por tanto confirmar a Davidson que podía aceptar sin temor las órdenes de pago que el gobierno le propusiera. Davidson estaba aún más inquieto, pues como afirmaba, se acababa de signar un acuerdo entre el gobierno mexicano y un inglés, que había adquirido 8 000 000 de francos de los títulos disponibles del segundo préstamo.[66]

La situación política seguía deteriorándose. A principios de 1866, circularon los primeros rumores sobre el retiro de las tropas francesas y la opinión pública se alarmó. El *Journal du Crédit Public*, se hizo eco de ello:

> Los tenedores de obligaciones mexicanas parece que se han apresurado a dar a las negociaciones emprendidas una interpretación desfavorable a sus intereses. ¿No es evidente para todos que la demanda del gobierno presentada en la convención que regulará el llamado de nuestras tropas, dará una justa cabida a las garantías que reclaman los capitales comprometidos en los préstamos de 1864 y de 1865?[67]

Al mismo tiempo, los adelantos del gobierno francés al gobierno mexicano se habían interrumpido: "S. E. el ministro de Finanzas ha debido dirigir al pagador en jefe la orden formal de cerrar definitivamente la cuenta del gobierno mexicano y de negarse al pago de toda mercancía que fuera regularmente aplicado a un crédito presupuestario."[68]

Las dificultades no cesaban de crecer y Maximiliano se resignó en julio a firmar un convenio que había sido propuesto por Francia desde el mes de mayo. Éste concedía al gobierno francés la mitad de los ingresos de todas las aduanas marítimas de México. El descuento previo de esta concesión tenía que ser realizada

---

[66] Archivo Asuntos Exteriores, CP México 65, despacho del 28 de noviembre de 1865.
[67] *Journal du Crédit Public*, 27 de enero de 1866.
[68] Carta de Random a Bazaine del 16 de febrero de 1866, Gaulot, *L'expedition*, t. II, 1906, p. 270.

en Veracruz y Tampico por agentes especiales dependientes de la protección de Francia.[69]

El producto de esta concesión —especificaba el artículo 2°—, será destinado, primeramente, al pago de los intereses de la amortización y de todas las obligaciones resultado de los dos préstamos contratados en 1864 y en 1865 por el gobierno mexicano; en segundo lugar, al del interés del 3% en las sumas debidas al gobierno francés, y cuya cifra, que será fijada definitivamente más tarde, se eleva anualmente a 250 millones de francos aproximadamente. Se considera que el monto actual de esta mitad de los ingresos de las aduanas es de 5 500 000 piastras, o sea 27 500 000 francos.[70]

Los tenedores de obligaciones mexicanas se inquietaban por su crédito y los periódicos especializados trataban de apoyar sus reclamos hablando de las obligaciones morales y materiales del gobierno francés para con ellos. Así establecía y juzgaba el *Journal du Crédit Public* el balance de esos préstamos sucesivos:

"Sin duda, el gobierno francés no ha contraído ningún compromiso legal... Pero basta con referirse a los hechos para demostrar hasta la evidencia, cuán fundadas son las expectativas de los tenedores de obligaciones mexicanas, de contar con la justicia y la equidad del gobierno francés.

"En 1864, cuando las emisiones del préstamo al 6%, el gobierno aceptó, a cuenta de su crédito, 6 000 000 de francos de impuestos. La falta de éxito en el manejo de este crédito ha inmovilizado entre sus manos un capital de 66 000 000 de francos. La situación se agravó en México, el dinero faltaba. Estábamos en presencia de un dilema: o poner un término inmediato a la expedición francesa o facilitar un préstamo para darle un apoyo moral lo más grande posible [...] Fuerte ingreso, amortización con prima, partidas fascinantes, reconstitución del capital después de 50 años, nunca semejantes condiciones se habían concedido a los prestatarios. El gobierno francés agregaría a ello un patrocinio moral que haría el éxito de la suscripción casi seguro, pero cuyo grave inconveniente, en caso de infortunio, era llegar a asumir la responsabilidad de la garantía [...] La autorización especial dada por el ministro de Finanzas al Banco de Crédito de encar-

---

[69] Gaulot, *L'expedition*, t. II, 1906, p. 365. Tampico se iba a perder el 4 de agosto siguiente.
[70] *Journal de Crédit Public*, 15 de septiembre de 1866.

garse de la emisión del préstamo mexicano así como la de recoger las suscripciones al mismo dada a los recaudadores generales de toda Francia, ¿no son en este caso indicios flagrantes de las pruebas irrecusables de la intervención del gobierno francés? Y cuando después de la conversión de 6%, el ministro negoció, no sin pérdida, 60 000 de las 174 000 obligaciones pertenecientes al Tesoro, ¿no hay en ello como una confirmación del compromiso del gobierno en esto? Más de trescientas mil familias, cuyos intereses están comprometidos hoy en estos fondos del Estado, han depositado toda su confianza en el gobierno.

"Del millón de obligaciones emitidas, esas familias poseían alrededor de 756 000. Se trata en general de pequeños capitalistas a los que el gobierno siempre ha dispensado su superior e inteligente protección. El saldo, si nuestras informaciones son exactas, se encuentra repartido como sigue: 114 000 en el portafolio del Tesoro, 47 000 en reserva para cubrir indemnizaciones a súbditos franceses y, por último, 83 000 en manos de la comisión de México, pues representan las que quedan por convertir del préstamo a 6%, a menos que estas últimas no hayan pasado del portafolio de la Comisión de Finanzas al del Tesoro, para cubrir las órdenes de pago emitidas por él, que habían quedado en suspenso.

"Hemos tendido a defender la causa de aquellos cuyos capitales han aprovechado a Francia mucho más que a México. De los 246 millones producto de los dos préstamos, se han deducido los 34 000 000 depositados en la Caja de Consignaciones para reconstituir el capital de las dos series de obligaciones; 54 000 000 más para garantizar los primeros semestres de intereses; partidas y amortizaciones, así como los 102 millones recuperados por el gobierno francés a cuenta de los gastos de guerra en virtud del Tratado de Miramar. Todas estas sumas reunidas forman un total de 190 millones; de manera que Maximiliano no ha usado más que 56 000 000 de sus préstamos, de los que ha debido prescindir de 22 000 000 para saldar un atraso en Londres."[71]

La opinión pública francesa estaba dividida acerca de las medidas a tomar para proteger a los tenedores de obligaciones mexicanas, pues los informes de los procuradores generales se hacían eco de las preocupaciones locales.

---

[71] *Ibid.*, 1 de septiembre de 1866.

El procurador general de Amiens, Wateau, se mostraba favorable a los tenedores:

> La situación precaria del imperio de México no deja también de preocupar a la opinión pública, puesto que el interés privado está involucrado y comprometido. Los tenedores de valores mexicanos, que son numerosos, sobre todo entre la clase media, se preguntan con angustia qué suerte van a correr sus créditos; depositan su esperanza en las medidas protectoras que esperan de la benevolencia del gobierno francés, sin cuya garantía moral no habrían prestado sus fondos a un imperio que no podía ofrecerles por sí mismo pruebas suficientes de seguridad.[72]

El procurador general de Nancy no compartía esta opinión:

> Los suscriptores del préstamo mexicano alzan la voz; ellos quisieran que sus títulos fueran convertidos en obligaciones francesas; pero la opinión pública no ratificaría este convenio: se muestra muy hostil hacia ello y yo lo entiendo [...] Este préstamo fue contraído por México en condiciones tan onerosas que, para los capitalistas, parecía una lotería más que un préstamo serio. Aquellos que hallaron cómodo colocar sus fondos a un interés enorme tenían que haber presentido el peligro de una operación semejante. Si ellos sufren hoy una baja sensible, no pueden sensatamente culpar más que a ellos mismos.[73]

El asunto de los préstamos mexicanos planteaba un problema muy delicado al gobierno francés: La situación no era nueva: había sido, no hacía mucho, la de los préstamos españoles. Pero entonces, el gobierno no tenía sino pocos medios de acción: la negativa del lado oficial era o había sido allí la única solución posible. Implantada en México, Francia había tratado de aplicar a la operación una medida que sería tomada más tarde: dedicar al pago de los intereses una porción determinada del ingreso del país en cuestión y hacerla recaudar por agentes suyos. Turquía, Egipto y Grecia conocieron más tarde una injerencia parecida. Desafortunadamente, los reveses políticos sufridos en México iban a volver este medio totalmente ilusorio. Entonces se planteaba al gobierno frances la cuestión de afrontar la responsabilidad de las operaciones financieras que manifiestamente había

---

[72] Case en Gaulot, *L'expedition*, 1906, p. 408, doc. 653.
[73] *Ibid.*, p. 420, doc. 678.

patrocinado, sin acordarles por ello garantía formal, como lo había hecho en 1833 en el caso de Grecia. El mexicano es por esto un caso ejemplar. ¿Pero había de erigirse el gobierno en defensor de unos tenedores que ciertamente tendrían que haber relacionado un beneficio elevado con los riesgos que éste suponía?

BIBLIOGRAFÍA

AA.VV., *La intervención francesa y el imperio de Maximiliano*, ponencias coloquio, México, 1964.
Boulenger, M., *Leduc de Morny*, París, 1925.
Chevalier, M., "L'expedition européenne au Mexique. 1. Les revolutions mexicaines depuis l'independence", *Revue des Deux Mondes*, 1 abril 1862.
_____, "L'expedition européenne au Mexique. 2. Des ressources et de l'avenir du pays", *Revue des Deux Mondes*, 15 abril 1862.
_____, *Le mexique ancien et moderne*, París, 1863.
Corti, E.C., *Maximilien et Charlotte du Mexique...*, París, 1927.
Dausette, A., *Louis-Napoleón à la conquête du pouvoir*, París, 1961.
Fulford, H., *Glyn's (1753-1953)*, Londres, 1953.
_____, *Campagnes de Crimée, d'Italie, d'Afrique, de Chine et de Syril (1849-1862). Lettres adressées au maréchal de Castellane*, París, 1898.
Gaulot, P., *L'expédition du Mexique (1861-1867), d'aprés les documents et souvenirs d'Ernest Louet, payer en chef du corps expéditionnaire*, París, 1906, 2a. ed., 2 vols.
Gille, B., "Les tentatives d'emprunt espagnol en 1823-1825", *Histoire des Entreprises*, mim. 11, mayo 1963.
_____, "La fondation de la Societé Générale", *Histoire des Entreprises*, vol. VIII, noviembre 1961.
Schefer, Chr., *La grande pensée de Napoleón III. Les origines de l'expedition du Mexicque (1858-1862)*, París, 1939.
Turlington, E., *México and her foreigen creditory*, Nueva York, 1930.

LA DEUDA EXTERNA PÚBLICA*

Jaime Enrique Zabludovsky

Para impulsar el desarrollo industrial, el Estado porfirista no sólo estableció toda una estructura de derechos de propiedad que alentaban la inversión en ello, sino que participó directamente en la actividad económica. En una primera etapa, esto se hizo concediendo subsidios para la construcción de ferrocarriles, pero más tarde, el gobierno mexicano asumió la construcción de infraestructura de los mismos y acabó controlando la red ferrocarrilera. La deuda externa pública desempeñó un papel importante en la configuración de esta política económica. Durante el régimen de Díaz, se recuperó el acceso a los mercados financieros internacionales, se obtuvieron nuevos préstamos y el crédito de México mejoró notoriamente. Este trabajo versa sobre estos temas.

La segunda parte comprende la demanda de la deuda externa pública, y partiendo de la Conversión Dublán de 1886 que restableció el servicio de la antigua deuda extraordinaria, se revisan los términos en que se contrataron los préstamos sucesivos y los usos que se dieron a sus utilidades. Se presta especial atención a los inicios de los años 1890, puesto que en aquella época, las finanzas públicas estaban muy presionadas y México al borde de entrar en suspensión de pagos. Como las publicaciones existentes sobre la deuda externa pública mexicana hacen caso omiso de los préstamos a corto plazo que tuvieron lugar en aquellos años

---

* Tomado de "Money, foreign indebtedness and export performance in porfirist Mexico", tesis de doctorado, Yale University, 1984, cap. III. [Traducción de Isabel Vericat.]

y ofrecen cifras erróneas sobre el costo de los fondos prestados a largo plazo, se hace el intento de dar un panorama exacto de las condiciones en que se contrató la deuda externa pública. En esta parte también se presenta una visión más cercana de la respuesta de las autoridades financieras a la crisis. La sección versa asimismo sobre el papel que desempeñó la deuda externa en la política ferrocarrilera de Limantour a principios de siglo, y ofrece la evaluación de los usos que se dieron a los fondos prestados. Concluye con un resumen de la evolución de las condiciones en que se negociaron los diferentes préstamos a lo largo de la dictadura.

La parte siguiente se centra en la oferta. Su análisis se divide en dos partes. En la primera, se observan los beneficios que obtuvieron los banqueros al actuar como intermediarios financieros del gobierno mexicano, mientras que, seguidamente, nos concentramos en los prestamistas principales, los tenedores de bonos. Aquí se establece una comparación entre el producto de los bonos mexicanos y los de otros países y un análisis de las determinantes de la prima de riesgo de México. Por último, en la tercera parte, se ofrecen algunas observaciones a modo de conclusión.

LA DEMANDA: COSTOS Y USOS DE LA DEUDA PÚBLICA EXTERNA

Restablecimiento del crédito

Hasta los últimos veinte años del siglo XIX, la historia de la deuda pública mexicana es la de una larga serie de suspensiones y moratorias. Como el país sufrió guerras civiles e invasiones externas, el servicio de dos préstamos emitidos originalmente en 1824 y 1825, en Londres, se interrumpió la mayor parte del tiempo de 1824 a 1886. Durante este periodo tuvieron lugar varias capitalizaciones de los intereses atrasados y consolidaciones de los títulos extraordinarios, pero no se contrató, prácticamente, ningún préstamo externo.[1]

En cuanto Porfirio Díaz tomó el poder en 1877, reconoció la importancia de restablecer el crédito de México con el extranje-

---

[1] Para una descripción detallada de las diferentes consolidaciones, véase Turlington, *México*, 1930, y Bazant, *Historia*, 1968.

ro. La larga historia de insolvencia no sólo impedía obtener cualquier nuevo préstamo público, sino que los tenedores de bonos se habían organizado para impedir que las nacientes compañías ferrocarrileras pusieran en circulación bonos en el mercado londinense. Por ejemplo, en julio de 1882 la Compañía Mexicana de Ferrocarriles Nacionales, propiedad de capitalistas estadunidenses, trató sin éxito de emitir bonos por 10 000 000 de pesos (aproximadamente 1 840 000 libras esterlinas) en el mercado de Londres. Como estos títulos estaban garantizados con subsidios del gobierno, el Comité de tenedores de bonos protestó y obtuvo el retiro de los mismos de la Bolsa de Valores.[2] El mensaje era bastante claro: si México quería obtener inversión externa, primero tenía que resolver los antiguos problemas de la deuda.

En la década de 1880, la Bolsa de Valores londinense experimentó un auge. Durante esos diez años, seis de los diez países latinoamericanos que se hallaban en suspensión de pagos a principios del periodo renegociaron sus deudas y los reanudaron.[3] México se contaba entre ellos.

Después de varios intentos infructuosos de consolidar todas las emisiones pasadas, los decretos del 22 de junio de 1885 establecieron las bases para la Conversión Dublán, la cual finalmente puso término a la larga historia de insolvencia exterior de México.

La nueva deuda consolidada resultado de esta Conversión, excluía todas las obligaciones en que había incurrido el gobierno de facto que gobernó México desde el 17 de diciembre de 1857 al 24 de diciembre de 1860, así como el imperio de Maximiliano, que duró desde el primero de junio de 1863 hasta el 21 de junio de 1867, y que redujo el valor nominal de la deuda en casi 35%, de 22 600 000 a 14 800 000 libras esterlinas.[4]

El interés de esta deuda era pagadero semestralmente de acuerdo con el siguiente plan: 1% del valor nominal de la deuda con-

[2] Turlington, *México*, 1930.

[3] Según Rippy, de 17 países latinoamericanos, diez habían incurrido en incumplimiento a fines de 1880. El valor nominal de sus bonos no ejecutables era de 71 100 000 libras y representaba más de 57% del valor nominal total de los bonos pendientes del gobierno latinoamericano en aquella época. Diez años después, sólo cuatro países seguían incurriendo en incumplimiento. El valor nominal de sus títulos era de 7 700 000 libras, menos de 4% de un total de 194.4 millones. Véase Rippy, *British*, 1959, pp. 25, 32, 37 y 38.

[4] Véase Secretaría de Hacienda y Crédito Público, Memoria de la Secretaría de Hacienda 1888-1889 (en lo sucesivo *MSHCP*, 1888-1889). Oficina Impresora de la Tipografía del Timbre, México, D. F., p. XXXV.

solidada en 1886, 1.5% en 1887, 2% en 1888, 2.5% en 1889 y 3% en los años subsiguientes. Los bonos eran de tipo consolidado, es decir, sin fecha de amortización estipulada. No obstante, el gobierno tenía el derecho o de comprarlos a través de operaciones abiertas de mercado o de pedir su retiro al 60% de descuento antes de 1891 y al 50% a partir de entonces.[5]

Pese a que la Conversión empezó a realizarse en 1886, no fue sino hasta septiembre de 1888 cuando el Manual mensual del inversionista enlistó por primera vez la cotización de la emisión. Los precios promedio para septiembre-diciembre de 1888 y enero-julio del siguiente año[6] fueron del 39.71 y 40.41 respectivamente. Por tanto, los réditos corrientes fueron 5.04 y 6.19% en esos dos periodos contra 2.74 y 2.67% por los bonos consolidados ingleses a lo largo de los mismos periodos de tiempo.

Reintegración a la comunidad prestataria: 1888-1890

En cuanto se concertó la Conversión Dublán, el gobierno mexicano empezó a buscar un préstamo extranjero que le permitiera la cancelación de su deuda al 40% de su valor nominal y le proporcionara fondos nuevos. El préstamo externo consolidado, hecho al gobierno, al 6% en 1888, cumplió esta meta y constituyó la primera emisión pública mexicana en más de sesenta años.

Aunque el rédito de vencimiento que un inversionista obtenía de un bono estaba determinado por factores adicionales a la tasa de emisión (a saber, el valor presente y futuro de la emisión, el tiempo de vencimiento y la periodicidad de los pagos de interés), es un importante indicador de las características de una emisión. Y esto es así porque establece qué cantidad del rendimiento corresponde al ingreso corriente de pagos de intereses y cuánto proviene de la ganancia de capital debida a la diferencia entre el valor presente y de amortización de una emisión. Cuanto mayor es la tasa de emisión, mayor es la del ingreso por intereses, pero todos los demás factores permanecen sin cambio. Con esto en mente, el hecho de que, cuando el préstamo de 1888 se puso en circulación la mayoría de los préstamos extranjeros pendientes

[5] *MSHCP*, 1886-1887, p. 73.
[6] Julio 1889 fue el último mes de cotización de estos títulos. Como veremos más adelante, los títulos fueron intercambiados por bonos del préstamo de 1888.

tuvieran tasas de emisión de entre 4 y 5%, indica el rango relativamente bajo atribuido a México.

Del valor nominal total de 10 500 000 libras esterlinas, la casa bancaria pagó inicialmente 3 700 000 en títulos en efectivo al 30% de descuento. Las opciones a los 6 800 000 restantes se intercambiaron al 85% de su valor nominal en el caso de los títulos de la Conversión Dublán.[7] Comisiones adicionales además de un balance compensatorio equivalente a los intereses de dos trimestres,[8] elevaron los réditos disponibles del préstamo a 8 008 000 libras esterlinas (un descuento de 23.7% sobre el valor nominal). De esta cifra y de la tasa de emisión de 6%, resultaba una tasa de costo de fondos (CF) de 7.87% antes del 1 de abril de 1893, cuando la operación de un fondo de amortización de 0.5% elevó la tasa a 8.52% (para un recuento minucioso de las diferentes deducciones).

Una comparación de estas tasas con la que pagó Argentina en un préstamo de financiamiento temporal expone la desventajosa posición mexicana. En 1888, dos años antes de la crisis de Baring, el préstamo de conversión argentino al 4.5% fue aceptado por la casa bancaria al 12% más una comisión de 2.5%. Cuando tomamos en cuenta su disposición de un fondo acumulativo de amortización operativo desde diciembre de 1888, la tasa de CF que Argentina tenía que pagar era 6.28% contra la ya analizada de 8.52% del préstamo mexicano.[9]

El préstamo de 1888 permitió a México consolidar todos sus financiamientos externos del pasado, alivió la presión presupuestaria y, lo que es más importante, inauguró una nueva era de prés-

---

[7] El contrato original estipulaba el descuento a 13.5%, pero más tarde se incrementó 1.5%. El contrato se puede encontrar en *MSHCP*, 1887-1888, pp. LVIII-LXIX.

[8] El contrato original no dice nada acerca del pago de intereses sobre esos balances compensatorios. No obstante, en la *MSHCP*, 1900-1901 se declara que recibían 1%. Es probable que esta disposición para el pago de intereses fuera resultado de negociaciones posteriores. Como veremos más adelante, puesto que México tenía que recurrir a esos fondos, los intereses nunca se pagaron totalmente.

[9] El contrato del préstamo argentino se puede encontrar en Peña, *Deuda*, pp. 478-479. El resto de los términos del contrato también acentúan la mejor calidad de la deuda argentina; los intereses se podían pagar dos veces al año frente a la disposición trimestral en el préstamo mexicano, y no se requería de balances compensatorios.

tamos externos para el gobierno mexicano. En el cuadro 1 se muestra cómo se usaron los recursos de esta emisión.

Como se puede observar fácilmente en el cuadro 1, el grueso de los ingresos del préstamo (71.1%) se usó para intercambiarlo por bonos de la Conversión Dublán. La nueva emisión aligeró algo la carga de esta deuda anterior a 1893, cuando iba a comenzar a cubrirse el fondo de amortización: una anualidad de 3% de los antiguos bonos sumaba 433 500 libras esterlinas, en tanto que el servicio de los nuevos títulos intercambiados por los viejos sumaba 408 000 libras, una reducción de casi 6% en la carga de la deuda. Pero a partir de 1893, esta última aumentó a 442 000 libras a medida que empezó a cubrirse la amortización.

Si se tratan los títulos Dublán como de anualidades fijas y se parte del supuesto de que los bonos de 1888 se tenían que amortizar según los requerimientos mínimos de su contrato, podemos obtener la tasa base de rédito calculando la diferencia entre el flujo de fondos necesarios para cubrir los antiguos y los nuevos servicios.[10] Según este ejercicio, sólo con tasas de descuento por encima de 9.8% la carga de la nueva deuda hubiera sido menor que la de los títulos que sustituía, indicando una alta preferencia, por parte de las autoridades mexicanas, por una tasa implícita atemporal. Esto es congruente con la necesidad perentoria de fondos que se evidenció por el hecho de que 2 de cada 2 600 000 libras recibidas en efectivo (27% de los ingresos del préstamo) se usaron para amortizar la deuda doméstica en circulación, emitida para cubrir déficit presupuestarios durante los años fiscales 1887-1888, 1888-1889 y 1889-1890.

Volviendo al cuadro 1, la diferencia entre los 8 110 000 libras (8 370 000 menos rubros 1, 2 y 3 del cuadro), registrados como ingresos netos disponibles, y la cifra correspondiente de 8 008 000, surge del hecho de que 102 000 de las 315 000 libras esterlinas que supuestamente se iban a conservar en depósito en Bleichroeder,

---

[10] La ecuación utilizada para obtener la tasa implícita de rédito era:

$$\sum_{i=1}^{3} \frac{25.5}{(1+r)^i} - \sum_{i=4}^{42} \frac{8.5}{(1+r)^i} = 0$$

donde 25.5 es la diferencia (en miles de libras) entre el antiguo y el nuevo servicio durante los años 1890-1892, y -8.5 es la diferencia de 1893 a 1935, cuando el préstamo de 1888 hubiera vencido de acuerdo con su contrato. El valor descontado del servicio de la Conversión Dublán, después de 1936, es insignificante.

Cuadro 1. Usos del préstamo de 1988

Parte inicial pagada en efectivo	Descontado al 30 por ciento	Valor nominal
1. Comisión de 1.25%	46	66
2. Balance compensatorio	111	158
3. Amortización de los títulos del Ferrocarril Interoceánico de Tehuantepec	195	279
4. Utilizado para amortizar deuda en circulación procedente de déficit presupuestarios del pasado	1 997	2 852
5. Usado para cubrir la mitad del balance compensatorio de la segunda opción	102	146
6. Otros gastos	138	197
Subtotal	2 590	3 700

Opción intercambiada por la antigua deuda	Descontado al 85 por ciento	Valor nominal
7. Usado para retirar 14 450 de la antigua deuda (al 40%)	5 780	6 800
Subtotal	5 780	6 800
Total	8 370	10 500

El rubro 5 se supuso ya que no existe información sobre los balances compensatorios para la primera opción, además del hecho de que hubo que pedir prestadas 102 000 libras esterlinas para cubrir el déficit (véase texto). Todas las cifras están en miles de libras esterlinas.

FUENTES: Elaborado de acuerdo con la información sobre *MSHCP*, 1889-1890, p. XIX y 1887-1888, p. LXI.

se usaron para otros fines. Aunque la diferencia es bastante pequeña, su importancia no es deleznable; el balance compensatorio requerido era obligado, por lo que México tuvo que recibir prestado a corto plazo para cubrir el déficit. El 27 de agosto de 1889 y el 5 de febrero de 1890, se contrataron dos préstamos por 220 000 y 30 000 libras esterlinas con la misma firma bancaria. El primero de ellos era pagadero en sumas parciales trimestrales en un plazo de dos años y generaba una tasa de interés de 6% al año, en tanto que el segundo, con la misma tasa, tenía que ser amortizado en cinco pagos trimestrales. Una vez cubierto el depósito faltante, la suma resultante se usó para retirar los títulos de la conversión de 1886 pendientes de pago.[11]

Con la emisión del préstamo de 1888, el valor nominal de la deuda externa pública mexicana cayó de 22 600 000 libras esterlinas antes de la Conversión Dublán a 12 100 000 libras en junio de 1889, justo después de que la firma bancaria hubiera tomado la última[12] opción del préstamo. Entre esas fechas, se daría la conversión de 1886 que ya hemos analizado y que fijó la deuda en 14 800 000 libras. Como el periodo establecido para la conversión coincidía en parte con la puesta en circulación de los bonos de 1888, no es posible hacer un recuento de la evolución anual del valor nominal de la deuda pública externa a fines de los años 1880.

El préstamo de 1888 marcó el fin del embargo financiero impuesto a México y muy pronto se empezaron a obtener nuevos préstamos.

En diciembre de 1888, la Municipalidad de la ciudad de México emitió un préstamo al 7% por un valor nominal de 420 000 libras esterlinas para financiar la construcción de obras de drenaje en el valle de México.[13] El préstamo estaba garantizado con todo el ingreso de la Municipalidad. A partir de la información disponible, no ha sido posible saber el descuento al que esta emisión fue aceptada por la firma bancaria, pero fue vendida públicamente al cambio. Al año siguiente, este préstamo se amortizó con parte de los ingresos de un préstamo al 5% con un valor nominal de 2 400 000 libras esterlinas. Aunque la tasa de emisión

---

[11] *MSHCP*, 1889-1890, pp. XIV-XXV.

[12] La deuda externa estaba formada por 10 500 000 libras esterlinas del préstamo de 1888 y 1 600 000 de la deuda de la Convención española. Esta última tuvo su origen en convenciones diplomáticas por las que el gobierno mexicano iba a pagar a extranjeros por daños en la propiedad o personales sufridos por revueltas en la nación. Después de haber repudiado la francesa tras la invasión de los años 1860 y cuando la inglesa ya se había incluido en el acuerdo Dublán, la española era la única que quedaba. En 1890 se convirtió a títulos denominados en pesos de plata. Véase Turlington, *México*, 1930, pp. 210 y 215, y Wynne, *State*, pp. 14-19.

[13] Originalmente, este préstamo no fue una obligación por la que se pudiera responsabilizar al gobierno federal, aunque esto cambió en mayo de 1903 a consecuencia de la ley que puso a la municipalidad bajo la jurisdicción federal.

era menor que la del préstamo consolidado de 1888, los términos en que se contrató el préstamo municipal dieron por resultado una tasa de CF superior.[14] La disposición de amortización no sólo incluía una tasa de fondo de amortización superior a 1% anual, sino que iba a ser operativa desde una fecha anterior. Sólo durante 1889 y 1890, cuando el fondo de amortización no había empezado a funcionar, la tasa de CF de 7.7% pagada por la Municipalidad de la ciudad de México era inferior que la correspondiente al préstamo de 1888. Cuando se toma en cuenta el fondo de amortización, la tasa del costo de los fondos del préstamo de la ciudad de México sube a 9.23% contra 8.52% del préstamo federal, reflejando el riesgo mayor atribuido a la Municipalidad e incluso su capacidad de negociación inferior.

Una vez más, la comparación de las condiciones de este préstamo con las de uno contratado por la Municipalidad de Buenos Aires un año antes, destaca el costo que pagó México por su reintegración a la comunidad prestataria. El préstamo municipal de Buenos Aires al 4.5% tenía tasas de CF de 6.8 y 5.6% con y sin la disposición del fondo de amortización (operativo desde diciembre de 1889 en adelante), respectivamente.[15]

El mismo año se contrató el siguiente préstamo federal. Era para la construcción del ferrocarril de Tehuantepec, al 5% y por un valor nominal de 2 700 000 libras; estaba garantizado con los activos de la compañía, pero el gobierno federal iba a cubrir cualquier deficiencia en el servicio de esta deuda. Los bonos de esta emisión se dieron como pago a la compañía constructora, con 30% de descuento, misma que los vendió[16] a 77.5% de su valor en el mercado londinense. La tasa implícita del costo de los fondos era, por tanto, de 7.14%.

---

[14] El contrato del préstamo de la ciudad de México se puede encontrar en Gloner, *Finances*, 1896, pp. 437-442.

[15] El contrato del préstamo de Buenos Aires se puede encontrar en Ruiz, *Deuda*, 1928, pp. 19-25. Hubiera sido deseable hacer ésta y todas las demás comparaciones con bonos emitidos por otros países y ciudades, pero los contratos correspondientes no eran de fácil acceso.

[16] Según Bazant, "México recibió 70% del valor nominal". Esto indica equivocamente que México intercambió bonos por dinero en efectivo. Véase Bazant, *Historia*, 1968, p. 149. Lo que habría sucedido en cambio era que México dio los bonos a 70% de su valor a la compañía de construcción, que los vendió al público. Esto significa que el gobierno emitió una deuda nominal por un valor nominal de 2 700 000 libras para pagar una deuda de aproximadamente 1 890 000 libras.

En 1890 se negoció otro préstamo. Los términos en que se contrató muestran el notable mejoramiento que tuvo el crédito de México en dos años. Del valor nominal de 6 000 000 de libras esterlinas de este préstamo se tomó 88.75% (menos una comisión de 1%). La tasa de emisión era de nuevo 6%, pero la tasa del fondo de amortización (que se empezaría a aplicar también en 1893) se bajó a 0.25%. Las tasas de CF resultantes eran de 7.08% antes de 1893 y de 7.37% en lo sucesivo, ambas más de 100 puntos base por debajo de los correspondientes al préstamo de 1888. El cuadro 2 muestra cómo se usaron los ingresos de este préstamo.

Tenemos entonces que, una vez resueltos los problemas de la antigua deuda, el Estado mexicano empezó a usar su recién reconquistado acceso a los mercados financieros internacionales para obtener fondos con que promover el crecimiento económico. El préstamo para el ferrocarril de Tehuantepec y los de 1890 ilustran claramente el papel crucial atribuido a los ferrocarriles en esta política. Mientras que el primero tuvo su origen directo en la construcción del ferrocarril, 80% de los recursos del segundo préstamo se utilizaron para amortizar los certificados aduanales adjudicados como subsidios a las compañías ferrocarrileras.

A consecuencia de este endeudamiento, el valor nominal de la deuda externa federal creció en un año casi 59%, de 12 100 000 libras a 19 200 000, sin tomar en cuenta el préstamo de la ciudad de México. Si se considera este último, el total de la deuda pública externa a principios de los años 1890 llega a 21 600 000 libras, un aumento de 78.5 por ciento.

Aunque no se puede saber hasta qué punto el aumento fue resultado de la reconversión del servicio de la deuda externa, y en qué medida reflejaba sólo el auge en la Bolsa de Valores londinense de los años 1880, el hecho es que el valor nominal de las inversiones inglesas en los ferrocarriles mexicanos subió 270%, es decir, de 7 800 000 libras en 1880 a 29 900 000 diez años después.[17]

Los años siguientes fueron dramáticos para la solvencia de México en el extranjero. El derrumbe del mercado internacional de la plata golpeó gravemente la economía local llevando al país al borde de otra suspensión de pagos. Ahora vamos a hacer el análisis de este episodio.

---

[17] Véase Rippy, *British*, 1959, pp. 34 y 39.

Cuadro 2. Usos del préstamo de 1890

	Descontado al 11.25 por ciento	Valor nominal
1. Comisión de 1%	60	68
2. Balances compensatorios	180	203
3. Pagado a Bleichroeder para cubrir balances de dos préstamos a corto plazo	100	566
4. Usado para pagar subsidios a los ferrocarriles	4 260	4 800
5. Usado para cubrir parte del débito al Banco Nacional de México	725	363
Total	5 325	6 000

Los datos originales no incluían la comisión del 1%. Supusimos que ésta se cubrió en los pagos al Banco Nacional de México y los separamos de acuerdo con ello. Todas las cifras son en miles de libras esterlinas.
FUENTES: Elaborado con base en datos de la Tesorería General de la Federación, Cuenta del Tesoro Federal, ejercicio fiscal 1890-1891, Imprenta "El Gran Libro", México, 1892, pp. XI-XII.

La crisis de comienzos de los años 1890

La recuperación del precio de la plata en los mercados internacionales, desencadenada por la política de Estados Unidos en este rubro, durante los dos primeros años fiscales de la década de 1890, llegó a su fin en 1891-1892, cuando la tendencia se invirtió.[18] La depreciación nominal del peso mexicano de 19.6 y 13.1%, durante los años fiscales de 1891-1892 y 1892-1893 respectivamente, se aceleró hasta llegar a 21.9% al año siguiente, muy probablemente como resultado de la suspensión de acuñación de plata en la India y de la abolición de la claúsula de adquisición de la Ley Sherman en agosto de 1893.[19]

---

[18] La fuerza del metal blanco estaba vinculada a la Ley Sherman Silver Purchase, aprobada en el Congreso de Estados Unidos en julio de 1890. Esta ley autorizaba al Tesoro de Estados Unidos a adquirir 4.5 onzas de plata al mes, fomentando la desconfianza en el mantenimiento del patrón oro y dando lugar a adquisiciones especulativas de plata.

[19] Kindleberger ha declarado que la abolición de la Ley Sherman sobre la compra de plata sirvió como una ayuda externa para combatir la falta de

La caída del valor del peso mexicano tensó las finanzas públicas e hizo que las autoridades domésticas reaccionaran muy pronto a la crisis. Respondieron estableciendo una meta explícita: el mantenimiento del servicio de la deuda externa, lo cual se hizo a pesar de la carga más pesada representada por la depreciación de la plata y porque las cuotas de amortización de los préstamos de 1888 y 1890 iban a empezar a aplicarse durante 1893. Detrás de esta decisión estaba el recuerdo del alto precio que México acababa de pagar para recuperar el acceso a los mercados financieros internacionales, y el reconocimiento de la necesidad de fondos externos para promover los ambiciosos proyectos de la administración porfirista. O como Matías Romero, ministro mexicano de Finanzas, lo expresó en su informe al Congreso del año fiscal 1891-1892:[20] "A medida que la nación progresa, necesita más recursos y más costosos [...] para promover la educación primaria, hacer obras públicas y mejorar la infraestructura; y aun cuando estos recursos se vuelvan cada vez más caros, no es fácil ni prudente ni patriótico prescindir de ellos."

Medidas de estabilización para hacer frente a la crisis

Para mantener el servicio de la deuda, se empezaron a poner en práctica medidas de estabilización en 1892-1893. Durante ese año se redujo el gasto público y se promovió una vasta reforma fiscal; nuevos impuestos sobre la producción de bebidas alcohólicas destiladas, compañías de seguros, exportaciones de café y henequén y la reforma de los impuestos existentes sobre minería, fábricas de tabaco, estampillas y herencias para aumentar el ingreso. Con el mismo espíritu, algunas importaciones libres de impuestos aduanales se incorporaron a la tarifa general de aduanas,[21] aunque por otra parte se tuvieron que conceder exenciones de entrada al maíz y otros alimentos básicos puesto que las

---

confianza en la capacidad de Estados Unidos para mantener el patrón oro. Véase Kindleberger, *Panics*, p. 113 y cuadro al final del volumen. Para más datos sobre la "silver politics", véase Friedman y Schwartz, *Monetary*, 1971, cap. 3.

[20] *MSHCP*, 1891-1892, p. 5, traducido por el autor.
[21] Véase *MSHCP*, 1892-1893, pp. V-XII para más detalles.

condiciones climatólogicas adversas habían perjudicado gravemente las cosechas nacionales.[22]

Además de tomar estas medidas, se obtuvieron nuevos préstamos a corto plazo para aliviar la presión sobre las finanzas públicas. En agosto de 1892 y junio de 1893, se contrataron dos préstamos de dos años por 600 000 y 267 500 libras esterlinas, respectivamente, con una tasa de interés de 7%. Estos fondos se usaron para retirar certificados emitidos en el pasado para cubrir déficit presupuestarios; atender el servicio de la deuda interna consolidada y el préstamo del ferrocarril de Tehuantepec y pagar los subsidios de éste y otras obras públicas.[23] Estos fondos resultaron en verdad caros, si se comparan con 1.3 y 1.6% de las tasas de descuento promedio que regían el papel bancario a tres meses en el mercado de Londres, durante 1892 y 1893, respectivamente.[24]

Aunque las medidas adoptadas permitieron conservar el ingreso público de 1892-1893 (en términos de pesos) al mismo nivel de los dos años anteriores, la depreciación de la plata tuvo por resultado un aumento sustancial en el servicio de la deuda, el cual, de 21.9% del ingreso público común en 1891-1892, saltó a 27.3% un año después.[25] Asimismo, rebasó por primera vez el monto del dinero en efectivo en las bóvedas federales a fines de ese año fiscal.

[22] *Ibid.*, pp. V-XIII. La gravedad de la escasez queda indicada por las 219.7 toneladas de maíz importadas en 1892-1893. Aunque no hay datos disponibles de importaciones para 1890-1891 y 1891-1892, el aumento fue sin duda importante. El volumen de maíz importado en ese año crítico fue 743% mayor que la cifra correspondiente a 1889-1890. Cifras obtenidas de *Estadísticas*, p. 180.

[23] *MSHCP* 1892-1893, pp. 545-546 y 549-550. Además de esos préstamos externos, el gobierno mexicano contrató en marzo de 1893 uno de cuatro años por 2 500 000 pesos (aproximadamente 300 000 libras esterlinas a la tasa de cambio prevaleciente) con el Banco Nacional de México a una tasa de interés de 10.5%. De los ingresos de este préstamo, 20% se usaron para cubrir el arrendamiento de las casas de moneda de San Luis Potosí y la ciudad de México, en tanto que el resto se usó para aumentar la cuenta corriente que el gobierno tenía en el Banco.

[24] Cifras procedentes de White, *French*, 1933, p. 203. Las tasas correspondientes para los mercados de París y Berlín eran 1.7 y 2.2% y 1.8 y 3.1% respectivamente.

[25] Durante 1892-1893, el servicio de la deuda subió, en términos de oro, 9.4%, como resultado de los pagos de amortización de la deuda a largo plazo y el vencimiento del préstamo a corto plazo.

La señal era bastante clara. Para evitar un incumplimiento en el siguiente año fiscal había que dar pasos adicionales. José Yves Limantour, el nuevo ministro de Finanzas, no vaciló en continuar con la política que daba prioridad al servicio de la deuda externa, pero estableció un presupuesto calculado de gastos para 1893-1894, de 44 600 000 pesos, es decir, "más de tres millones de pesos" por debajo de la cifra del año anterior.[26]

No obstante, como el precio de la plata siguió bajando y las autoridades comprendieron que las economías aprobadas no eran suficientes, se puso en marcha otro paquete de reformas fiscales. Con el argumento de que la depreciación de la plata era una protección bastante para la industria textil doméstica, se introdujo un impuesto de 5% sobre las ventas a este sector. Se aplicaron otras reformas a los impuestos sobre las propiedades urbanas ubicadas en el Distrito Federal, se cancelaron las exenciones a los derechos de importación adjudicadas con anterioridad a los productos básicos alimenticios y se elevaron las tarifas especiales de algunos otros productos.[27]

Estos nuevos impuestos contribuyeron a aumentar el ingreso normal en 6.6%, en pesos, durante 1893-1894, pero seguía siendo insuficiente para aliviar la presión sobre el Tesoro. En octubre de 1893, el gobierno mexicano tuvo que retirar 94 804 libras esterlinas de los balances compensatorios de Bleichroeder para cubrir el servicio de los préstamos de 1888 y 1890,[28] y solicitó préstamos externos corrientes para hacer frente a la crisis.

El préstamo de 1893

El préstamo externo al 6% de 1893, por un valor nominal de 3 000 000 de libras esterlinas, fue el resultado de esas negociaciones. Los términos en que se contrató, así como el tiempo preciso para su asignación total, reflejan claramente las dificultades que México estaba enfrentando en aquel momento.

El préstamo estaba dividido en tres partes: una porción inicial de 1 650 000 libras y dos opciones por 950 000 y 400 000 libras.

[26] *MSHCP*, 1892-1893, pp. XIII-XXXIV.
[27] Se puede encontrar una descripción detallada de las diferentes reformas fiscales en *MSHCP*, 1893-1894, pp. V-IX.
[28] La cantidad retirada representaba 35.8% del interés y de los pagos de amortización de estos dos préstamos.

Los banqueros (Bleichroeder y el Banco Nacional de México) aceptaron la primera al 40% de descuento (más la comisión aduanal de 1.25% actual); pero sólo 55.4% se entregó de inmediato al gobierno mexicano después de la firma del contrato en diciembre de 1893. El restante 44.4% se espació en cuatro sumas mensuales, cuya entrega se inició en marzo de 1894, y esta vez no se concedió periodo de gracia, a los pagos por amortización: la fecha estaba fijada. La primera opción se iba a tomar en un año, a 65% del valor nominal.[29] Las tasas por comisiones y por requerimiento de depósito eran las mismas que las de la primera parte, pero el gobierno iba a recibir 50% de las ganancias obtenidas sobre la colocación de los títulos entre el público. La segunda opción, el gobierno mexicano la iba a vender y a negociar a través de la casa Bleichroeder (los banqueros iban a cobrar sólo 1.25% de comisión), una vez que los banqueros hubieran tomado la primera opción.[30]

Prácticamente al mismo tiempo que se contrató el préstamo dc 1893, se negoció otro de dos años al 7%, por 170 000 libras, con el Dresdner Bank para terminar las obras del ferrocarril de Tehuantepec.[31] El gobierno tenía la opción de usar los títulos del préstamo de 1893 como colateral o bien los ingresos de la venta de los bonos de 1893 para reembolsarlo.

Durante 1894, las condiciones del mercado no eran favorables para poner en circulación la primera opción del préstamo de 1893 y, por falta de fondos nuevos, las finanzas públicas siguieron deteriorándose. Los cuatro pagos trimestrales del servicio del mismo, que cayeron entre junio de 1894 y marzo de 1895, tuvieron que completarse con más de 234 000 libras retiradas de los balances compensatorios.[32] Un fenómeno similar ocurrió con el préstamo para el ferrocarril de Tehuantepec. Pero como para esta emisión no se había requerido ningún depósito, en julio de

---

[29] El contrato establecía un plazo de seis meses para ejercer la opción, pero un acuerdo firmado simultáneamente extendió el periodo otro medio año. Véase *MSHCP*, 1893-1894, pp. 387 y 389.
[30] *Ibid.*, p. 378.
[31] *Ibid.*, p. 394.
[32] Los fondos retirados ese año representaron 22% del servicio anual de los préstamos de 1880 y 1890 y, tomando en cuenta las 94 804 libras tomadas previamente en octubre de 1893, resulta que, para mediados de 1895, más de 66% de los balances compensatorios de esos dos préstamos se había usado para cubrir pagos de servicio.

1894 el Dresdner Bank dio a México otro plazo corto al 7% del crédito, 33 750 de libras, para cubrir el servicio.[33]

Finalmente, en abril de 1895, cuando la primera opción del préstamo de 1893 había sido tomada por Bleichroeder,[34] la segunda opción se vendió a los banqueros a 74.5% de su valor (menos 1.5% de comisión).[35] La creciente demanda por los títulos mexicanos en los primeros meses de 1895, estuvo probablemente ligada al mejoramiento del mercado de la plata; su precio promedio mensual en Nueva York, en abril de 1895, era 11.7% superior a la cifra de enero del mismo año.

El precio que México tuvo que pagar por el préstamo de 1893 fue ciertamente alto. Una vez que se toman en cuenta las tasas de comisión, los balances compensatorios y otros descuentos, resulta un costo efectivo de la tasa de los fondos de 11.27% para los títulos tomados en 1893. En la primera opción la tasa era de 9.9%, como resultado del precio superior pagado por los banqueros y de la participación del gobierno en las ganancias de colocación,[36] en tanto que, para el segundo, la tasa correspondiente era de 8.9%.

A pesar de estos costos, el papel desempeñado por el préstamo de 1893 en el manejo de la crisis de la balanza de pagos de aquellos años no puede ser subestimado. El cuadro 3 muestra cómo se asignaron los recursos del préstamo. Como se puede ver fácilmente en él, a excepción de un insignificante 2.5% usado para adquisiciones de armas, todos los recursos del préstamo de 1893 se usaron para mantener el servicio de los bonos a largo plazo, cancelar el préstamo a corto plazo y rellenar algunos de los balances compensatorios utilizados.

---

[33] *MSHCP*, 1893-1894, pp. 455-456. Respecto al préstamo de la ciudad de México, no se ha podido encontrar cómo se mantuvo su servicio.

[34] Cuando llegó la fecha final, diciembre de 1894, para ejercer la primera opción, se negoció una extensión de cuatro meses. En el mismo tiempo que se llegó a este acuerdo, la participación del gobierno en las ganancias bajó del 50% originalmente contratado, a 40%, *MSHCP*, 1894-1895, pp. 308-309.

[35] *Ibid.*, p. 311.

[36] Según la *MSHCP*, 1894-1895, el gobierno recibió 22 073 libras esterlinas por su participación en la prima del precio de suscripción sobre el precio en firme. Tomando en cuenta este último, la cantidad recibida y la comisión, resulta un precio promedio de suscripción de 70.85% para esta primera opción. Véase *MSHCP*, 1894-1895, p. XLIII. Otra fuente presenta un precio promedio de suscripción ligeramente más alto, 73.1%. La diferencia tal vez se deba a las tasas de comisión y a otros gastos. Véase de Burdett, *Official*, 1896, p. 219.

Cuadro 3. Uso del préstamo de 1893

	Descontado a un promedio de 35.7%	Valor nominal
1. Pago del balance pendiente de las 600 000 libras, agosto 1892	375.0	583.2
2. Pago del préstamo de 267 000 de junio 1893	267.5	416.0
3. Balances compensatorios	90.0	140.0
4. Comisión de los banqueros	37.5	58.3
5. Descuentos sobre las letras de crédito de la parte inicial	5.2	8.1
6. Otros gastos	15.3	23.9
7. Servicio del préstamo del ferrocarril de Tehuantepec (1889)	202.7	315.2
8. Servicio de los préstamos de 1888, 1890 y 1893	493.5	767.4
9. Pagado al Banco Nacional de México	84.0	130.6
10. Para pagar capital e intereses de préstamo de 170 000 libras del Dresdner Bank	182.4	283.7
11. Para pagar el balance de las 33 750 libras adelantadas por Seligman Brothers y el Dresdner Bank en junio de 1894	31.8	49.5
12. Para rellenar los balances compensatorios del préstamo de 1888	63.2	98.2
13. Para rellenar los balances compensatorios del préstamo de 1890	31.6	49.2
14. Para comprar suministros de armas	47.8	74.4
Total	1 929.0	3 000.0

Todas las cifras están en miles de libras esterlinas. El descuento promedio de 35.7% incluye una participación del gobierno de 40% sobre la prima del precio firme de la primera opción.

FUENTES: Las cifras totales no coinciden con la suma de los 14 rubros porque se han redondeado, *MSHCP*, 1894-1895, pp. XLII-XLIII.

Recuperación de las finanzas públicas

Los años siguientes se caracterizaron por una mejoría notable de las finanzas públicas de México provocada por la introducción de nuevos impuestos indirectos a las minas en 1895-1896 y el aumento en su recaudación[37] en 1894-1895 y 1895-1896, por una parte, y por una política de gastos conservadora por otra. El cuadro 4 presenta algunos indicadores que ilustran la recuperación del tesoro público.

Como resultado de varios años con excedentes presupuestarios, el monto del dinero en efectivo en las bóvedas federales empezó a crecer por la disminución consiguiente en la proporción entre el servicio de la deuda y el efectivo existente en la Tesorería. De 1.27 en la cima de la crisis en 1893-1894, cayó a 0.51 cuatro años después.

De 1894-1895 a 1897-1898, el servicio de la deuda se cubrió con puntualidad sin incurrir en más deudas.[38]

El préstamo de refinanciamiento de 1899

El deseo de consolidar todos los préstamos externos en una sola emisión tuvo que esperar hasta 1898, cuando según los contratos respectivos, el gobierno podía aumentar los fondos de amortización o amortizar los préstamos pendientes. Entonces, el crédito de México habría mejorado notoriamente y habría varias ofertas,

---

[37] La recaudación de tarifas de importación se incrementó como resultado del aumento repentino de importaciones que tuvo lugar durante 1894-1895 y 1895-1896. En aquellos años, el total de ellas aumentó 23.8 y 26.7% respectivamente. Aunque el impresionante incremento se debió, en parte, a la extrema contracción de los dos años anteriores, los precios relativos (y muy probablemente el ingreso) también operaron estimulando las importaciones: la proporción entre los precios de entrada y el índice de precios al por mayor de la ciudad de México cayó 13.9% de 1894-1895 a 1895-1896, en tanto que la tarifa promedio implícita se mantuvo al mismo nivel (31%).

[38] Habría que señalar, no obstante, que los fondos que se retiraron de los balances compensatorios en los años de la crisis no habían sido reintegrados del todo en octubre de 1986, cuando se establecieron nuevas reglas para nivelarlos. En agosto de 1899, casi 20% de las 585 000 libras esterlinas que se suponía había en Bleichroeder, seguía faltando; y de las 468 316 que realmente había en la casa bancaria, 90 000 (del préstamo de 1893) recibían una tasa de interés de 2%, 116 631 libras sólo 1.5% y el resto nada. Véase *MSHCP*, 1896-1897, p. 249 y 1899-1900, p. 193.

Cuadro 4. Ingreso y gasto público de 1893-1894 a 1897-1898

Año fiscal	Ingreso Público total	Tarifas importaciones	Impuestos minería	Gasto público total	Servicio de deuda y dinero en tesorería. Proporción
1893-94	48.3	15.6	0.8	50.2	1.24
1894-95	49.1	18.2	0.9	50.8	1.28
1895-96	50.5	22.2	3.3	45.3	1.04
1896-97	51.5	21.9	3.3	48.8	0.71
1897-98	52.7	21.4	3.8	52.0	0.65

Todas salvo la última columna están en millones de pesos en curso. Los datos sobre ingreso y gasto público total incluyen entradas ordinarias y extraordinarias.

FUENTES: Las cifras de ingresos por las tarifas de importación y minería provienen de El Colegio de México, *Estadísticas*, p. 201. La proporción entre el servicio de la deuda y el dinero en la Tesorería se calculó con base en nuestros propios cálculos.

además de la de Bleichroeder. La guerra hispano-americana interrumpió las negociaciones con estas casas antes de que se hubiera llegado a algún acuerdo. La casa Bleichroeder aprovechó bien esta oportunidad para hacer una coalición con los otros banqueros y presentar un solo frente en los préstamos a México, y cuando, avanzado el año, se reanudaron las negociaciones con esta agrupación de creación reciente, la firma de un contrato se retardó porque México era reacio a aceptar las condiciones que ofrecían los bancos.

Su indecisión fue utilizada por otro grupo de banqueros estadunidenses para mejorar su oferta. Pero aunque los términos en que se hizo eran de los más favorables, la puesta en circulación de un nuevo préstamo en el mercado de Nueva York presentaba serias dificultades, además de las consideraciones políticas.[39]

[39] La pérdida de más de la mitad del territorio mexicano por anexión de Estados Unidos como resultado de la guerra de 1848, estaba aún fresca en la mente de la gente. Por tanto, no es de extrañar que ésta (o cualquier otra pérdida de territorio o intervención militar que surgiera por problemas en el servicio de la deuda), se agregara como carga adicional a cualquier préstamo contratado exclusivamente en Estados Unidos. Como veremos más adelante, esta desconfianza al vecino del norte desempeñó un papel crucial en la política ferrocarrilera del régimen.

Según las autoridades mexicanas, la aceptación de la oferta estadunidense hubiera implicado, no un intercambio de nuevos títulos por los antiguos, sino la puesta en circulación de un nuevo préstamo, destinado a comprar la deuda pendiente, con el consiguiente aumento temporal del servicio de la deuda (ya que los antiguos títulos hubieran coexistido con los nuevos durante el periodo de readquisición), y con la sustitución de la Bolsa de Valores de Nueva York por las bolsas inglesa, alemana y holandesa.[40]

La mayor volatilidad y debilidad del mercado europeo hubiera hecho más difícil la colocación de un préstamo totalmente nuevo que la simple conversión del anterior en las bolsas europeas. Y por último, pero no menos importante, el temor a futuras medidas de revancha tomadas por las casas bancarias europeas, si se las dejaba fuera del trato, lo cual constituía un costo adicional para el mercado neoyorquino.[41]

Aunque la oferta de Nueva York fuera finalmente rechazada, fortaleció absolutamente la posición negociadora de México ante la agrupación encabezada por Bleichroeder. El primero de julio de 1899, se contrató un préstamo consolidado al 5% después de que el grupo encabezado por los banqueros alemanes aceptó prescindir de los balances compensatorios. La firma de este préstamo ofreció también, al gobierno mexicano, la oportunidad de reducir las tasas de comisión que el Banco Nacional de México cargaba al servicio de la deuda externa. A consecuencia del mayor poder de negociación del Tesoro mexicano y de las probables economías a escala en el servicio a una sola emisión, la tasa bajó de 3.25 a 2.25 por ciento.

El valor nominal del préstamo de 1899 se estableció en 22 700 000 libras, más que suficiente para cubrir los 21 400 000 pendientes en bonos de los préstamos de 1888, 1889, 1890 y 1893.[42] El con-

---

[40] Limantour indicó como una desventaja adicional la sustitución por los tenedores de bonos neoyorquinos nuevos, desconocidos y nada familiarizados con los asuntos mexicanos de los ahorradores europeos conocidos desde hace mucho. Pero era claro que esto iba a ser cierto sólo en la medida en que imperfecciones en la movilidad de capital entre los centros financieros del viejo mundo y Nueva York impidieran a inversionistas del viejo mundo comprar los títulos mexicanos en Nueva York. MSHCP, 1899-1900, p. 175.

[41] Véase *ibid.*, pp. 174-176.

[42] Originalmente, el préstamo se iba a usar para consolidar sólo los préstamos a 6%, pero finalmente el préstamo para el ferrocarril de Tehuantepec también

trato de la nueva emisión estipulaba que, a excepción de un préstamo de 2 500 000 libras para terminar las obras del ferrocarril de Tehuantepec, el gobierno mexicano no iba a poner en circulación ninguna otra emisión antes de septiembre de 1900.

Una aportación importante a la negociación de este préstamo fue la insistencia de Limantour de que se incluyera a los banqueros de Nueva York en la operación.[43] Y fue particularmente importante porque abrió el mercado de Nueva York a las emisiones públicas mexicanas. No obstante, como en este intercambio no se comerciaron títulos de las deudas pendientes, 4 700 000 de esta emisión se utilizaron para atraer a nuevos inversionistas y, con los fondos así obtenidos, se retiraron los antiguos bonos de las bolsas europeas.

La primera opción, con un valor nominal de 13 000 000 de libras, fue suscrita por más de 20 500 000, lo que indujo a los banqueros a ejercer de inmediato la segunda opción por los restantes 9 700 000 en julio de 1899. Al final de ese año, prácticamente todos los títulos pendientes de las antiguas deudas habían sido convertidos o liquidados.[44]

La tasa sin precedentes del costo de los fondos, de 5.9%, reflejaba claramente una mejoría notable para México en los términos para recibir préstamos. No obstante, para evaluar la conveniencia de la conversión de la deuda, esto no es suficiente, pues para saber hasta qué punto el servicio de la deuda iba a cambiar, tenemos que comparar el flujo de fondos que hubiera tenido lugar sin una consolidación, con el surgido del servicio a los nuevos títulos. En la sección siguiente hacemos un ejercicio de este tipo.

---

se incluyó. La hipoteca sobre 50% de los ingresos de la línea obstaculizó todos los intentos de mejorar y extender el sistema. Esta limitación fue particularmente importante en el momento en que se estaba considerando el proyecto de un canal transoceánico en Centroamérica. Si el ferrocarril de Tehuantepec iba a ofrecer un vínculo alternativo entre los dos océanos tenía que ser aliviado de esta carga. Véase *ibid.*, p. 180.

[43] J. P. Morgan ya estaba en la agrupación de Bleichroeder por lo que no hay que confundirlo con los banqueros neoyorquinos que trataban de competir por el préstamo; a éstos, aunque no estaban incluidos como partes contratantes —y es por eso que sus nombres no aparecían en el contrato—, se les había reservado una participación en la emisión.

[44] Las obligaciones que no se habían presentado para intercambio o liquidación en junio de 1900 representaban menos de 1% del valor nominal original de las de 1888, 1889, 1890 y 1893. Véase *MSHCP*, 1899-1900, p. 189.

Análisis costo-beneficio de la conversión de 1899

Para poder comparar el flujo necesario para el servicio de la antigua y la nueva deuda convertidas, hay que partir de algunos supuestos respecto a la cantidad destinada a pagos de amortización anuales y al valor al que se van a amortizar los bonos. Nosotros supusimos que los fondos de amortización no se iban a incrementar en cualquier momento, que conservarían el valor mínimo estipulado por los contratos respectivos,[45] hasta que las emisiones se hubieran retirado completamente y, asimismo, que los bonos se iban a comprar al valor nominal.[46]

Los años hasta su vencimiento de los diferentes títulos mexicanos los calculamos valiéndonos de estos supuestos. Los resultados, así como los valores nominales pendientes en el momento de la conversión, se muestran en el cuadro 5.

Se utilizó la información del cuadro tomando en consideración la hipótesis sobre las condiciones de amortización y sobre la reducción de la comisión del servicio ya analizada, para calcular los flujos hipotéticos de fondos precisos para cubrir los servicios tanto de la antigua deuda como de la nueva. Según este ejercicio, el costo anual del servicio de la nueva deuda resulta menor hasta 1934-1935, cuando el vencimiento del préstamo de 1888 hubiera implicado una tajante reducción en el servicio de la antigua deuda. Desde ese año y hasta 1944-1945, las anualidades del préstamo consolidado de 1899 hubieran excedido las de la antigua deuda, pero la situación se invierte de 1945-1946 a 1948-1949, cuando el préstamo de 1899 hubiera estado ya completamente amortizado, mientras que el servicio del ferrocarril de Tehuante-

---

[45] Para los préstamos de 1888, 1890, 1893 y 1899 con un fondo acumulativo de amortización, éste era proporcional para poder mantener constante el importe del servicio anual de la deuda. Por otra parte, para el préstamo del ferrocarril de Tehuantepec, ello implicaba una disminución en el importe del servicio de la deuda.

[46] A excepción del préstamo de 1889, la vida hasta el vencimiento de todas las emisiones dependía del precio de readquisición supuesto. Esto es así porque, aunque sabemos el valor de la anualidad, no sabemos a priori qué parte de él fue a pagos de interés de los bonos pendientes y qué otra se usó para adquirir títulos. Está claro que cuanto más barato se pudiera readquirir los bonos en un año concreto, menos pagos de interés se habían de hacer en el periodo siguiente y, por tanto, era mayor la parte de la anualidad que se podía usar para retiro de títulos. En el caso del préstamo de ferrocarril de Tehuantepec de 1889, la amortización iba a realizarse en un centenar de pagos semestrales idénticos, desde el primero de julio de 1899 en adelante.

Cuadro 5. Valor nominal pendiente y años para el vencimiento de los préstamos mexicanos federales, 30 de junio 1899

Préstamo	Valor nominal	Porcentaje del valor pendiente	Años para vencimiento inicial
1888	9.98	95.07	35.25
1889	2.70	100.00	50.00
1890	5.85	97.50	46.25
1893	2.94	98.30	48.25
Total viejo	21.44	96.58	41.90
1899	22.70	100.00	45.10

Valor nominal en millones de libras esterlinas.
FUENTE: *MSHCP*, 1899-1890, p. 219.

pec duraría hasta 1949. Por tanto, el resultado es que, cuanto mayor era la tasa implícita atemporal de preferencia, más desahogado estaba el gobierno mexicano con el préstamo. Para tasas por encima de 3.6%, tasa interna de ingreso, la diferencia entre el antiguo servicio hipotético de la deuda y el nuevo implicaba un ahorro sin lugar a dudas.

La eliminación de los balances compensatorios fue una economía adicional que se obtuvo con el nuevo préstamo. Suponiendo que sin la conversión de la deuda México hubiera cubierto el déficit pronto realizando todos los pagos de intereses[47] y tomando valores alternativos para representar la tasa de preferencia atemporal y el costo del capital en su momento, se llevó a cabo un ejercicio para cuantificar las economías totales resultantes de la consolidación. En el cuadro 6 se resumen los resultados obtenidos.

---

[47] Se suponía que Bleichroeder pagaría intereses de 1% al año sobre los depósitos de los préstamos de 1888 y 1890 y 2% sobre los de 1893. No obstante, como México había retirado parte de esos fondos, no se pagaba ningún interés por ellos. Hasta donde yo sé, los banqueros no impusieron otro castigo a esta conducta que tratar de convencer al gobierno mexicano de que cumpliera con los términos del contrato. Es bastante obvio que, ante la ausencia de revancha y dado que el costo de esos fondos era mayor que las tasas pagadas por Bleichroeder, lo racional era retardar todo lo posible el cumplimiento de este requisito.

Cuadro 6. Economías procedentes de la conversión de 1899

	Valor actual a diferentes tasas de descuento				
	6%	5%	4%	3.6%	3%
1. Diferencia entre el servicio de la deuda antigua y la nueva	512.1	367.4	125.2	—	266.2
2. Diferencia de los balances compensatorios					
a) préstamo 1888	228.3	206.3	176.4	161.5	135.4
b) préstamo 1890	139.7	128.7	118.4	109.7	89.2
c) préstamo 1893	56.3	48.8	38.1	32.2	22.7
Subtotal	424.3	383.8	332.9	303.9	247.3
3. Economías totales	936.4	751.2	458.1	303.9	-18.9

El rubro 1 es el resultado del descuento de las diferencias entre los servicios hipotéticos de la deuda antiguos y nuevos a las diferentes tasas. El rubro 2 se obtuvo como el valor descontado de la diferencia entre el producto que los balances compensatorios podían obtener a las diferentes tasas y el interés que en realidad obtendrían de los banqueros. El rubro 3 es la suma de 1 y 2. Todas las cifras en miles de libras esterlinas.

Aun asumiendo que el gobierno fuera indiferente respecto a la deuda antigua y la nueva en cuanto al criterio de pagos por el servicio (es decir, que la tasa de preferencia atemporal fuera de 3.6%), los beneficios obtenidos por no tener que cubrir balances compensatorios hubieran llegado a las 800 000 libras. Si, por otra parte, suponemos que la tasa de preferencia atemporal y el costo en su momento del capital se acercaban a la tasa de costo de los fondos contratados en el nuevo préstamo (6%), el monto actual alcanzado por las economías se acerca al millón de libras.

Tomando en cuenta todos estos factores, el préstamo de 1899 fue un logro financiero para las autoridades mexicanas. A finales del siglo XIX, México no sólo había convertido todas las deudas existentes en una sola emisión, sino que lo había hecho en los términos más favorables. En los doce años transcurridos desde 1888, los éxitos de la administración porfirista habían sido extraordinarios. La deuda exterior, vencida hacía tiempo y procedente de los primeros años de la independencia, se había convertido en otra nueva, se habían recibido más préstamos y se había pagado puntualmente el servicio de todas las deudas, pese a la grave crisis de principios de la década de 1890. Además, el país estaba interesado en contratar más préstamos externos.

1900-1910: La política ferrocarrilera de Limantour y el endeudamiento externo

Durante la última década del porfiriato tuvo lugar un cambio en el papel desempeñado por el gobierno en la actividad económica. Una vez superada la crisis de principios de 1890, el resto de esa década la invirtió en modificaciones institucionales dirigidas a modernizar la economía. El préstamo de 1899 marcó el final de ese periodo y fue la señal del comienzo de uno nuevo, en el cual los excedentes presupuestales acumulados durante los últimos ejercicios fiscales empezaron a aplicarse a obras de infraestructura y a expandir el tamaño del sector público porfirista. La culminación de este impulso expansionista del Estado mexicano fue la política ferrocarrilera de Limantour.

La solvencia mantenida por más de una década se convirtió en un activo que el gobierno mexicano usó para expandir su interés en la red de ferrocarriles. Al garantizar los préstamos externos contratados por las compañías ferrocarrileras, el gobierno obtuvo el control de varias de ellas. Aprovechando así sin vacilación cualquier oportunidad para ampliar la propiedad pública con las líneas de ferrocarril. Detrás de ese esfuerzo estaba la profunda convicción de que, el control extranjero de los ferrocarriles, era un peligro potencial para la soberanía nacional, y también la pesada carga en que se había convertido la política de subsidios para el tesoro público.

En 1903, las dos líneas principales, la Compañía Nacional[48] de Ferrocarriles Mexicanos y la Compañía del Ferrocarril Central se plantearon la fusión.[49] Aparte de las consideraciones políticas, este paso hubiera dado por resultado una enorme empresa con un poder esencial en el mercado.[50] Pero, por la imposibilidad de lograr el control de una de estas compañías por medio de la adquisición de acciones en el mercado abierto, las autoridades fi-

[48] Turlington, *México*, 1930, p. 238.
[49] Estas dos compañías no sólo controlaban, en 1898, 52.8% de las líneas existentes, sino que también eran propietarias de las principales rutas.
[50] La Compañía Central de Ferrocarriles ya había llegado al Golfo de México a través de Tampico, y la Compañía Nacional de Ferrocarriles de México estaba buscando una salida similar. Según Limantour, la falta de ese acceso era lo que estaba retardando la fusión, ya que los Ferrocarriles Nacionales querían esperar hasta que esa ruta mejorara su posición en la negociación. Véase *MSHCP*, 1903-1904, pp. 412-427.

nancieras de México decidieron beneficiarse de la importancia estratégica que tenía una línea secundaria (la Compañía del Ferrocarril Interoceánico) para la Compañía Nacional de Ferrocarriles. En 1903, el gobierno mexicano pujó más alto que esta última en la subasta secreta de obligaciones emitidas por la del Interoceánico.[51] Cuando el gobierno mexicano tuvo estos títulos (valorados en 4 500 000 dólares), los intercambió por más de 4 500 000 dólares en efectivo, monto del consiguiente capital en acciones de la CNFM (valorados a los precios prevalecientes en el mercado[52] de Nueva York en mayo de 1903):

	Millones de dólares
100 000 acciones preferenciales a 46.75 por ciento	4.7
93 439 acciones en segundo lugar a 32.12 por ciento	3.0
106 288 acciones diferidas a 10 por ciento	1.0
Total	8.8

La acciones obtenidas dieron al gobierno mexicano una participación de 47.25% sobre el total. Y como la Compañía Internacional de Ferrocarriles ya era controlada por la Nacional, la operación dio al gobierno una participación decisiva en tres de los cuatro grandes sistemas ferrocarrileros del país.

Financiamiento de la adquisición ferrocarrilera

Aproximadamente 2 de los 9 000 000 necesarios para la operación se tomaron de depósitos disponibles en casas bancarias extranjeras, mientras que el balance de 7 000 000 se tuvo que cubrir con más préstamos externos adicionales. Para reunir

---

[51] Como anécdota divertida, Limantour rememora en sus memorias que él esperó hasta el último momento para presentar la oferta mexicana. Originalmente iba a ser 90% del valor nominal de los títulos, pero Limantour pensó que una cifra redonda como ésta probablemente fuera la misma que ofreciera la competencia. Limantour decidió elevar el precio 0.125%, y cuando se abrieron las subastas, resultó que él tenía razón y el gobierno mexicano terminó con los títulos sorprendiendo a todos. Véase Limantour, *Apuntes*, 1965, pp. 85-86.
[52] Para más detalles de la operación, véase *MSHCP*, 1903-1904, p. 422.

esos fondos y mantener en expansión el programa de obras públicas de la administración, se emitió 4.5% en letras del tesoro del gobierno mexicano, pagaderas en oro, por un valor nominal de 9 500 000 dólares y con 3% de descuento al primero de junio de 1903. En octubre del mismo año y en junio del siguiente se pusieron en circulación, en condiciones similares, emisiones adicionales por 3 y 6 000 000 de dólares respectivamente.[53] Estas letras se usaron para tender un puente al financiamiento de la operación ferrocarrilera y a otros proyectos mientras se negociaba otro préstamo a largo plazo.

En octubre de 1904 se abrió la puerta al mercado de Nueva York con la emisión de 1899, y se usó para poner en circulación el préstamo externo mexicano en oro al 4%. El valor nominal de este préstamo era de 40 000 000 de dólares, del que los banqueros tomaron 89%. No se cargó ninguna comisión y su única garantía fue "el buen nombre de la nación", según el contrato.[54] El fondo de amortización de 0.65% al año iba a comenzar a aplicarse de inmediato, con una tasa de costo de los fondos de 5.22%. Parte de los recursos de este préstamo se empezó a usar muy pronto para la amortización de las letras del tesoro. Como se puede ver en el cuadro 7, en agudo contraste con el préstamo contratado diez años antes, todos los ingresos de éste se usaron, prácticamente, para pagar la adquisición de los ferrocarriles, financiar las obras de infraestructura y cancelar las deudas a corto plazo emitidas también para proyectos de inversión.

El rubro 5 del cuadro 7 ilustra bastante bien la política ferrocarrilera de Limantour. Al sacar del apuro a la Compañía de Ferrocarriles de Veracruz y del Pacífico y garantizar todos los pagos futuros sobre sus deudas, el gobierno adquirió el control de otra compañía.[55]

---

[53] Las dos primeras de estas emisiones se iban a amortizar antes de junio de 1905, en tanto que la segunda vencía un año después. Véase *MSHCP*, 1903-1904, p. 347 y 1904-1905, p. 79.

[54] *Ibid.*, 1904-1905, pp. 81-87.

[55] Al mismo tiempo que el gobierno estaba adquiriendo redes, estaba obteniendo nuevos préstamos para el mejoramiento y la expansión de la compañía que ya poseía. El 21 de noviembre de 1904 y el 8 de mayo de 1905, la Compañía del Ferrocarril de Tehuantepec contrató préstamos por un valor nominal de 1 250 000 y 750 000 libras esterlinas. Las emisiones llevaban un impuesto de 5% (no se ha encontrado información sobre los precios en firme de la emisión). Fuente: Anónimo, *Reseña*, manuscrito; tal vez fuera un documento de trabajo de la institución, p. XIII.

Cuadro 7. Usos del préstamo de 1904

	Descontado a 89%	Valor nominal
1. Gastos de la emisión	445	500
2. Usado para amortizar 4.5% en letras del Tesoro de 1903 y 1904	18 530	20 820
3. Usado para amortizar los certificados emitidos para pagar obras del ferrocarril de Tehuantepec y los puertos de Coatzacoalcos, Salina Cruz, Veracruz y Manzanillo	3 779	4 246
4. Para amortizar bonos de los Ferrocarriles Mexicanos del Sur, Ltd.	4 524	5 083
5. Para amortizar bonos de la Compañía de Ferrocarriles de Veracruz y el Pacífico	2 966	3 333
6. Para cubrir otras obras portuarias	5 351	6 018
Total	35 600	40 000

Cifras en miles de dólares.
FUENTES: *MSHCP*, 1904-1905, pp. XX-XXI.

En 1908, Limantour culminó su ambiciosa política ferrocarrilera con una fusión a la que se había opuesto con anterioridad, la que formaría la Compañía Nacional de Ferrocarriles de México. Este acuerdo estipulaba que, con excepción de los dos bonos a largo plazo de la Compañía Nacional de Ferrocarriles, el resto de los títulos de las dos compañías se convertirían en títulos de la nueva compañía consolidada.

A cambio de su participación en la CNFM, el gobierno mexicano recibió acciones por un valor nominal de 51 300 000 dólares,[56] que representaba 22.3% del capital total de la nueva compañía.

[56] De los 51 300 000 dólares, 10 000 000 correspondían a acciones de primera preferenciales, 10 300 000 a acciones de segunda y los 31 000 000 restantes a acciones comunes. Véase *MSHCP*, 1907-1908, pp. 501-502. En ambas operaciones (ésta y la de 1904), las acciones de capital de las compañías involucradas fueron modificadas para crear suficientes acciones comunes que garantizaran el control al Estado mexicano.

Para asegurar su control, el gobierno mexicano consiguió otros 63 700 000 (27.7% del total) en acciones comunes a cambio de otorgar garantía federal a un préstamo al 4% y por un valor nominal de 50 700 000 dólares.[57] Debido a que todas las acciones comunes de la Compañía Nacional de Ferrocarriles de México (CNFM) terminaron en manos del gobierno, no se cotizaron en los intercambios y, por tanto, no es posible saber su valor en el mercado. Pero sí sabemos que la situación financiera de las compañías ferrocarrileras distaba de ser boyante antes de las fusiones sucesivas. Más de una década de depreciación de la plata había aumentado el precio de sus insumos extranjeros, reducido el valor en oro de sus ingresos y hecho más pesada la carga de sus deudas externas.[58]

Rentabilidad de la inversión pública en los ferrocarriles

El ministro de Finanzas mexicano confiaba en que, bajo administración pública, la situación de los ferrocarriles pronto iba a mejorar. En 1904, después de la primera operación, anticipó que la Compañía Nacional de Ferrocarriles de México iba a pagar 2% en dividendos sobre las acciones preferenciales de primera, 3% en 1905 y 4% en 1906. En cuanto a las acciones de segundo rango preferenciales, el ministro esperaba 1% de dividendos en 1907. Estos pronósticos, de realizarse, hubieran implicado tasas de rédito de las inversiones del gobierno mexicano de 2.2, 3.3, 4.4 y 5.5% en 1904, 1905, 1906 y 1907, respectivamente. La situación mejoró, pero los cálculos de Limantour resultaron demasiado

[57] La nueva compañía fue autorizada para poner en circulación dos préstamos nominados en oro: los bonos en oro del fondo de amortización emitidos con derecho de retención prioritaria a 4.5% y los bonos en oro del fondo de amortización en hipoteca general garantizada.

[58] La Compañía Nacional de Ferrocarriles de México, por ejemplo, después de haber recibido una concesión en 1880, emitió bonos en hipoteca en 1882 que quedaron en suspensión de servicios en 1884. A consecuencia de ello, la compañía se vendió bajo hipoteca en mayo de 1887 y no fue sino hasta 1902 cuando los bonos pendientes de pago se cubrieron parcialmente, se cancelaron o se capitalizaron en acciones de la nueva compañía: la Compañía Nacional de Ferrocarriles de México. El hecho de que, en mayo de 1903, cuando el gobierno consiguió el control, las acciones preferentes y comunes se cotizaran con descuentos de 52.25 y 75.25% respectivamente, indica claramente la debilidad de esta compañía. Para una descripción de la operación de 1902, véase Anónimo, *Stock*, 1902, p. 302.

optimistas. El primer dividendo en las acciones preferenciales no se pagó sino hasta 1905-1906 y fue sólo de 0.5%, mientras que en el siguiente año fiscal aumentó a 1%. Las tasas correspondientes de rédito de la inversión del gobierno fueron, por tanto, de 0.55 y 1.11 para aquellos años.

La fusión del Ferrocarril Central a Ferrocarriles Nacionales de México significó un incremento de la rentabilidad de esta compañía que beneficiaría a los tenedores de las acciones preferenciales de primera. El pago de dividendos durante 1907-1908 fue de nuevo 1%, pero aumentó a 2 y a 4% los dos años siguientes, como se puede observar en el cuadro 8.

Si suponemos como tasa de costo del momento de los fondos invertidos, la de 5.22%, pagada sobre el préstamo contratado para comprar las obligaciones en 1904, la operación demostró no ser redituable durante ese periodo. Pero habría que señalar que la situación mejoró en efecto, como se puede ver en el cuadro. Y si supuestamente no hubiera estallado la revolución mexicana, la operación podría haber sido redituable muy pronto.

Según el enfoque del endeudamiento externo público, la política de Limantour complicaba el panorama. Después de la formación de la Compañía de Ferrocarriles Nacionales de México, el Estado mexicano no sólo había garantizado explícitamente algunas de las deudas de los ferrocarriles, sino que al ser el principal accionista de las diferentes compañías, se había convertido en responsable de otros préstamos. En efecto, en 1910 la política de fusión continuó con la absorción de tres compañías más: la Compañía de los Ferrocarriles Internacionales, la de Ferrocarriles Panamericanos y la Cía. Ferrocarrilera Veracruz-Pacífico. Como todas ellas habían puesto en circulación bonos en el extranjero, la Cía. de Ferrocarriles Nacionales de México se había convertido en la responsable de estas obligaciones.

Aprovechando que la capacidad de crédito de México estaba en su punto máximo durante aquellos últimos años de la dictadura, se empezaron a realizar intentos de consolidar el préstamo de 1899 con una nueva emisión al 4 por ciento.

El préstamo de refinanciamiento de 1910

El préstamo de refinanciamiento de 1910 estaba dirigido a reducir el servicio de la deuda, aprovechando el crédito más ba-

Cuadro 8. Rédito de la inversión del gobierno en los
ferrocarriles

Años fiscales	Dividendo recibido por el gobierno mexicano	Tasa de rédito en porcentaje
1904-1905	ninguno	ninguna
1905-1906	50 000	0.55
1906-1907	100 000	1.11
1907-1908	100 000	1.11
1908-1909	200 000	2.22
1909-1910	400 000	4.44
1910-1911	400 000	4.44
1911-1912	400 000	4.44
1912-1913	200 000	2.22
1013-1914	ninguno	ninguno

Los pagos de dividendos se calcularon aplicando las tasas aplicadas a las acciones propiedad del gobierno mexicano. Las sumas así obtenidas (columna 1) se dividieron entre 9 000 000 de dólares para obtener la tasa de rédito (columna 2) de la inversión pública. Las tasas de pago de dividendos proceden de los informes anuales a los consejos de directores de la Compañía Nacional de Ferrocarriles de México (después de 1908-1909). La columna 1 está en dólares estadunidenses.

rato que ofrecía el mercado de París.[59] Su valor nominal total era de 22 200 000 libras y estaba destinado a absorber el valor de los títulos pendientes de 1899, de 20 800 000 (en junio de 1910). Los nuevos bonos iban a ser tomados por los banqueros con un descuento de 5.25% y se iban a liquidar a través de un fondo de amortización de 1.37% para poder conservar el vencimiento en la misma fecha que el préstamo de 1899. La tasa de CF resultante era de 5.67%.[60]

El préstamo de 1910 iba a implicar un ahorro de 83 600 libras en el pago anual de la deuda. No obstante, la primera señal de inquietud social en México hizo tomar precauciones a los ban-

[59] Durante 1909, las tasas de descuento promedio por tres meses en los mercados de París, Londres y Berlín fueron 1.7, 2.3 y 2.8% respectivamente. Un año después, París aún tenía la tasa más baja con 2.4% contra 3.1 y 3.5% de Londres y Berlín. Véase White, *French*, 1933, p. 203.

[60] El contrato del préstamo de 1910 se puede encontrar en *MSHCP*, 1910-1911, pp. 306-322.

queros, por ello tomaron todos los bonos en seguida. En consecuencia, el préstamo se dividió en dos partes: la primera, por 50% del valor total, los banqueros la tomaron en firme, según lo acordado inicialmente con una opción por el restante 50% a ejercer antes de abril de 1911.[61] En mayo de ese año la dictadura de Díaz llegó a su fin y esta opción nunca se ejerció.

Resumen: costos y usos del endeudamiento externo durante la dictadura de Díaz

En el cuadro 9 se resumen las tasas de CF sobre los diferentes préstamos contratados directamente por el gobierno mexicano en el porfiriato.

La última columna en el cuadro 9 revela que el mejoramiento en las condiciones de México como prestatario a principios de los años 1890, tuvo un fin abrupto en el préstamo de 1893. Una vez pasada la crisis, el costo de los fondos externos que México tuvo que pagar descendió drásticamente; pero hay que señalar que los datos del cuadro 9 no ofrecen información sobre el costo de la deuda externa pública. Como las cifras expuestas corresponden a valores nominales, no dicen nada sobre el servicio real de la deuda. Cuando el comportamiento de los precios se toma en cuenta, el costo real que México tuvo que pagar para seguir siendo solvente durante los inicios de los años 1890 aumenta aún más. De 1890 a 1896, el índice de Lewis sobre los precios de las manufacturas descendió a una tasa promedio anual de 1.38%, en tanto que el índice de precios al por mayor de Estados Unidos se contrajo 2.6% al año. En los años siguientes las tasas reales pagadas por el servicio de la deuda externa descendieron cuando los términos contractuales hicieron bajar las tasas de CF (véase cuadro 9) y los precios mundiales se recuperaron.[62]

El cuadro 10 presenta una instantánea del valor nominal pendiente del total de la deuda pública externa, así como el de su

---

[61] *Ibid.*, pp. 310 y 317.
[62] Durante 1897-1900 y 1901-1910, el índice de Lewis de precios de manufacturas aumentó a tasas anuales promedio de 2.66 y 0.04%, mientras que el índice estadunidense de precios al por mayor mostraba tasas promedio de 4.9 y 2.39% rspectivamente. Cifras calculadas con base en la información de Lewis, *Growth*, 1978, pp. 286-287 y Departamento de Comercio de Estados Unidos, Oficina del Censo, *Historical*, 1976, vol. I, p. 199.

Cuadro 9. Tasas de costo de fondos sobre la deuda exterior
pública contratada durante el porfiriato

Préstamo	Valor nominal	Cantidad recibida	Tasa de CF
1888 6% Préstamo consolidado mexicano	10.5	8.0	8.52
1889 5% Ciudad de México	2.4	1.5	9.23
1889 6% Ferrocarril de Tehuantepec	2.7	1.8	7.14
1890 6% Externo	6.0	5.0	7.37
1893 6% Externo	3.0	1.7	10.44
1899 5% Préstamo consolidado externo	22.7	21.6	5.88
1904 4% Externo	8.2	7.3	5.22
1910 5% Externo	11.1	10.5	5.66

Las columnas 1 y 2 en millones de libras esterlinas. Los datos originales correspondientes al préstamo de 1904 eran en dólares estadunidenses. Se transformó a libras esterlinas utilizando la tasa de cambio de 4.86 dólares por libra. Las tasas de CF para los préstamos emitidos en uno o más pagos están calculados en porcentajes. Todas las tasas incluyen las del fondo de amortización.

servicio. Como podemos ver, la mejoría en la capacidad de crédito de México, en la primera década del siglo XX, el gobierno mexicano la utilizó para ampliar su deuda externa. Así, el valor nominal de la deuda externa contratada directamente aumentó 29% de 1900 a 1905. Los datos en el cuadro 10 muestran también el impacto en la deuda pública del impulso expansionista del Estado mexicano en los últimos años del porfiriato. Al cambio del siglo, la deuda pública externa estaba formada en su totalidad por bonos contratados directamente y, diez años después, la situación era completamente diferente. De los 81 500 000 libras pendientes al final de la dictadura, sólo 30 800 000 habían sido directamente contratados, o por el gobierno federal o por la Municipalidad de la ciudad de México. Los 50 700 000 restantes tenían,[63] como garante y propietario de las compañías ferrocarrileras, al Estado; y la mayor parte (94.4%) de esta deuda correspondía a emisiones puestas en circulación durante la primera dé-

---

[63] De estos 50 700 000 libras sólo los 5 100 000 del préstamo del banco para obras de irrigación y promoción de la agricultura correspondían a una emisión no ferrocarrilera.

Cuadro 10. Valor nominal y servicio anual de la deuda pública externa a largo plazo: 1890-1911

	Fed. (1)	Mun. (2)	Garantía (3)	Indirecto (4)	Total (5)
1890					
Valor nominal	17.80	2.40	–	–	20.20
Servicio	1.05	0.12	–	–	1.17
1895					
Valor nominal	21.90	2.30	–	–	24.20
Servicio	1.38	0.14	–	–	1.52
1900					
Valor nominal	22.60	2.20	–	–	24.80
Servicio	1.27	0.14	–	–	1.41
1905					
Valor nominal	32.00	a	1.40	12.30	45.70
Servicio	1.79	a	0.60	0.53	2.38
1911					
Valor nominal	30.80	a	17.00	33.70	81.50
Servicio	1.74	a	0.73	2.46	4.93

Todas las cifras están en millones de libras esterlinas. Los datos originalmente en dólares estadunidenses, se convirtieron a la tasa de cambio de 4.86 dólares por libra. Los valores nominales para 1890 y 1895 corresponden al final de los años calendáricos, en tanto que el resto corresponde a los años fiscales.

a Denota que la deuda municipal se convirtió en federal después de 1903. La deuda indirecta corresponde a la emitida por las compañías ferrocarrileras en el momento en que pasaron a ser de propiedad pública. La deuda garantizada estaba formada por préstamos garantizados explícitamente por el gobierno mexicano.

FUENTES: Las cifras han sido tomadas del *Manual mensual del inversionista* (diciembre de 1890, 1895 y junio de 1900), de los informes del Consejo de la Corporación de Tenedores de Bonos Extranjeros y de la *Reseña*.

cada del siglo, bien para reunir fondos nuevos, bien para cancelar antiguas deudas.[64]

[64] Aunque la falta de datos nos impide conocer exactamente cuánto del valor total implicado constituía nueva deuda, y cuánto era para usarse con fines de refinanciamiento, la información disponible indica que este último era el principal propósito de estas emisiones: de los títulos que, con un valor nominal de 5 400 000 libras (entre 50 700 000), encontramos información, 62.1% de ellos se usó para conversión de la deuda, en tanto que 37.9% se puso en circulación para obtener nuevos fondos. La información de que se dispone se puede encontrar en Anónimo, *Reseña*.

La importancia conferida por el Estado al sector ferrocarrilero la acentúan aún más los usos dados por aquél a los préstamos directos (cuadro 11). Reuniendo los subsidios concedidos a las compañías extranjeras y la inversión directa realizada por el gobierno en la adquisición de algunas líneas y en la construcción de otras, el sector ferrocarrilero terminó recibiendo por lo menos[65] 47% del monto de los préstamos públicos externos puestos en circulación durante el porfiriato.

El apoyo decisivo concedido a las compañías extranjeras antes de las primeras operaciones de fusión de principios de siglo, queda de manifiesto en que los casi 4 300 000 libras que recibió prestados el Estado mexicano (16% de la cantidad total) se dieron a las compañías como subsidios. Esta cifra representaba casi 6% (5.85%) del valor de la inversión externa en los ferrocarriles existente en 1903, según un cálculo realizado por la Comisión monetaria.[66]

Pero habría que destacar, sin embargo, que esta cifra aún subestima la ayuda recibida por los ferrocarriles. Como los subsidios a este sector también estaban financiados con bonos denominados en pesos y en circulación, su conversión resulta superior de lo que indican los datos sobre el endeudamiento externo. La misma Comisión monetaria estableció la cifra de los subsidios totales dados a las compañías extranjeras hasta 1902 en 8 170 000 libras,[67] lo cual representaba más de 11% del valor estimado del capital invertido. Por tanto, resulta que el endeudamiento público externo fue un factor crucial en la expansión de los ferrocarriles de México durante el porfiriato. La red aumentó de 572 kilómetros en 1873 a 20 000 en 1910. Esta extensión

---

[65] Algunos fondos que se clasificaron bajo otras categorías en el cuadro 11 también estaban estrechamente relacionados con el sector ferrocarrilero, por ejemplo, el préstamo a corto plazo de 170 000 libras esterlinas contratado con el Banco Dresdner en 1893 para financiar la expansión de la línea de Tehuantepec. Cuando el préstamo a largo plazo de 1893 se contrató, más de 182 000 libras (9.5% de los ingresos del préstamo de 1893) se usaron para reembolsar el préstamo de Dresdner. Según el criterio seguido para configurar el cuadro 11, esta operación de cancelación se incluyó en el rubro 5, aunque también se hubiera podido incluir en el rubro 1.

[66] La Comisión monetaria calculaba la inversión extranjera en los ferrocarriles, en 1903, en 767.1 millones de pesos (71 700 000 libras a la tasa de cambio promedio de aquel año). Véanse las actas de la Comisión en *MSHCP*, 1903-1904, pp. 714-717.

[67] *Ibid.*

Cuadro 11. Usos de la deuda pública externa en el porfiriato

Usos	Cantidad	Porcentaje
Inversión directa ferrocarriles	8.216	31.0
Deuda de Londres	5.780	21.8
Subsidios ferrocarriles	4.260	16.0
Obras infraestructura	2.660	10.0
Cancelación de deudas a corto plazo, servicio de la deuda a largo plazo, etc.	2.557	9.6
Déficit presupuestales	1.997	7.5
Comisiones y otros gastos	0.998	3.8
Otros	0.480	1.8
Total	26.516	100.0

Cantidades en millones de libras esterlinas. Las cifras incluyen el préstamo de la ciudad de México de 1889, pero no los de refinanciamiento de 1899 y 1910.
FUENTES: Datos obtenidos de cuadros anteriores.

notable no se puede entender sin el papel complementario que desempeñó el Estado mexicano al concederle subsidios durante las dos primeras décadas de la dictadura y sin el involucramiento público directo en las compañías durante los últimos años del régimen de Díaz.

Además del apoyo a la política de ampliación de los ferrocarriles, la deuda pública externa hizo posible que la economía del porfiriato se involucrara en obras de infraestructura y, como ya vimos, también desempeñó un papel crucial en el manejo de la crisis de la balanza de pagos de principios de 1890.

BIBLIOGRAFÍA

Anónimo, *Reseña histórica de la deuda externa titulada de los Estados Unidos Mexicanos 1883-1941*, Biblioteca del Banco de México, s.a., manuscrito.
Anónimo, *The stock exchange yearbook 1902*, Thomas Skimier, Londres, 1902.
Bazant, Jan, *Historia de la deuda externa de México (1823-1946)*, El Colegio de México, México, 1968.
Burdett, *Official inteligence of british american and foreign securities*, Spottiswoode and Co., Londres, 1896.

Estadísticas económicas del porfiriato. Comercio exterior, El Colegio de México, México, 1960.

Friedman, Milton y Ann Schwartz, *A monetary history of the United States, 1867-1960*, Princeton University Press, 1971.

Gloner, Prosper, *Les finances des Etats-Unis Mexicains*, Puttkarmer & Muhlbrecht, Berlín, 1896.

Kindleberger, C. P., *Manias, panics and crashes. A history of finantial crisis*, Basic Books Inc. Publishers, Nueva York, s.a.

Lewis, William A., *Growth and fluctuations: 1870-1913* (edición en español: *Crecimiento y fluctuaciones: 1870-1913*, FCE, México, 1983).

Limantour, José Yves, *Apuntes sobre mi vida pública (1892-1911)*, Editorial Porrúa, México, 1965.

Oficina del Censo, *Historical statistics of the United States, colonial times to 1970*, Govermnent Printing Office, Washington, 1976.

Peña, José B., *Deuda argentina, compilación de leyes, decretos, resoluciones, notas y contratos sobre la deuda pública nacional*, Imprenta de Juan A. Alsina, s.a.

Rippy, Fred J., *British investment in Latin America 1822-1849*, University of Minnesota Press, Minneapolis, 1959.

Ruiz Quiñazu, Enrique, *Deuda pública municipal de la ciudad de Buenos Aires, leyes, decretos, ordenanzas y contratos*, Talleres Gráficos Argentinos de L. J. Rosso, Buenos Aires, 1928.

Secretaría de Hacienda y Crédito Público, *Memoria de la Secretaría de Hacienda 1888-1889, 1890-1911*, Oficina Impresora de la Tipografía del Timbre, México.

_____, *Memoria de la Secretaría de Hacienda 1891-1892*, Oficina Impresora de la Tipografía del Timbre, 1891-1892, México, 1892.

_____, *Memoria de la Secretaría de Hacienda, 1892-1893*, Oficina Impresora de la Tipografía del Timbre, 1892-1893, México, 1893.

_____, *Memoria de la Secretaría de Hacienda, 1893-1894*, Oficina Impresora de la Tipografía del Timbre, México, 1894.

_____, *Memoria de la Secretaría de Hacienda, 1894-1895*, Oficina Impresora de la Tipografía del Timbre, México, 1895.

_____, *Memoria de la Secretaría de Hacienda, 1896-1897*, Oficina Impresora de la Tipografía del Timbre, México, 1897.

_____, *Memoria de la Secretaría de Hacienda, 1899-1900*, Oficina Impresora de la Tipografía del Timbre, México, 1900.

_____, *Memoria de la Secretaría de Hacienda, 1903-1904*, Oficina Impresora de la Tipografía del Timbre, México, 1904.

_____, *Memoria de la Secretaría de Hacienda, 1904-1905*, Oficina Impresora de la Tipografía del Timbre, México, 1905.

_____, *Memoria de la Secretaría de Hacienda, 1907-1908*, Oficina Impresora de la Tipografía del Timbre, México, 1908.

———, *Memoria de la Secretaría de Hacienda, 1910-1911*, Oficina Impresora de la Tipografía del Timbre, México, 1911.
Turlington, E., *Mexico and her foreign creditors*, Columbia University Press, Nueva York, 1930.
White, Harry D., *The french international accounts, 1880-1913*, Harvard University Press, Cambridge, Mass., 1933.
Wynne, William H., *State insolvency and foreign bonholders*, Yale University Press, New Haven, s.a., vol. II.

LA DEUDA EXTERNA Y LAS POLÍTICAS DE DESARROLLO ECONÓMICO DURANTE EL PORFIRIATO: ALGUNAS HIPÓTESIS DE TRABAJO*

Carlos Marichal
EL COLEGIO DE MÉXICO

Los graves problemas que ha planteado la deuda externa en los últimos años incitan a una reflexión sobre los orígenes y la evolución del sistema financiero mexicano a lo largo de su historia. En este trabajo intentaremos una aproximación al debate acerca del impacto de la deuda exterior sobre el proceso de desarrollo económico durante el porfiriato, utilizando como estudio de caso los empréstitos para obras públicas. El objetivo consiste no sólo en describir las principales operaciones financieras realizadas en esa época sino, además, en ofrecer un balance provisional de los costos y beneficios de las políticas económicas adoptadas por el Estado en esa etapa crítica de formación del capitalismo en México.[1]

No es infrecuente escuchar la opinión de que el endeudamiento externo en países como México ha operado como una especie de bomba que succiona capital/dinero del país y lo transfiere al exterior, a manos de sus acreedores. Mirando las cosas de esta manera, se tiende a poner énfasis en el carácter especulativo del

---

* Tomado de Varios autores, *Pasado y presente de la deuda externa de México*, Instituto Mora/*El Día* en libros, Sociedad Cooperativa de Publicaciones Mexicanas, México, 1988.

[1] La posibilidad de efectuar una evaluación de los costos y beneficios de determinadas políticas económicas a partir de una reconstrucción histórica ha sido demostrada de manera extremadamente sugerente en el trabajo ya clásico de Tortella, *Orígenes*, 1973, al hacer una reflexión crítica/teórica acerca de las políticas ferroviarias y bancarias en la España de mediados del siglo XIX.

endeudamiento, en las ganancias obtenidas por los banqueros extranjeros y en la corrupción que engendran estas gigantescas operaciones financieras. No existe duda de que hay mucho de verdad en dicho enfoque, pero es igualmente cierto que puede considerarse como una perspectiva parcial de la realidad en la medida en que no presta atención a otros aspectos del endeudamiento externo igualmente importantes. Nos referimos concretamente a la necesidad de analizar detenidamente los objetivos del Estado al adoptar una política de endeudamiento externo y el destino que se da a los fondos recibidos a través de los empréstitos. Cabe sugerir, en este sentido, que el estudio de las políticas de contratación e *inversión* de los empréstitos externos puede revelar problemas igualmente críticos como aquellos planteados por la transferencia de capitales hacia afuera.

En pocas palabras, es esencial analizar la evolución de los empréstitos en el contexto de su ciclo completo, el cual se compone de dos fases: A, la contratación, recepción e inversión de los fondos externos; B, la devolución del empréstito. En este ensayo proponemos estudiar la fase A, con énfasis en el estudio de las características de la inversión de los fondos extranjeros recibidos por el Estado mexicano entre 1888 y 1910.

Comenzaremos con un repaso de las políticas de promoción del desarrollo económico adoptadas por el Estado mexicano desde 1876, intentando explicar por qué la elite porfiriana tendió a favorecer un alto grado de endeudamiento externo para promover el crecimiento económico. En seguida pasaremos revista a los principales proyectos de obras públicas que fueron financiados con empréstitos externos en ese periodo. Concluiremos con una serie de hipótesis acerca de las consecuencias económicas que fueron resultado de la aplicación de estas políticas.

LA FORMULACIÓN DE POLÍTICAS DE DESARROLLO ECONÓMICO DURANTE EL PORFIRIATO

El Estado mexicano fue uno de los primeros en América Latina en adoptar una política que podría definirse como claramente orientada hacia la promoción del desarrollo económico. La creación de la Secretaría de Fomento en 1853 fue el testimonio más palpable de este esfuerzo, y no está de más señalar que hasta fines de siglo esta secretaría fue la encargada de impulsar los más importantes proyectos de obras públicas.[2] En sus inicios, sin embargo, el Despacho de Fomento contaba con muy escasos recursos, por lo que no pudo realizar sino pequeñas mejoras materiales.

En la primera *Memoria* del ramo, publicada en 1857, el ministro, Manuel Siliceo, reseñó el estado de las varias reparticiones a su cargo —caminos, puentes, puertos, minería, colonización, etc.— aclarando que la falta de fondos había impedido lograr un avance sustancial en ellos, aun cuando existía un número apreciable de interesantes proyectos económicos y técnicos.[3] En la segunda *Memoria*, publicada ocho años más tarde, durante el imperio, el ministro de Fomento de Maximiliano, Luis Robles Pezuela, señalaba el esfuerzo por reparar caminos y puentes que habían sido destruidos durante la guerra y proporcionaba una serie de informaciones acerca de proyectos para la construcción de líneas telegráficas, ferrocarriles y obras de salubridad. En la práctica, sin embargo, las inversiones de Fomento (que totalizaron 1 200 000 pesos) se canalizaron en 60% a la mencionada reparación de caminos y puentes.[4]

En los años inmediatamente siguientes, el panorama no se modificó de manera radical. El ministro de Fomento durante la república restaurada, Blas Balcárcel (1868-1876), dedicó su atención preferente (en los primeros años de su gestión) a la reparación de caminos. No obstante, también dedicó energía considerable a la construcción del esqueleto del sistema telegráfico nacional.[5] Pero, para 1873, fecha en que se inauguró el primer ferrocarril del país, el Ferrocarril Mexicano que unía el puerto de Veracruz con las ciudades de Puebla y México, las prioridades de la Secretaría de Fomento comenzaron a modificarse.

Desde ese año, tanto Balcárcel como su sucesor, Vicente Riva Palacio (ministro de Fomento entre 1876 y 1880), se dedicaron

[2] La Secretaría de Fomento fue creada por decreto del 22 de abril de 1853, el cual resume de manera sucinta las responsabilidades de dicha repartición. El texto del decreto se encuentra en *Colección de Decretos. Año de 1853*, volumen que consultamos en la Biblioteca Lafragua de la Universidad Autónoma de Puebla. Para información posterior la fuente fundamental son las *Memorias* de la Secretaría de Fomento las cuales están dispersas en diferentes bibliotecas del país.

[3] La interesantísima *Memoria de Fomento* 1857 puede consultarse en la Biblioteca F. J. Alegre de la Universidad Iberoamericana.

[4] *Memoria*, 1865, pp. 500-502; aquí se encuentra una sinopsis del presupuesto y de los gastos efectivos realizados durante el año. Existe un ejemplar en la Biblioteca Lafragua/Troncoso de la Universidad Autónoma de Puebla.

[5] Véanse las *Memorias de Fomento* de 1868 y 1873.

con especial ahínco a la promoción de los ferrocarriles; este esfuerzo se notó en la multiplicación de las concesiones ferroviarias, aun cuando la mayoría de éstas no fue puesta en marcha hasta 1880. Ello no implicaba que se descuidaran del todo los otros ramos de actividad —caminos, puentes, puertos— sino que quedaron opacados ante el deslumbrante fulgor del caballo de hierro.

Riva Palacio fue, de hecho, el primer estadista mexicano que se propuso definir con alguna precisión las políticas fundamentales que habían de adoptarse para fomentar este nuevo medio de transporte. Anunció que existían tres tipos de políticas diferentes que podría adoptar el Estado. La primera consistía en que el Estado asumiese responsabilidad directa en la construcción de ferrocarriles, como fue el caso del ferrocarril Puebla-Tehuacán, concluido en esos años. La segunda consistía en apoyar a empresas privadas mediante el otorgamiento de subvenciones monetarias; éste era el caso del Ferrocarril Mexicano que había recibido cierto apoyo financiero del gobierno. El tercer método consistía en impulsar a los gobiernos de los estados a ofrecer concesiones y promover nuevas líneas por su cuenta y/o en combinación con capitalistas privados.[6]

Durante la década de 1880-1890, siendo ministro de Fomento Carlos Pacheco, la promoción de los ferrocarriles se convirtió en el eje de las políticas de promoción económica de la Secretaría. Se adoptaron los últimos dos métodos sugeridos por Riva Palacio: las subvenciones del gobierno federal a las empresas privadas y las concesiones ferroviarias por parte de los gobiernos de los estados. Fue este un periodo de crecimiento rápido y desordenado de la red ferroviaria —como lo fue en otros países de América— durante el cual se desató una competencia furiosa entre contratistas rivales y se impuso un trazado a veces irracional y mal planeado. No obstante, para fines de la década el país contaba con una red de cerca de 9 000 km de vía construida.[7]

En numerosas obras de historia económica sobre el porfiriato se insiste en que dicho crecimiento se logró merced al apoyo del

---

[6] Para un interesante resumen de los puntos de vista de Riva Palacio consúltese Cott, *Porfirian*, 1878, pp. 80-87. Para una sinopsis de las políticas ferroviarias anteriores véase Oñate, "Concesiones", 1980, pp. 63-90.

[7] Sobre el desarrollo ferroviario en el periodo véanse los estudios de Calderón, "Ferrocarriles", 1974, y Coatsworth, *Impacto*, 1976.

capital extranjero. Sin embargo, debe remarcarse que el grueso del costo de esta líneas fue financiado mediante los subsidios que proporcionaba el Estado mexicano. Estos subsidios constituyeron, en efecto, una de las formas más importantes para la acumulación de capital privado en esa época, y permitieron fincar la prosperidad no sólo de grandes empresas estadunidenses, como los ferrocarriles Central y Nacional, sino que también facilitaron la consolidación de las fortunas de astutos empresarios nacionales como Delfín Sánchez, constructor del Ferrocarril Interocéanico, o Sebastián Camacho, experto en la adquisición y venta de concesiones ferroviarias.[8]

Fue la Secretaría de Fomento la responsable de autorizar la entrega de los subsidios a las empresas particulares, utilizando para este fin recursos ordinarios o certificados de aduanas. Estos últimos eran documentos que podían ser utilizados para pagar impuestos aduaneros y, por ende, tenían un valor monetario real. Entre 1880 y 1890 la Secretaría de Fomento entregó aproximadamente 50 000 000 de pesos a las diversas empresas ferroviarias privadas en forma de subsidios y quedó debiéndoles otro tanto.

Eventualmente los encargados de la Secretaría de Hacienda comenzaron a presionar a sus colegas de Fomento para reducir subsidios, ya que ello implicaba no sólo una fuerte erogación para el Estado, sino que además comprometían la fuente fundamental de recursos ordinarios del Estado: las aduanas. En la práctica, sin embargo, no se eliminaron las subvenciones sino que fueron otorgadas más selectivamente desde principios del decenio de 1890-1900. Por otro lado, se buscaron nuevas formas de financiar el desarrollo económico: la emisión de empréstitos externos.

Desde 1888, con la entrada del gobierno mexicano en los mercados internacionales de capital, se inició una nueva etapa en el financiamiento del desarrollo económico del país. Durante las últimas dos décadas del porfiriato se alentó la inversión privada, extranjera y nacional, pero simultáneamente se fortaleció el papel del Estado en la economía mediante la realización de una serie de ambiciosas obras públicas. Estos proyectos, supervisados por la flamante Secretaría de Comunicaciones y Obras Públicas (1891), incluían la construcción del Ferrocarril de Tehuantepec, de los puertos de Veracruz, Coatzacoalcos y Salina Cruz, y el de-

---

[8] Sobre los negocios de Sánchez y Camacho véase Cott, *Porfirian*, 1878, pp. 181-186.

sagüe del valle de México. Estas obras fueron realizadas con el concurso de firmas contratistas extranjeras (especialmente la de Weetman Pearson and Sons de Inglaterra) pero se constituyeron en propiedades del Estado.[9]

Las inversiones del gobierno en dichas obras fueron cubiertas fundamentalmente con los fondos derivados de una serie de empréstitos externos, de 1889, 1890, 1893, 1904, e internos de 1894-1910. Debe notarse, al respecto, que en contraste con la década de 1880-1890, la construcción de ferrocarriles ya no era el eje absolutamente dominante de las políticas de promoción del crecimiento económico; ahora, la modernización de puertos y las obras de salubridad comenzaron a tener un peso igualmente sustancial.

Por otro lado, puede remarcarse que desde el último decenio del siglo comenzó a perfilarse con mayor nitidez una estrategia geoeconómica y, por ende, geopolítica en lo que se refiere a las inversiones económicas del Estado. En contraste con los años ochenta, cuando se aprobaron planes de construcción ferroviaria a lo largo y ancho del país, posteriormente la elite porfiriana, y en particular Limantour, buscó apoyar determinados proyectos de infraestructura en el centro y sur de la nación. Ello se vinculaba, sin duda, con la preocupación creciente por el peso preponderante del capital estadunidense en el norte del país, en ferrocarriles, minas y haciendas. En su conocido proyecto de ley de ferrocarriles, presentado en 1898, Limantour no criticó al capital estadunidense, pero sí hizo manifiesto su deseo de que se impulsaran sobre todo diversas obras públicas en el centro y sur del país. De allí que en años siguientes se diera apoyo fundamental a la terminación de las obras del Ferrocarril Interoceánico para conectar a Veracruz con Acapulco, del Ferrocarril de Puebla a Oaxaca, del Ferrocarril de Tehuantepec y las obras de su ferrocarril desde este último a la frontera con Guatemala. De allí también que se invirtieran grandes sumas en las obras portuarias ya mencionadas de Veracruz, Coatzacoalcos y Salina Cruz.[10]

---

[9] Para un excelente resumen de las operaciones de Pearson en México véase Thorup, "Competencia", 1982, pp. 599-641.

[10] Sobre dichos proyectos véase la excelente descripción en Macedo, *Evolución*, 1905, pp. 223-338. Asimismo debe consultarse Calderón, "Ferrocarriles", y sobre la construcción del Ferrocarril de Tehuantepec el trabajo de Rojas, "Comunicación", 1986.

En todos estos proyectos, por otra parte, resultó manifiesta la alianza forjada entre el Estado mexicano y los capitalistas ingleses. Es preciso subrayar al respecto, la preponderancia del capital británico en las empresas ferroviarias del centro y sur del país: en el Ferrocarril Mexicano, en el Ferrocarril Interoceánico, en las líneas a Oaxaca, y como contratistas en el Ferrocarril de Tehuantepec y en la línea a Guatemala.[11] No cabe duda de que la acción del capital británico en estos proyectos se debía en parte a la debilidad de la competencia del capital estadunidense en dichas regiones. Pero también es claro que era consecuencia de las políticas de la elite porfirista que encontraba en el capital europeo un aliado importante para contrarrestar la expansión económica del poderoso vecino del norte.[12]

A partir de 1903 Limantour adoptó una serie de medidas que fortalecieron aún más el papel del Estado en el sector ferroviario. Al adquirir la mayoría de las acciones del Ferrocarril Interoceánico (anteriormente controlado por inversionistas británicos) y luego del Ferrocarril Nacional (manejado por capitalistas estadunidenses), el ministro de Hacienda sentó las bases para la creación de la poderosa empresa estatal conocida como Ferrocarriles Nacionales de México. Para fines del porfiriato, por tanto, el Estado era dueño de la mayor parte de los ferrocarriles, telégrafos y obras portuarias del país, a la vez que tenía una injerencia nada despreciable en otros sectores de la economía, como en el bancario.

Sin embargo, la aplicación del papel del Estado en sectores claves de la economía no resultó una empresa barata, sino que al contrario implicó erogaciones enormes. De hecho, puede argumentarse que en realidad el Estado pagó dos veces por sus ferrocarriles (con subsidios en 1880-1990, y con la compra de acciones entre 1903 y 1909), viéndose obligado, al mismo tiempo, a acumular una enorme deuda externa e interna. Pero antes de ofrecer algunas hipótesis sobre la naturaleza de los costos que dichas políticas implicaron, conviene pasar revista rápidamente a los principales empréstitos para obras públicas del periodo.

---

[11] Falta todavía una monografía detallada sobre las inversiones británicas en México en estos años pero puede encontrarse mucha información en Tischendorf, *Great*, 1961.

[12] Para algunas acotaciones de una influyente figura contemporánea acerca de la influencia norteamericana y la política ferroviaria véase Macedo, *Evolución*, 1905, pp. 516-528.

EMPRÉSTITOS EXTERNOS E INTERNOS PARA OBRAS PÚBLICAS, 1888-1904

A partir de un estudio de los ciclos de los empréstitos externos del conjunto de América Latina durante el siglo XIX, es factible señalar que hubo tres motivos principales por los cuales los Estados latinoamericanos gestionaron préstamos extranjeros: 1) objetivos militares; 2) refinanciamiento de viejas deudas; 3) promoción de obras públicas.[13] En el caso del México porfirista, el financiamiento militar no requirió de crédito externo en gran escala; de allí que casi toda la deuda mexicana del periodo se acumulara por razón de refinanciamiento o inversión en obras públicas.

Los empréstitos externos para propósitos de refinanciamiento fueron (en libras esterlinas) los de 1888 (10 500 000), 1893 (3 000 000), 1899 (22 700 000), 1910 (22 200 000). Pero es menester tener en cuenta que una gran parte de estos empréstitos no representaron el ingreso de dinero fresco, sino que fueron sencillamente operaciones de canje de bonos viejos por nuevos.

Los préstamos que podemos calificar como de "obras públicas", en cambio, sí representaron el ingreso de dinero nuevo al país y, por ello, fueron causa principal del crecimiento de la deuda. Entre estos préstamos pueden citarse los siguientes: el empréstito externo de la ciudad de México de 1889 (2 400 000 libras), el préstamo de 1889 conocido como "Bonos del Ferrocarril de Tehuantepec" (2 700 000), el de 1890 (6 000 000) destinado a pagar subvenciones a los ferrocarriles privados, y el de 1904 (40 000 000 de pesos o sea 8 000 000 de libras) que sirvió para el traspaso definitivo de dos ferrocarriles privados al Estado y para financiar obras portuarias. Debe agregarse, al respecto, que una pequeña parte del empréstito de 1893 también sirvió para el financiamiento del Ferrocarril de Tehuantepec.

A los empréstitos externos había que agregar también los más de 100 millones de pesos plata emitidos en forma de bonos internos de 5% entre 1894 y 1910. Como ha señalado Bazant, estos bonos sirvieron fundamentalmente para pagar subvenciones a empresas privadas en proceso de construir líneas ferroviarias y para pagar a los contratistas que trabajaban en proyectos ferroviarios y portuarios del Estado.[14] Aun cuando estos bonos eran

---

[13] Marichal, *Historia*, 1992.
[14] Véase el cuadro estadístico de Bazant, *Historia*, 1981, p. 272.

denominados "internos" y se pagaban en pesos plata (en vez de oro), también es cierto que eran pagaderos en el extranjero y que circulaban ampliamente en las bolsas internacionales. No conocemos ningún estudio reciente que haya analizado en detalle la venta de estos bonos en Europa pero se desprende de las *Memorias* de Hacienda que estos bonos constituían, en efecto, otra parte de la deuda externa.

¿Cuánto de los fondos de estos empréstitos se invirtieron en las obras públicas señaladas y cómo? ¿Cuánto se invirtió en equipo y cuánto en salarios de los obreros? ¿Y cuáles fueron las ganancias de los contratistas? Para contestar a estas preguntas en detalle habría que llevar a cabo un investigación prolongada y minuciosa en los archivos de Hacienda que rebasaría los límites de este corto ensayo. Por ello nos limitaremos aquí a reseñar brevemente la información editada al respecto.

El primer empréstito mexicano para obras públicas fue, curiosamente, el préstamo de 2 400 000 libras contratado por la ciudad de México en Londres en 1889. Dicho crédito estaba destinado a financiar las obras de desagüe del valle de México. Más concretamente, su objeto era el de pagar los costos de construcción del túnel de Tequisquiac y de saneamiento y entubamiento de aguas potables. El empréstito resultó caro por el bajo tipo de emisión (70%) y por las diversas comisiones que fueron distribuidas a varios intermediarios, entre ellos a un tal Mullins, a Joaquín Casasús y a Benito Gómez Farías.[15] No obstante, puede estimarse que aproximadamente 1 500 000 de los fondos recibidos fueron invertidos en las obras indicadas.

El segundo empréstito para obras públicas también fue del año de 1889, siendo de un monto de 2 700 000 libras. Su objeto era financiar la construcción de una parte del Ferrocarril de Tehuantepec. Emitido al precio de 77% por el Dresdner Bank en Berlín y Londres, puede calcularse que proporcionó en efectivo alrededor de 2 000 000 para su inversión en la línea, aunque es menester señalar que el grado de corrupción y el mal manejo de los fondos por los contratistas fueron considerables. De allí que fuese necesario solicitar nuevos créditos a corto plazo al Dresdner Bank para terminar la vía; dichos créditos luego fueron liquidados por una parte del empréstito externo de 1893.[16]

---

[15] Valadés, *Porfirismo*, 1977, vol. I, p. 125.
[16] Para detalles véase Wynne, *State*, 1951, vol. II, pp. 52-54.

El tercer empréstito que definimos como de obras públicas fue el de 1890 por una suma nominal de 6 000 000 de libras. Emitido por la casa bancaria de Bleichroeder de Berlín a 88% sirvió para pagar subvenciones atrasadas a varias empresas ferroviarias privadas. De acuerdo con el análisis de las *Cuentas del Tesoro Federal* efectuado por Bazant, la totalidad de los fondos recibidos (unos 26 500 000 pesos) fueron destinados a este propósito, siendo los mayores beneficiarios el Ferrocarril Central (con 19 800 000 pesos) y el Ferrocarril Mexicano (con 3 500 000 pesos).[17]

A partir de 1891, la economía mexicana comenzó a sufrir los efectos de una recesión que luego se intensificó con la crisis internacional de 1893. La caída de los precios de la plata y de otros productos de exportación, aunada a una serie de problemas internos, obligó al gobierno a solicitar un empréstito de refinanciamiento en 1893 y a prescindir durante largos años de la emisión de bonos externos para financiar obras públicas. No obstante, y como ya se ha indicado, existía en Europa un mercado para los bonos internos mexicanos ya que éstos se pagaban en plata. De allí que desde 1894 hasta fines del porfiriato, la Secretaría de Hacienda procediera a autorizar la emisión de varias series de bonos internos pagaderos en pesos plata para numerosas obras públicas.

Estos bonos internos constituyeron durante una década la forma preferida por Limantour para pagar a su contratista preferido, la firma de ingeniería y construcción de Weetman Pearson. Esta empresa inglesa, que llegó a ser la constructora más grande del mundo a fines del siglo pasado, se encargó de la construcción de los siguientes proyectos: el Gran Canal de la ciudad de México (1889-1898); las obras portuarias de Veracruz (1895-1902); la reconstrucción del Ferrocarril de Tehuantepec (1898-1906); las obras portuarias de Coatzacoalcos (1896-1907); las del puerto de Salina Cruz (1899-1907), y el drenaje y abastecimiento de agua de los puertos de Veracruz, Coatzacoalcos, Salina Cruz y Mazatlán.[18]

En total la firma de Weetman Pearson recibió pagos del orden de 62 000 000 de pesos,[19] de los cuales aproximadamente

[17] Bazant, *Historia*, 1981, p. 140.
[18] Thorup, "Competencia", 1982, incluye una serie de cuadros y datos que precisan las distintas obras realizadas por W. Pearson así como los montos aproximados pagados por el Estado en razón de los mismos.
[19] *Ibid.*, p. 628.

80% fueron proporcionados en metálico o en bonos internos, los cuales pudo revender a través de agentes financieros en México y en Europa. El resto fue cubierto a través de los fondos derivados del empréstito externo de 1904. Pero, teniendo en cuenta la importancia de los bonos internos para la realización de estas obras, queda manifiesto el interés que tendría realizar una investigación detallada acerca de esta forma especial de financiamiento de importantes proyectos económicos de la época. Por otra parte, ello ayudaría a aclarar hasta qué punto era real la distinción entre deuda externa e interna.

Por último, queda por comentar el gran empréstito de 40 000 000 de pesos emitido en 1904 a través de un sindicato bancario internacional encabezado por las firmas de Speyer and Co. de Nueva York, Speyer Brothers de Londres y Lazar-Speyer-Ellisen de Francfurt. De los 35 000 000 de dólares que recibió el gobierno, aproximadamente 53% fue destinado a pagar parte del costo de adquisición de los ferrocarriles Interoceánico y Nacional, 20% para subvenciones ferroviarias, 14% para obras portuarias y el resto para liquidar diversos créditos gubernamentales.[20]

Para resumir, puede estimarse —con base en los datos globales proporcionados por Bazant y Turlington— que del total de la deuda pública emitida entre 1888 y 1910 cerca de 40% se debió a operaciones financieras dedicadas directamente a promover el desarrollo económico mediante la construcción de ferrocarriles, puertos y obras de salubridad. Sin embargo, dicha cifra puede considerarse como una estimación muy baja, ya que hay que tener en cuenta que una buena parte de los bonos emitidos por refinanciamiento en 1899 y 1910 no representaron más que un canje de vieja deuda por nueva. Por otro lado, hay que tener en cuenta dos obligaciones externas adicionales que fueron los 50 000 000 de dólares emitidos en 1908 a cuenta de la Caja de Préstamos para obras de irrigación y fomento de la agricultura y los 138 millones de pesos en obligaciones hipotecarias de los Ferrocarriles Nacionales.[21] Agregando estas últimas cifras al conjunto es factible estimar que cerca de las dos terceras partes de la deuda exterior mexicana de 1910 podían atribuirse a transacciones directamente vinculadas con la política de promoción económica. Evidentemente el monto invertido por el Estado porfirista en este terreno

---

[20] Bazant, *Historia*, 1981, pp. 163-164.
[21] *Ibid.*, p. 168. Bazant utiliza las cifras de Turlington, *México*, 1930.

no era nada despreciable. Pero quedan por plantearse algunas preguntas adicionales de carácter cualitativo acerca de los costos y beneficios que tuvieron dichas políticas para la economía mexicana.

UN BALANCE PROVISIONAL DE LAS POLÍTICAS DE ENDEUDAMIENTO PARA OBRAS PÚBLICAS DURANTE EL PORFIRIATO

Como ya se ha sugerido, a lo largo del porfiriato fueron variando las prioridades del gobierno en materia de políticas de promoción del crecimiento económico. Durante el decenio de 1880-1890 la política dominante (si no excluyente) fue la de otorgar subvenciones estatales a las empresas privadas ferroviarias con el objeto de estimular un rápido proceso de construcción de líneas a través de toda la nación. A partir de 1890 se continuó con la anterior política de subsidios pero se invirtió una cantidad cada vez mayor en determinadas obras ferroviarias, portuarias y de salubridad que eran propiedad del Estado. Por último, desde 1903 se procedió a la "nacionalización" de numerosas firmas de ferrocarriles mediante su incorporación a la empresa "paraestatal" de los Ferrocarriles Nacionales de México; al mismo tiempo se continuaron ciertas inversiones para obras públicas adicionales y para unas pocas empresas privadas de transportes.

Para evaluar los costos y beneficios de dichas políticas hay que situarlas en el contexto de cada uno de esos subperiodos. Pero antes de proceder debemos subrayar que para llegar a conclusiones estadísticamente confiables sería necesario llevar a cabo investigaciones adicionales. Lo que sigue no constituye otra cosa que una serie de hipótesis que pueden ser comprobadas o desechadas en futuros estudios más minuciosos.

Comenzaremos con una breve y provisional evaluación de la política de subsidios a las empresas ferroviarias privadas. Es manifiesto que el costo monetario total de la política de dichos subsidios —que cobró especial impulso bajo la gestión del ministro Carlos Pacheco— fue sumamente alto. En la mayoría de los casos las subvenciones fluctuaban ente 6 y 8 000 pesos por kilómetro de vía construida, aunque en algunos casos excepcionales —como los tramos del Ferrocarril de Tehuantepec contratados por el empresario Delfín Sánchez— se llegó a la fabulosa suma de 125 000 pesos por kilómetro! La transferencia de estos fondos no sólo garantizó a las empresas que no tendrían pérdidas sino que además les permitió cubrir el grueso de los costos de la construcción. Puede sugerirse, por consiguiente, que los más de 100 millones de pesos entregados por el Estado a las empresas ferrocarrileras privadas entre 1880 y 1902 (de acuerdo con las cifras de Macedo)[22] constituyeron un gigantesco donativo público para los capitalistas extranjeros y nativos involucrados en estos negocios. Es más, si descontamos esta cifra del monto de las inversiones extranjeras directas efectuadas en este periodo en México, puede concluirse que el Estado desempeñó un papel más importante de lo que comúnmente se supone en el proceso de acumulación de capitales durante las dos primeras décadas del porfiriato. No obstante, debe recalcarse que dicha acumulación benefició esencialmente a un restringido círculo de grandes empresarios nacionales y extranjeros.

Los criterios para evaluar los costos y beneficios de las políticas de promoción de obras públicas, en cambio, son distintos de los anteriores, ya que se trataba no de subsidios a empresas privadas sino a proyectos del Estado. Nos referimos lógicamente a la construcción del Ferrocarril de Tehuantepec y de los puertos de Veracruz, Coatzacoalcos y Salina Cruz. En estos casos el Estado no transfirió fondos a empresas particulares para los fines de éstas, sino que pagó a contratistas con el objeto de que éstos le entregaran una serie de obras públicas terminadas. Aquí la cuestión esencial radica, por tanto, en determinar la oportunidad de dichas inversiones, teniendo en cuenta las alternativas posibles. No parece haber duda acerca de que las obras realizadas para el desagüe del valle de México o para la modernización del puerto de Veracruz constituyeron un importante aporte a la economía nacional. Muy distinto, sin embargo, se presenta el análisis del Ferrocarril de Tehuantepec que, junto con las obras complementarias de los puertos de Coatzacoalcos y Salina Cruz, fueron las obras de infraestructura más costosas realizadas a lo largo de todo el porfiriato. El mismo Pablo Macedo, defensor acérrimo de la mayoría de los proyectos porfiristas, cuestionó los méritos de esta enorme inversión en el istmo,[23] pues el hecho era que, a pesar de

---

[22] Macedo, *Evolución*, 1905, pp. 230-231.
[23] *Ibid.*, p. 227.

la abundante propaganda acerca del potencial del comercio internacional que podría utilizar estos puertos y esta línea ferroviaria, la realidad económica era muy distinta. El cruce a través del istmo de Tehuantepec resultaba más incómodo que el cruce a través de Panamá, y además existían ya intereses extranjeros muy poderosos que luchaban y lucharían denodadamente por el predominio de Panamá por encima de cualquier otra ruta. Por otra parte, la región del istmo no podía ofrecer a corto o mediano plazo los recursos económicos suficientes para convertir a la región en un polo de desarrollo importante.

Más allá de la imprevisión en la construcción de dichas obras y de sus costos gigantescos, habría que agregar el inmenso costo en términos de vidas humanas que supuso esta gigantesca epopeya para abarcar el istmo con rieles de acero. Aquí, como en tantas otras empresas del porfiriato, ni el Estado ni los contratistas tuvieron empacho en exponer a miles de seres humanos a las peores condiciones de trabajo y de salubridad. Para la elite porfirista, las razones del Estado y las razones de los negocios se sobreponían a cualquier consideración social o humanitaria.

Por último, consideramos que también podría resultar útil un análisis de los costos y beneficios de la nacionalización de los ferrocarriles entre 1903 y 1909. En esta ocasión, como en las anteriores, los criterios de evaluación son específicos y se relacionan fundamentalmente con la conveniencia de crear la empresa de Ferrocarriles Nacionales en términos del precio pagado y de las alternativas posibles. En primer lugar, puede argumentarse que la propuesta de Limantour de centralizar y uniformar a la red ferroviaria nacional reflejaba una lógica económica nacional. La descentralización y la ruidosa competencia entre las numerosas líneas privadas habían perjudicado el desenvolvimiento económico nacional. Pero ¿cuál era el costo monetario de la centralización y nacionalización? ¿Constituía ésta una inversión redituable?

Las respuestas definitivas quedan a la espera de los investigadores, pero puede sugerirse que el costo probablemente fue demasiado alto. Para comenzar, puede señalarse que al nacionalizar las vías ferroviarias el Estado estaba pagando por segunda vez, ya que la mayoría de las líneas habían sido fuertemente subsidiadas desde 1880. El mago de las finanzas del régimen porfirista les hizo un enorme favor a los inversionistas extranjeros al pagarles en oro por propiedades que el Estado mexicano había subsidiado y que, por otra parte, no resultaban muy rentables.[24] Por otro lado, debe agregarse que las diversas operaciones financieras que implicó la nacionalización de los ferrocarriles llevaron a un enorme abultamiento de la deuda externa del país. ¿Era justificado este incremento en términos de la capacidad de pagos de la economía nacional? Es ésta otra pregunta que está a la espera de una respuesta documentada. Pero lo que sí sabemos es que durante más de tres decenios el problema de la deuda porfirista seguiría constituyendo un dilema económico y político fundamental.

En resumidas cuentas, existe un gran número de interrogantes acerca de las consecuencias de las políticas económicas adoptadas durante el porfiriato. A algunas de ellas diversos historiadores han ofrecido algunas respuestas. Pero muchas otras todavía requieren de una investigación cuidadosa y meditada para determinar el verdadero impacto de éstas y del endeudamiento externo sobre la economía mexicana entre 1880 y 1910. Y no está por demás sugerir que este complejo problema de ayer sigue siendo un problema clave de nuestros días.

BIBLIOGRAFÍA

Bazant, Jan, *Historia de la deuda exterior de México, 1823-1946*, El Colegio de México, México, 1981.

Calderón, Francisco, "Los ferrocarriles" en Daniel Cosío Villegas (comp.), *Historia moderna de México. El porfiriato, vida económica*, México, 1974.

Coatsworth, John, *El impacto económico de los ferrocarriles en el porfiriato: crecimiento contra desarrollo*, SEP, México, 1976, 2 vols. (SepSetentas).

Cott, Kenneth S., "Porfirian investment policies, 1876-1910", tesis de doctorado, University of New Mexico, Albuquerque, N. M., 1878.

Macedo, Pablo, *La evolución mercantil. Comunicaciones y obras públicas. La hacienda pública. Tres monografías que dan idea de una parte de la evolución económica de México*, J. Ballescá, México, 1905.

Marichal, Carlos, *Historia de la deuda externa de América Latina*, Alianza Editorial, Madrid, 1992.

[24] En un corto capítulo sobre las inversiones británicas en México, Rippy, *British*, 1959, pp. 95-104, llega a la conclusión de que la mayoría de las empresas de capital británico pagaban dividendos muy bajos, con la excepción de aquellas controladas por Pearson y algunas firmas mineras. No obstante, sobre este tema, como tantos otros, se requieren investigaciones más detalladas.

Memoria de la Secretaría de Estado y del Despacho de Fomento, Colonización, Industria y Comercio... escrita por el ministro... C. Manuel Silicio, para dar cuenta... al Congreso Constitucional, Imprenta de Vicente García Torres, México, 1857.

Memoria presentada a S. M. el emperador por el ministro de Fomento Luis Robles Bezuela, de los trabajos ejecutados en su ramo el año de 1865, Imprenta de J. H. Andrade y F. Escalante, México, 1866.

Memoria que el secretario de Estado y del Despacho de Fomento, Colonización e Industria y Comercio presenta al Congreso de la Unión, conteniendo documentos hasta el 30 de julio de 1873, Imprenta de la calle de Tiburcio, México, 1873.

Memoria que el secretario de Estado y del Despacho de Fomento, Colonización e Industria y Comercio presenta al Congreso de la Unión, Imprenta del Gobierno, México, 1868.

Oñate, Abdiel, "Las concesiones de los gobiernos mexicanos en materia de ferrocarriles entre 1848 y 1876, un examen de política económica", *Investigación Económica*, núm. 153, julio-septiembre de 1980, pp. 63-90.

Rippy, J. F., *British investment in Latin America, 1922-1949*, University of Minnesota Press, Minneapolis, 1959.

Rojas Rosales, Armando, "La comunicación interoceánica y la construcción del Ferrocarril Nacional de Tehuantepec, 1824-1849", tesis de licenciatura, UNAM-I, México, 1986.

Thorup, Cathryn, "La competencia británica y norteamericana en México, 1887-1910", *Historia Mexicana*, vol. 31, núm. 4, abril-junio de 1982, pp. 599-641.

Tischendorf, Alfred P., *Great Britain and Mexico in the age of Porfirio Diaz*, Duker University, Durham, N. C., 1961.

Tortella, Gabriel, *Los orígenes del capitalismo español*, Madrid, 1973.

Turlington, E., *Mexico and her foreign creditors*, Columbia University Press, Nueva York, 1930.

Valadés, José, *El porfirismo, historia de un régimen*, Universidad Nacional Autónoma de México, México, 1977, 2 vols.

Wynne, William H., *State insolvency and foreign bonholders, vol. 2, Selected case histories of governmental foreign bond defaults and debt readjustments*, New Haven, 1951.

APÉNDICE DOCUMENTAL

MANUEL PAYNO*

[El desorden administrativo prevaleciente a mediados del siglo XIX, se sumó a las dificultades que enfrentaron los secretarios de Hacienda para dar solución al abultado peso de los créditos convenidos durante el periodo independiente. Por ello, varios funcionarios del ramo realizaron diversos esfuerzos de ordenamiento y de clasificación para comprobar la validez y legitimidad de los reclamos presentados por acreedores y otros individuos perjudicados en sus propiedades. Entre estos trabajos de compilación se encuentra este estudio de Manuel Payno (1810-1894), reconocido autor en esta materia y cuyos conocimientos adquirió en su desempeño en la Secretaría en varios niveles hasta alcanzar el cargo de ministro durante las administraciones de los presidentes José Joaquín Herrera e Ignacio Comonfort.][1]

[...] Del monto total que figura en 1831, deberían suprimirse ciertos capitales sin embargo, ponemos íntegro el estado de la deuda tal como oficialmente lo estimaba el gobierno porque da también una idea de las ventajas que obtuvo la España en el tratado de Madrid, al estipular que el dinero que exclusivamente se había

* Tomado de Manuel Payno, *La deuda interior de México*, Imprenta Económica, México, 1865.

[1] Ver "Sugerencias bibiográficas al final de este volumen; Robert Duclas, *Bibliografía de Manuel Payno*, Instituto de Investigaciones Bibliográficas-UNAM, México, 1994.

empleado en sus guerras extranjeras lo reconociese México como deuda *suya y nacional.*

Deuda de México en 1831

Diversos créditos de Juros	329 507.00
Diversas pensiones del duque de Terranova y condes de Moctezuma, que se considera proceden de un capital (figurado) de	652 354.45
Por resto de un millón de pesos que en 1782 solicitó el Consulado para los gastos de la guerra contra Inglaterra	756 334.00
Por otro préstamo para la guerra con Francia, agenciado por el mismo Consulado en 1793	1 058 333.00
Por lo tomado por medio del mismo tribunal, en los años de 1794, 1806, 1807 y 1809, para la guerra con Francia	1 058 362.60
Por capitales tomados del propio Consulado, desde 1795, por orden de la corte de España	3 033 622.04
Por capitales tomados del tribunal de Minería	3 646 882.61
Por capitales de obras pías de temporalidades, a 5%	279 256.44
Por *id. id.*, al rédito de 3%	43 199.04
Del fondo piadoso de Californias (se volvió Convención española del padre Morán) y obra pía de doña María Paula Argüelles	201 856.54
Capitales de capellanías y obras pías. (Ésta fue la Consolidación, segundo ensayo de reforma y desamortización eclesiástica)	9 974 121.10
Préstamo patriótico de 20 000 000	1 500 477.65
Préstamo obtenido por el Consulado en los años de 1811, 1815 y 1810 para pagar las tropas que venían de España. (Ésta fue contra la independencia)	768 004.16
Préstamo del año de 1812	1 849 941.62
Plata-vajilla de particulares, entregada en la Casa de Moneda en 1812	58 264.06
Préstamo forzoso del mismo año	443 102.21
Préstamo del Consulado, del año de 1813	1 019 954.00
Parcialidades de indios de Puebla	35 102.11
Fondos de cofradías de México	66 953.49
Préstamo patriótico del año de 1809	7 000.00
Deuda que con hipoteca de la Avería reconocía el Consulado de Veracruz	2 147 552.06
Suma	$ 26 820 627.00

Se deduce lo amortizado por el gobierno del virrey conde de Venadito	307 485.12
Quedan	28 660 800.31
Amortizaciones hechas en 1828 y 1829 (cálculo)	4 000 000.00
Deuda líquida	24 660 800.00

Los asientos y libros de la Junta de crédito público que se estableció por la ley de 30 de noviembre, para recaudar los fondos y llevar con entera separación la contabilidad de la dueda, presentan el resultado siguiente:

Deuda de México en fin de 1852

De procedencia antigua española

Fondo de Minería	2 856 162.50
Escrituras	478 063.00
Hospicio de pobres	250 000.00
Casa de niños expósitos	159 001.95
Hospital de mujeres dementes	88 385.54
Colegiata de Guadalupe	527 832.00
Hospitales	39 481.00
Al frente	$ 4 398 925.99

De procedencia moderna mexicana

Fondo del 20%	11 333 333.33
Bonos de cobre	2 500 000.00
Préstamos en numerario	1 081 284.61
Ocupación forzosa	358 394.96
Préstamo forzoso durante la guerra con Estados Unidos	21 030.50
Deuda de empleados, viudas, etc.	3 735 961.54
Ministraciones de efectos	428 548.55
Deuda flotante	36 357.87

Diversas deudas no comprendidas en los convenios de la ley	2 795 182.30
Suma	$ 26 659 019.65

La deuda interior, que se convirtió en convenciones o deuda extranjera, en la fecha citada, era como sigue:

Convención española, formada de diversos créditos de Juros, peajes y deuda anterior y posterior a la independencia, importantes	7 500 533
Convención inglesa, formada de bonos de tabaco y bonos del 26%	4 759 326
Padre Morán, formada de la obra pía de la señora Argüelles	948 126
Convención francesa, formada de diversos créditos sobre aduanas y otros	932 527
	$ 14 140 512

Deuda inglesa

Capital líquido después de la conversión de 1850 y 1851	51 208 250
Dos dividendos no pagados	1 536 246
Total hasta fin de 1852	52 744 496

Diversos

Deuda no presentada a la conversión

Bonos de cobre (cálculo)	900 000
Escrituras antiguas (*id.*)	2 500 000
Deuda nueva de empleados (*id.*)	100 000
Diversos créditos de cosecheros y bonos del tabaco, y de los antiguos fondos no convertidos	1 000 000
Suma	$ 4 500 000

Resumen de la deuda pública de México en 1852

Deuda interior liquidada	26 689 919.99
Deuda contraída en Londres	52 744 496.00
Deuda no presentada a liquidación	4 500 000.00
Suma total	$ 83 933 515.99

Esta noticia se puede asegurar que es exacta, y un error de 200 000, o de 500 000 más o menos, no afecta la cuestión general, y por el contrario, se echa de ver que el reconocimiento de los créditos, el método en la contabilidad, y la liquidación, produjeron el resultado que los ministros de hacienda buscaban desde el año de 1522.

LEY PARA LA CONSOLIDACIÓN Y CONVERSIÓN DE LA DEUDA NACIONAL (22 DE JUNIO DE 1885)* Y ARREGLO CON LOS TENEDORES DE BONOS MEXICANOS EN LONDRES (24 DE JUNIO DE 1886)

[Los gobiernos liberales buscaron sin éxito dar solución a la deuda acumulada por varias décadas, para lo cual se requería de estabilidad y de la confianza de los acreedores. Tal situación se presentó hasta mediados de los años ochenta, tras el restablecimiento de las relaciones diplomáticas con Europa y el arribo de nuevos capitales a México, este cambio fue favorecido por la alianza de diversos grupos financieros mexicanos en torno a la autoridad del presidente Porfirio Díaz; y se expresó a través de la llamada "Conversión Dublán" en la que se orde- naron y clasificaron los créditos acumulados a lo largo del siglo XIX, lo que un año más tarde se tradujo en el restablecimiento del crédito exte- rior al gobierno mexicano.]

* Tomado de Manuel Dublán y José María Lozano, *Legislación mexicana o colección completa de las disposiciones legislativas expedidas desde la independencia de la república*, Edición oficial, Imprenta y Litografía de Eduardo Dublán y Cía., México, 1887, vol. 17.

Número 9259.- *Junio 22 de 1885.- Decreto del gobierno.- Consolidación y conversión de la deuda nacional.-* Secretaría de Estado y del Despacho de Hacienda y Crédito Público.- El presidente de la república se ha servido dirigirme el decreto que sigue: "Porfirio Díaz, presidente constitucional de los Estados Unidos Mexicanos, a sus habitantes, sabed:

Que usando de la facultad que me concede la ley de 14 de junio de 1883, y con el acuerdo unánime del consejo de ministros, he tenido a bien decretar la siguiente

*Ley para la consolidación y conversión
de la deuda nacional*

Sección primera.- Reglas generales. Art. 1°. La deuda nacional se considera dividida en tres clases. La consolidada en virtud de conversiones anteriores: la existente sin consolidar que tiene su origen en créditos y saldos insolutos anteriores al 1 de julio de 1882; y la flotante, que consiste en obligaciones y créditos no pagados, posteriores a la fecha citada del 1 de julio de 1882.

Art. 2°. Se consolida la deuda nacional, contraída hasta la fecha referida de 1 de julio de 1882, en nuevos títulos que ganarán un 3% anual. La deuda flotante se consolidará bajo las reglas establecidas por la ley especial de esta misma fecha. La deuda que no tenga la calidad de flotante, se denominará *deuda consolidada de los Estados Unidos Mexicanos.*

Art. 3°. El capital e intereses que representen los nuevos bonos de la *deuda consolidada* estarán libres de todo impuesto, y nunca podrán ser gravados en ningún sentido.

Art. 4°. La Tesorería General de la federación emitirá con los requisitos, formalidades y demás circunstancias que determine un reglamento especial, los nuevos bonos que han de constituir el fondo consolidado, determinando las series, colores, contraseñas, etc., que garanticen la autenticidad de la emisión, debiendo llevar cada bono adheridos 40 cupones semestrales, que expresen la fecha del vencimiento de cada cupón.

Art. 5°. Los bonos de la *deuda consolidada* ganarán un interés de 3% anual desde el 1 de enero de 1890 en adelante. Durante el año de 1886, sólo ganarán el 1% anual; en el año de 1887 el 1.5%; en el año de 1888 el 2%, en 1889 el 2% anual, y en 1890 el 3%. El pago de intereses se verificará por semestres vencidos, haciéndose el pago del primer semestre el día 30 de junio de 1886, para los créditos que en esa fecha se hubieren presentado a la conversión.

Art. 6º. El Banco Nacional de México, mediante la comisión que con él se pacte, quedará encargado del servicio de la deuda nacional. Recibirá directamente de la aduana marítima de Veracruz, con toda oportunidad, las sumas que conforme a la liquidación semestral que se practique, según los créditos que no hayan presentado a la conversión, fueren necesarias para el servicio de los intereses de la deuda, de acuerdo con la partida relativa del presupuesto de egresos. El Banco tendrá el deber de publicar avisos anticipadamente, así en México como en Londres, por medio de los periódicos de mayor circulación, informando al público de tener en su poder, antes del vencimiento de cada semestre, los fondos necesarios para que los acreedores a quienes convenga puedan ocurrir a su cobro.

Art. 7º. La conversión de la deuda será voluntaria. Los acreedores que quieran entrar en ella no están obligados a cambiar desde luego sus antiguos títulos por los nuevos de la deuda consolidada, si no es en el caso previsto en la segunda parte del art. 9º. Pero los acreedores que no ocurran en los plazos que señala esta ley para el registro, examen, liquidación y conversión de los créditos, si bien conservarán sus derechos actuales al capital, la deuda que representen quedará diferida y sin causar rédito alguno, hasta que, una vez terminada la conversión general, se acuerde la manera de pago de sus respectivos créditos.

Art. 8º. Los acreedores que quieran entrar a la conversión deberán, por sí o por medio de sus representantes, depositar sus antiguos títulos si fueren consolidados, en el Banco, casa o lugar en que de común acuerdo con el director de la deuda pública y aprobación del Ministerio de Hacienda se convenga. En Londres se hará el depósito en el lugar que designen de común acuerdo los representantes de los acreedores y el corresponsal del Banco Nacional de México con aprobación de la legación mexicana. El depósito se constituirá en nombre de los funcionarios mexicanos y de los representantes de los acreedores que lo hagan, conviniéndose al constituirlo en que será entregado en su oportunidad y respectivamente en alguno de los casos previstos en el art. 10 de esta ley.

Art. 9º. Los acreedores tendrán el derecho de revocar la conformidad que hayan dado de entrar a la conversión, siempre que el gobierno mexicano haya dejado de pagar los intereses correspondientes a tres semestres continuos. Llegado el 1 de enero de 1891 sin que el gobierno mexicano haya faltado al pago de los cupones vencidos, la conversión será definitiva y México tendrá derecho de que se levante el depósito de que habla el artículo anterior, y de que se le entreguen los antiguos títulos, con el objeto de que sean inutilizados inmediatamente.

Art. 10. Si dejaren de pagarse los intereses correspondientes a tres semestres continuos, los acreedores tendrán derecho de pedir que se levante el depósito de que trata el art. 8º, y de recoger sus antiguos títulos, devolviendo los nuevos que hubieren recibido. Las cantidades que por intereses se les hubieren entregado, se cargarán a intereses de los antiguos títulos. Si el gobierno mexicano estuviere en corriente en el pago de intereses de la deuda contraída en Londres, y los acreedores, por sí o por medio del Comité de tenedores de bonos mexicanos, impidieren de cualquier manera la cotización oficial en la bolsa de Londres de valores mexicanos, tendrá el gobierno de México el derecho de pedir el levantamiento del depósito de los antiguos títulos y de suspender el pago de los intereses. Levantado el depósito y hecha la devolución de los antiguos títulos, los derechos de los acreedores serán los mismos que tenían antes de constituir dicho depósito.

Art. 11. Los títulos de la deuda consolidada y sus cupones expresarán el capital que representan en moneda mexicana, americana e inglesa.

Art. 12. El pago de los intereses se verificará en México, Nueva York o Londres, según esté pactado en los respectivos contratos a que deba su origen el crédito.

Art. 13. La designación de lugares fuera de la república para el pago de intereses y el señalamiento de moneda extranjera en los títulos, no priva a la deuda nacional de su carácter esencialmente mexicano, toda vez que estas designaciones no tienen otro objeto que respetar los convenios de donde proceden ciertos créditos.

Art. 14. La impresión de los nuevos bonos, avisos, estampillas, sueldos de empleados, situación de fondos y demás gastos que fueren necesarios para verificar la conversión y hacer el pago de intereses, serán hechos por cuenta de la república; pues los acreedores deberán recibir los nuevos sin erogación alguna de su parte. La cuenta pormenorizada de los gastos que cause la conversión, deberá presentarse por el tesorero general a la Cámara de Diputados para su revisión.

Art. 15. Consumada la conversión definitiva en los términos establecidos por esta ley, los tenedores de los antiguos títulos que la hayan aceptado no tendrán derecho alguno a reclamación ulterior derivada de sus antiguos créditos.

Sección segunda.- Créditos comprendidos en la conversión.
Art. 16. Son admisibles en la conversión los créditos siguientes: I. Los bonos de la deuda contraída en Londres y convertida por la ley de 14 de octubre de 1850. II. Los bonos de 3% creados por la ley de 30 de noviembre de 1850 y emitidos hasta el 17 de diciembre de 1857; y los emitidos con posterioridad, siempre que tengan la anotación prevenida en la orden de 17 de enero de 1861. III. Los bonos de la extinguida convención inglesa de 4 de diciembre de 1851. IV. Los bonos de las extinguidas convenciones españolas de 6 de diciembre de 1851 y de 12 de noviembre de 1853. V. Los bonos de 5% creados por la ley de 19 de mayo de 1852 y emitidos hasta el 17 de diciembre de 1857; y los emitidos con posterioridad, siempre que tengan la anotación mencionada en la fracción II de este artículo. VI. Los documentos con el nombre de "permisos de algodón". VII. Los certificados que por orden suprema de 14 de enero de 1861, circulada el 17 del mismo mes, y por la de esta última fecha, expidió la Tesorería General a falta de los bonos creados por las leyes de 3 de noviembre de 1850 y 19 de mayo de 1852. VIII. Los certificados que en cumplimiento de la suprema orden de 22 de enero de 1861 y de las leyes de 14 y 16 de febrero del mismo año, expidió la Tesorería General. IX. Los bonos emitidos en virtud del decreto de 12 de septiembre de 1862. X. Los bonos emitidos en San Luis Potosí en noviembre de 1863. XI. Los bonos emitidos en San Carlos de Tamaulipas en 4 de julio de 1865, con intervención de la legación de México en Washington. XII. Los certificados expedidos por las secciones liquidatarias y por la Contaduría mayor de Hacienda, en virtud de la ley de 19 de noviembre de 1867 y los créditos por los cuales no se expidió el certificado, pero que fueron presentados, reconocidos y liquidados conforme a la misma ley. XIII. Los bonos y los títulos de diversas clases, expedidos con anterioridad a la ley de 30 de noviembre de 1850, y que en virtud de ella quedaron diferidos;

los créditos de la misma clase que no fueron convertidos, pero que se presentaron, reconocieron y liquidaron; y los créditos anteriores a la misma ley de 30 de noviembre de 1850, que no fueron comprendidos en ella. XIV. Los certificados de amortización de la moneda de cobre acuñada en Chihuahua, emitidos conforme a las bases acordadas en 20 de agosto de 1868. XV. Los certificados de depósito de la moneda de cobre recogida en el estado de Sinaloa, expedidos en virtud de la determinación de la Secretaría de Hacienda de 25 de septiembre de 1875. XVI. Los alcances de sueldos, pensiones y demás saldos insolutos del presupuesto de egresos hasta 30 de junio de 1882, siempre que los que tuvieren derecho a ellos no estén comprendidos en el art. 7° de la ley de 13 de octubre de 1870. XVII. Los créditos que resulten contra el erario federal, con motivo de las operaciones de nacionalización. XVIII. Las reclamaciones resueltas y las que estén pendientes en la vía judicial o administrativa una vez depuradas y resueltas conforme a las leyes. XIX. Los créditos originados de ministraciones, ocupaciones, préstamos forzosos o de cualquiera otro acto o negocio del que resulte un cargo al erario público, y en general todas las demás reclamaciones, una vez depuradas conforme a la ley.

Art. 17. No forman parte de la deuda pública ni serán admitidos en las operaciones comprendidas en esta ley: I. Los créditos y reclamaciones originados de los gobiernos de hecho que fungieron en México, de 17 de diciembre de 1857 al 24 de diciembre de 1860, y de 1 de junio de 1863 al 21 de junio de 1867. II. Los que no emanen de autoridad o agente civil o militar, competentemente autorizados. III. Las reclamaciones desechadas judicialmente ya en las anteriores revisiones. IV. Los que han quedado sin valor alguno conforme a las leyes, y que no estén rehabilitados por la frac. VII, art. 1° de la ley de 14 de junio de 1883. V. Los que versen sobre daños y perjuicios.

Art. 18. Forman parte de la deuda pública, pero no están comprendidos en las disposiciones de esta ley, los créditos que constituyen la deuda flotante, cuya consolidación se dispone por una ley especial.

Sección tercera.- Bases de la Conversión. Art. 19. Los créditos comprendidos en el art. 16 de esta ley, se convertirán conforme a las reglas siguientes: *A*. Los bonos emitidos en virtud de la ley de 14 de octubre de 1850, se convertirán a la par por el capital nominal. Respecto a los veinte cupones vencidos desde el 1 de julio de 1854 en adelante, y a los demás intereses no pagados hasta esta fecha, quedarán diferidos y su modo de pago será objeto de arreglo especial con los acreedores. *B*. Los créditos no consolidados, pertenecientes a la deuda contraída en Londres, se convertirán al 20%; de manera que se dará un bono de 20 libras esterlinas de nueva emisión por certificados y documentos reconocidos que representen un crédito de 100 libras esterlinas de valor nominal. *C*. Los demás créditos comprendidos en el art. 16 de esta ley se convertirán a la par por el valor nominal que represente el capital. Los réditos de los títulos que legalmente los hayan causado, serán objeto de un arreglo especial con los acreedores.

Sección cuarta.- Amortización. Art. 20. Los nuevos bonos de la deuda consolidada de los Estados Unidos Mexicanos y sus cupones por réditos vencidos serán admisibles en su totalidad en pago del precio de terrenos baldíos o en el de capitales y fincas nacionalizadas, en la parte que corresponda a la federación. Además, sus cupones vencidos insolutos se admitirán en pago hasta de 5% de todos los impuestos federales que se causen en el año fiscal siguiente al del adeudo.
[...]

Sección octava.- Canje de títulos. Art. 65. La Tesorería General, por medio de los agentes de conversión que esta ley establece, hará el canje de los títulos nuevos por los antiguos.
Art. 66. El director de la deuda pública en México desempeñará estas funciones en punto a los créditos que se reconozcan y liquiden en la ciudad de México, sujetándose a las disposiciones contenidas en esta ley.
Art. 67. Para la conversión de la deuda contraída en Londres, se establece en dicha ciudad una agencia financiera que durará el tiempo que fuere necesario, para verificar las operaciones de la conversión y el canje de los títulos nuevos por los antiguos. Esta agencia será servida por un funcionario nombrado libremente por el presidente de la república, debiendo tener la calidad de ciudadano mexicano por nacimiento.
Art. 68. La Tesorería General, la Dirección de la Deuda Pública y la agencia financiera en Londres llevarán para la conversión los

libros que sean necesarios conforme a las instrucciones y modelos que expida la Secretaría de Hacienda.

Art. 69. Los interesados presentarán las constancias de que hablan los arts. 8º, 24 y 25 de esta ley a los agentes de la conversión, y además la factura de que habla el art. 46, para que en cambio de estos documentos puedan recibir los nuevos bonos por el valor que se les haya reconocido a sus respectivos títulos antiguos. Deberán firmar un recibo, tomado de un libro talonario, de los títulos nuevos entregados, expresándose en el recibo y en el talón el número, serie, color y valor del título recibido, así como el nombre de la persona que lo haya recibido.

Art. 70. La Dirección de la Deuda dará aviso mensualmente a la Secretaría de Hacienda de las operaciones de conversión que se practiquen, y la agencia financiera en Londres dará igual aviso a la legación mexicana, y además a la Secretaría de Hacienda.

Art. 71. Los bonos y cupones que se amorticen se inutilizarán inmediatamente sacándoseles en el centro un bocado. Dado en el palacio nacional de México, a 22 de junio de 1885.- Porfirio Díaz.- Al ministro de Estado y del Despacho de Hacienda y Crédito Público, licenciado Manuel Dublán.- Y lo comunico a Ud. para su cumplimiento.- México, junio 22 de 1885.- Dublán.
[...]

ACUERDO*

Anexo número 25

Arreglo celebrado entre el infrascrito, general Francisco Z. Mena, como representante del gobierno mexicano, el Consejo de Bonos Extranjeros y el Comité de tenedores de bonos mexicanos, en Londres, como representantes de los tenedores de bonos mexicanos, para fijar el modo de pago de los intereses insolutos de la deuda mexicana de 1851 y otros puntos que se refieren a la misma.

* Tomado de Manuel Dublán, *Memoria de la Secretaría de Hacienda correspondiente al ejercicio fiscal de 1885 a 1886, presentada al Congreso de la Unión por el ministro del ramo licenciado Manuel Dublán*, Imprenta de Ignacio Cumplido, México, 1887.

Art. 1º. Los tenedores de bonos mexicanos, reunidos en asamblea general, aceptarán el decreto del gobierno mexicano, fecha 22 de junio de 1885, con las modificaciones que se hacen necesarias en virtud del presente arreglo.

Art. 2º. Con respecto a los intereses insolutos de los bonos de 1851, cuya manera de pago el precitado decreto de 1885 en su art. 19 reservó para un arreglo especial, los tenedores de bonos aceptan las siguientes condiciones: A. En cambio de los 4 864 800 libras monto nominal de los bonos denominados bonos del 3% de 1864, que el gobierno mexicano sólo reconoció como representando el interés insoluto de bonos de 1851 desde el 1 de julio de 1854 hasta el 1 de julio de 1863, se emitirán nuevos bonos de la deuda consolidada de 3% en la proporción de 50%, es decir, que por cada 100 libras de los bonos de 1864 con todos sus cupones anexos, los tenedores de bonos recibirán 50 libras de los bonos de nueva emisión. B. En cambio de los 6 144 990 libras, monto total de los cupones e intereses insolutos de los bonos de 1851 desde 1 de julio de 1866 a 1 de julio de 1886 inclusive, se emitirán nuevos bonos de la deuda consolidada de 3% en la proporción de 15%, es decir, que por cada 60 libras valor nominal de los cupones e intereses insolutos de cada bono de 100 libras de 1851, los tenedores recibirán nueve libras en bonos de la nueva emisión.

Art. 3º. En cambio de los bonos existentes de la deuda diferida de 1837, de los certificados insolutos de la conversión efectuada en 1851 y de los certificados emitidos por los señores Baring por la tercera parte no pagada del cupón vencido el 1 de julio de 1866, se emitirán, de conformidad con la fracción B del art. 19 del decreto del gobierno mexicano de 22 de junio de 1885, nuevos bonos consolidados del 3% en la proporción de 20%, es decir, que por cada 100 libras nominales de aquellos bonos y certificados, el tenedor recibirá 20 libras en bonos de la nueva emisión.

Art. 4º. El primer cupón semestral, de los nuevos bonos que han de ser emitidos para efectuar la conversión de que tratan los arts. 2º y 3º, será pagado el 1 de enero de 1887, a razón de 1% al año; y de conformidad con lo prevenido en el art. 5º del decreto de 22 de junio de 1885, se pagará a los nuevos bonos en 1887, 5%; en 1888, 2%; en 1889, 2.5%, y en 1890 y después, 3% al año.

Art. 5º. El gobierno mexicano se reserva el derecho de fijar discrecionalmente y cuando lo crea oportuno, la fecha para verificar el canje de los bonos de 1851 por nuevos bonos de la deuda consolidada del 3%, con tal que esa fecha se fije de manera que el cambio tenga lugar antes del 31 de diciembre de 1890.

Art. 6º. Hasta la fecha que se acaba de mencionar (31 de diciembre de 1890), el gobierno mexicano tendrá el derecho de comprar al precio de plaza cualquiera cantidad de los bonos de 1851 y de los nuevos bonos que van a emitirse. Tendrá igualmente, hasta la mencionada fecha, derecho a redimir los bonos de una y otra clase por medio de sorteos al 40% de su valor nominal. Después del 31 de diciembre de 1890, el gobierno mexicano tendrá el derecho de comprar a precio de plaza los bonos que ahora van a emitirse y los que hayan podido ser emitidos en cambio de los bonos de 1851; o a redimirlos por sorteos a 50% de su valor nominal. Todos los bonos que se redimanpor sorteos o por compra, serán cancelados, publicándose sus números en Londres. En caso de verificarse los sorteos, tendrán lugar en Londres, en presencia de un notario público y con todas las formalidades legales de estilo.

Art. 7º. El interés del primer semestre a razón de 1% al año, que de conformidad con el decreto del gobierno mexicano, de 22 de junio de 1885, debe pagarse el 1 de julio de 1886 a los bonos de 1851, se pagará inmediatamente después de la ratificación del presente arreglo por el gobierno y los tenedores de bonos, de la siguiente manera: los bonos serán presentados en el Banco de los señores Glyn, Mills, Currie y Cía. (agentes del Banco Nacional de México), quienes pagarán dicho interés, estampando en los bonos un sello de tinta en la forma que se convendrá posteriormente.

Art. 8º. La emisión de los nuevos bonos para la conversión de que tratan los arts. 2º y 3º, tendrá lugar tan pronto como se apruebe este arreglo, y luego que la agencia financiera de México, que el gobierno mexicano va a establecer en Londres para efectuar la conversión, reciba los nuevos bonos consolidados del 3% que deben darse en cambio de los cupones, bonos y certificados, en la proporción y bajo las condiciones especificadas en los arts. 2º y 3º, lo notificará por medio de la prensa, a fin de que le sean presentados para el cambio.

Art. 9º. En cuanto a los cupones de los bonos de 1851, la agencia financiera los separará de los bonos, dando en cambio el correspondiente número de nuevos bonos consolidados del 3%. La misma agencia, al devolver los bonos de 1851, entregará una hoja con ocho cupones adheridos al bono de modo conveniente, los cuales representarán el interés del semestre pagadero el 1 de enero de

1887 y los siete pagos semestrales que se irán venciendo de entonces al 31 de diciembre de 1890, fecha hasta la cual podrá retardarse el canje final de los bonos de 1851.

Art. 10. Si faltaren algunos cupones pertenecientes a los bonos de 1864 o a los de 1851, se tomará razón de dicha falta a fin de que se haga la correspondiente rebaja, cuando se verifique el canje de los mismos bonos y cupones.

Art. 11. El gobierno mexicano no emitirá en Londres más nuevos bonos de los que se requieren para el canje de los bonos, cupones y certificados mencionados en el presente arreglo, y para el pago de los gastos estrictamente necesarios, a condición que la cantidad que se emita para cubrirlos no exceda en ningún caso de 200 000 libras nominales. La agencia financiera dará noticia periódicamente por medio de la prensa, de todas las cantidades de nuevos bonos emitidos y de todos los antiguos títulos depositados para la conversión.

Art. 12. En cuanto a las fracciones que resulten en el curso de la conversión, la agencia financiera de México emitirá certificados que representen dichas fracciones y que serán cambiados en las cantidades requeridas para corresponder a bonos completos dentro de un plazo que se fijará en los certificados, después de cuyo plazo, cualquier resto de nuevos bonos que haya en contra de certificados fraccionales todavía pendientes, será vendido y su producto neto se distribuirá entre los tenedores de los certificados, quienes los presentarán dentro de otro nuevo plazo que se fijará en los mismos certificados. Si quedase algún saldo en efectivo después de ese último plazo, se empleará en redimir bonos de la manera indicada en el art. 6º.

Art. 13. La conversión de los bonos, cupones y certificados a que se refiere este arreglo, deberá quedar terminada un año y medio después de la fecha en que la agencia financiera de México en Londres notifique, conforme al art. 8º, tener listos para el canje los nuevos bonos.

Art. 14. El presente arreglo será sometido por los infrascritos a la aprobación del gobierno mexicano, y de los tenedores de bonos reunidos en asamblea general respectivamente.

Londres, junio 23 de 1886.- Por el gobierno de la república mexicana (firmado): F. Z. Mena.- Por el Consejo de los tenedores de bonos extranjeros (firmado): E. P. Bouverie, presidente.- Por el Comité de bonos mexicanos, H. B. Sheridan, presidente.- Es copia. Londres, 24 de junio de 1886.- J. Carlos Mejía, secretario.

SUSPENSIÓN DE PAGOS, LEY DEL CONGRESO, 17 DE JULIO DE 1861*

[Al término de la guerra de Reforma el gobierno de Benito Juárez se enfrentó a la difícil tarea de dar solución a la deuda pública, que además de la penuria del erario debió enfrentarse a dificultades administrativas graves dada la multiplicación de reclamos por parte de intereses afectados por el conflicto, por lo que se optó por la suspensión temporal de pagos con miras a encontrar un breve respiro durante el cual se pudiera elaborar un nuevo proyecto para hacer frente a los viejos y nuevos créditos y adeudos.]

El excmo. señor presidente constitucional, con fecha de hoy, dice a esta secretaría lo que sigue: El C. Benito Juárez, presidente constitucional de los Estados Unidos Mexicanos, a sus habitantes, sabed:

Que el soberano Congreso de la Unión ha tenido a bien dirigirme el decreto que sigue:

Art. 1º. Desde la fecha de esta ley, el gobierno de la Unión percibirá todo el producto líquido de las rentas federales, deduciéndose tan sólo los gastos de administración de las oficinas recaudadoras, y quedando suspensos por el término de dos años todos los pagos, incluso el de las asignaciones destinadas para la deuda contraída en Londres, y para las convenciones extranjeras.

Art. 2º. Las aduanas marítimas y demás oficinas recaudadoras de las rentas federales, enterarán todos sus productos líquidos en la Tesorería General, sujetándose exclusivamente a las órdenes del Ministerio de Hacienda. En los días quince y último de cada mes, remitirán al mismo el estado de sus ingresos y egresos.

Art. 3º. Dentro del término de un mes, el gobierno formará y publicará un presupuesto económico de todos los gastos públicos sobre la base de hacer en el de 31 de diciembre de 1855 las reducciones que sean convenientes. El gobierno se sujetará a ese presupuesto económico desde su publicación y sólo el Congreso podrá variarlo después.

Art. 4º. Los pagos del presupuesto se harán en el orden siguiente: I. Los de la fuerza armada en campaña y en guarnición.

* Tomado de *El Siglo Diez y Nueve*, 18 de julio de 1819.

Los del material de guerra. Los de inválidos y mutilados en campaña. Estos pagos se harán íntegros, sin permitirse agregados. II. Los de las clases activas de la lista civil, y los de los militares que no estén en servicio. En estos pagos, excepto los de los sueldos de trescientos pesos abajo, que se satisfarán íntegros, se harán los demás con estricta igualdad proporcional. III. Los de las clases pasivas y pensionistas del erario. Mientras no se les pueda hacer el pago íntegro, se les aplicará con estricta igualdad proporcional el sobrante que hubiere cada mes después de pagadas las dos clases anteriores, o al menos la cantidad mensual que, para el caso de no haber ese sobrante, deberá el gobierno señalar con tal objeto en el presupuesto.

Art. 5°. El tesorero general deberá hacer observaciones por escrito, a las órdenes que le comunique el gobierno, para que haga por sí o abone a otras oficinas cualquiera pago que no esté comprendido en el presupuesto económico, o que de algún modo contravenga a las reglas del artículo anterior. Si hechas las observaciones por escrito, se repitiere la orden, deberá cumplirla, dando inmediatamente cuenta al Congreso; o en su receso, a la diputación permanente. Si no hubiere las observaciones por escrito, o no diere cuenta inmediatamente después de que se le repita la orden, incurrirá en la pena de sustitución de empleo, y se le sujetará a juicio para las otras penas que merezca por su falta.

Art. 6°. Se establece una junta superior de hacienda compuesta de un presidente y cuatro vocales, nombrados todos por el gobierno, con aprobación del congreso, debiéndose elegir dos al menos de entre los diversos acreedores del erario. Con la misma aprobación nombrará el gobierno cinco suplentes. La junta tendrá y organizará con aprobación del gobierno una oficina con las secciones necesarias para su despacho y una sección liquidataria de la deuda pública.

Art. 7°. Serán atribuciones de la junta: I. Liquidar lo que se adeude por la deuda contraída en Londres y por las convenciones extranjeras. II. Liquidar los créditos que aún no lo estén de los comprendidos en la ley de 30 de noviembre de 1850. III. Liquidar los créditos posteriores últimos contra el erario hasta 30 de junio del presente año, inclusos los comprendidos en la ley de 17 de diciembre de 1860, para hacer la conversión conforme a las bases que se darán en una ley especial. IV. Cobrar todos los créditos a favor del erario de que no tengan conocimiento las oficinas, pudiendo con aprobación del gobierno celebrar arreglo con los deudores. V. Ejercer por sí en el Distrito y por medio de los jefes superiores de hacienda en los estados y territorios, todas las atribuciones relativas a la desamortización de bienes de corporaciones y a la nacionalización de los eclesiásticos, administrando y realizando lo que queda de éstos, inclusos los edificios de los conventos suprimidos. VI. Terminar en la vía administrativa, con aprobación del gobierno, todas las cuestiones pendientes con motivo de las leyes de desamortización y nacionalización, siempre que los interesados se sometan previamente a su resolución, en cuyo caso no les quedará ningún recurso judicial ulterior. VII. Distribuir todos los fondos que recaude entre los acreedores del erario, aplicando a los de la conducta tomada en Laguna Seca, el producto de los edificios de los conventos de religiosos suprimidos, cuidando de completar la dotación de las religiosas y dando preferencia en los demás a los créditos de convenciones extranjeras, ya en virtud de los arreglos que se celebren al efecto, o ya en remates que se hagan periódicamente en almoneda pública.

Art. 8º. Para que la junta desempeñe estas atribuciones, y las demás económicas que le encargue el gobierno, se le consigna lo siguiente: En el Distrito, todos los pagarés existentes en la oficina especial de desamortización; el producto de todas las redenciones pendientes; los capitales que por no haber sido redimidos, o por cualquiera otro motivo pertenezcan al erario, y los edificios de las corporaciones suprimidas o refundidas, con los lotes, terrenos y materiales existentes. En los estados y territorios todo el producto, ya en especie, ya en pagarés, que falte que recaudar de los bienes eclesiásticos, así como los edificios de los conventos y cualesquiera corporaciones suprimidas; sin más deducción que la del 20% consignado a los mismos estados. Se exceptúan en éstos y en el Distrito los edificios y los capitales de que se haya hecho consignación especial, en virtud de alguna ley o disposición del gobierno de la Unión.

Art. 9º. Todos estos bienes formarán por ahora el fondo destinado para el crédito público; y los empleados respectivos en el distrito, así como los jefes superiores de Hacienda en los estados y territorios, pondrán inmediatamente a disposición de la junta todas las escrituras, títulos, noticias, inventarios y demás documentos correspondientes.

Art. 10. En la ley especial que se dictará para la conversión de la deuda pública, se fijará la parte con que los estados deben contribuir para su pago.

Art. 11. Se autoriza al gobierno para que dentro del término de un mes pueda decretar un impuesto sobre el tabaco, que se cobre para el erario federal en toda la república.

Art. 12. Se autoriza al gobierno para que durante los meses que faltan de este año, pueda aumentar en el Distrito el derecho de alcabala a los efectos nacionales hasta una mitad más, en los artículos que a su juicio lo permitan, exceptuándose de todo aumento los artículos de industria agrícola y fabril especificados en el decreto de 24 de septiembre de 1855. Tanto el erario federal como las municipalidades del Distrito, percibirán el aumento que se hiciere en la parte correspondiente.

Art. 13. Se duplica en el Distrito el derecho de contrarregistro que se cobra a los efectos extranjeros, debiendo subsistir la duplicación sólo por el tiempo que sea absolutamente preciso, a juicio del gobierno, para el objeto del artículo siguiente.

Art. 14. Con el nuevo producto del derecho de alcabala y contrarregistro, y con la contribución que se imponga contra el tabaco, el gobierno pagará de toda preferencia las deudas que haya contraído desde 29 de mayo último y las que contrajere para los gastos del restablecimiento de la paz pública; subsistiendo las órdenes que en virtud de refacciones se hayan expedido para el pago de los caudales tomados en Laguna Seca.

Art. 15. Cesan todas las facultades y toda intervención de los gobernadores y de cualesquiera otros funcionarios de los estados en las aduanas marítimas y demás rentas federales. Cualquiera invasión en las atribuciones que la Constitución y las leyes cometen al gobierno de la Unión, en la administración y distribución de sus rentas, será considerada como causa grave de responsabilidad. Los empleados federales que consintieren en que se distraigan las rentas para otras atenciones; que autoricen o permitan algún pago contra lo que dispone esta ley o que enerven de cualquiera modo el cumplimiento de las órdenes del Ministerio de Hacienda, quedarán por el mismo hecho destituidos de su empleo, e inhabilitados para ejercer ningún cargo o comisión del gobierno, y se sujetarán a juicio para las otras penas que merezcan por su falta.

Art. 16. Queda facultado el gobierno para reformar y organizar, dentro de un mes, todas las oficinas, sobre la base de reducir el importe de la planta de cada una de ellas, pudiendo aumentar el sueldo de algunos empleados, disminuyendo su número.

Dado en el salón de sesiones del Congreso de la Unión, en México, a 17 de julio de 1861.- Gabino F. Bustamante, diputado presidente.- Francisco de P. Cendejas, diputado secretario.- E. Robles Gil, diputado secretario.

Por tanto, mando se imprima, publique, circule y se le dé el debido cumplimiento. Dado en el palacio nacional de México, a 17 de julio de 1861.- Benito Juárez.- Al C. José Higinio Núñez, secretario de Estado y del despacho de Hacienda y Crédito Público.

Y lo traslado a V. E. para su inteligencia y cumplimiento. Libertad y Reforma. México, etc.- Núñez.

CONTRATO CELEBRADO CON LA CASA S. BLEICHROEDER DE BERLÍN, LOS SEÑORES ANT. GIBB E HIJOS DE LONDRES Y EL BANCO NACIONAL DE MÉXICO*

[En 1888 Manuel Dublán negoció una segunda operación de conversión de los bonos de la deuda inglesa y de la deuda flotante que fueron satisfechos con el empréstito europeo que aceptaron conjuntamente banqueros alemanes e ingleses.]

Empréstito

Contrato celebrado entre el ejecutivo federal de los Estados Unidos Mexicanos representado por el señor don Benito Gómez Farías, por una parte; y por otra, la casa S. Bleichroeder, de Berlín; los señores Ant. Gibbs e hijos, de Londres, y el Banco Nacional de México, representado éste por el señor Eduardo Noetzlin, según el poder que se agrega.

Teniendo en consideración:

---

* Tomado de Manuel Dublán, *Memoria de Hacienda y Crédito Público correspondiente al año económico de 1889-1890, presentada por el secretario del ramo...*, Imprenta de Ignacio Escalante, México, 1892.

Primero

Que el ejecutivo federal de los Estados Unidos Mexicanos fue autorizado por la ley del Congreso de la Unión de 13 de diciembre de 1887, que es anexa, para contratar un empréstito de 10 500 000 libras esterlinas cuyos productos deben destinarse: *A*) Al pago y amortización de la deuda flotante que está causando intereses y que asciende próximamente a 13 000 000 de pesos, o sean 2 000 000 de libras esterlinas. *B*) A la amortización de los bonos de la deuda consolidada de los Estados Unidos Mexicanos que circulan en Londres, de conformidad con el contrato celebrado en dicha ciudad el 23 de junio de 1886 y los arreglos posteriores hechos hasta esta fecha por el gobierno mexicano, cuyos bonos importan 15 000 000 de libras esterlinas aproximadamente. *C*) À la ejecución, si algún sobrante resultare, de las obras de utilidad pública que el gobierno designe.

Segundo

Que el ejecutivo federal de los Estados Unidos Mexicanos, a fin de cumplir con las prevenciones de la ley citada, se propone emplear el producto de la parte del empréstito que, conforme al presente contrato, se vende en firme, de toda preferencia en la amortización de la deuda flotante que devenga intereses en la actualidad; y el sobrante, en la ejecución de obras de utilidad pública que sean productivas.

Por estas consideraciones, entre las partes que quedan expresadas, se ha celebrado el presente contrato con arreglo a las estipulaciones que siguen.

Art. 1º. El ejecutivo federal de los Estados Unidos Mexicanos, en uso de la autorización que le concede la ley de 13 de diciembre de 1887, emite un empréstito de 10 500 000 libras esterlinas nominales, o sean 214 200 000 marcos del imperio alemán al cambio fijo de 20.40 pesos por cada una libra esterlina.

Este empréstito se denominará: "Deuda Consolidada Exterior Mexicana". Es absolutamente libre de todo impuesto, tanto el capital como los intereses, y el gobierno mexicano no podrá sujetarla a ningún impuesto futuro.

Art. 2º. El importe nominal de 10 500 000 libras esterlinas o 214 200 000 marcos del imperio alemán del empréstito referido, se emitirá en bonos de los siguientes valores nominales:

Apéndice documental

		Libras	*Marcos*
27 500	Bonos de £ 20 o 408 mcs. del imperio alemán	750 000	15 300 000
47 500	Bonos de £ 100 o 2 040 mcs. del imperio alemán	4 750 000	96 900 000
6 000	Bonos de £ 500 o 10 200 mcs. del imperio alemán	3 000 000	61 200 000
2 000	Bonos de £ 1 000 o 20 400 mcs. del imperio alemán	2 000 000	40 800 000
93 000	Bonos con valor nominal de	10 500 000	214 200 000

Los bonos serán al portador; se expedirán impresos en español, alemán e inglés, con numeración progresiva, y su texto contendrá la constancia de la deuda de los Estados Unidos Mexicanos por la suma expresada en cada bono, la obligación de redimirla y de pagar sus intereses en el tiempo y forma estipulados en el presente contrato, la indicación de las garantías especiales que conforme al art. 5° se constituyen para la seguridad del empréstito y, por último, la declaración de exención de toda clase de impuestos.

Los bonos serán firmados por el tesorero general de la federación y por el contador de la Tesorería, y llevarán impresos la ley de 13 de diciembre de 1887 y un extracto de los artículos 1° hasta el 5° del presente contrato.

Art. 3°. El gobierno mexicano pagará sobre este empréstito intereses a razón de 6% anual, pagaderos por trimestres que vencerán en los días 1 de enero, 1 de abril, 1 de julio y 1 de octubre de cada año, en la casa S. Bleichroeder, en Berlín; en Londres en la casa de los señores Ant. Gibbs e hijos; en Amsterdam en la casa de los señores Lippmann, Rosenthal y Cía.

Los bonos estarán provistos de una hoja con 60 cupones de intereses y un talón. Contra devolución de este último, y una vez que los cupones emitidos hayan sido agotados, el gobierno mexicano suplirá, libre de costo para el portador, nuevas hojas de cupones y talones por medio de las casas arriba citadas.

En los cupones se expresará el importe de cada uno en libras esterlinas y en marcos del imperio alemán, en relación con el valor nominal de cada bono; y contendrán la obligación de los Estados Unidos Mexicanos de pagar el día de cada vencimiento la suma correspondiente, a elección del tenedor: en Berlín, en la casa de S. Bleichroeder; en Londres, en la casa de los señores Ant. Gibbs e hijos; o en Amsterdam, al precio del cambio del día, en la casa de los señores Lippmann, Rosenthal y Cía.

El primer cupón vencerá el 1 de julio de 1888 y su importe será el de los intereses que cada bono devengue durante el trimestre de abril, mayo y junio anteriores.

En caso de que la entrega de los certificados provisionales a la casa S. Bleichroeder (art. 9º) tenga lugar antes del 1 de abril de 1888, el gobierno mexicano pagará a los contratantes los intereses de 6% anual sobre el valor nominal por el término que corra hasta la citada fecha, y el importe de dichos intereses se descontará del primer pago que se haga al gobierno mexicano conforme al art. 8º de este contrato.

Las casas encargadas de pagar los intereses anunciarán cada pago con quince días de anticipación en dos periódicos de Berlín, uno de Londres y uno de Amsterdam, y cancelarán los cupones de intereses y bonos amortizados, guardándolos después en Berlín y Londres a la disposición del agente financiero del gobierno mexicano.

El Banco Nacional de México, que con arreglo al acta de concesión que le dio el gobierno mexicano tiene el derecho de servicio de toda la deuda de los Estados Unidos Mexicanos y los empréstitos que se contraten por el gobierno, está de conformidad de que, respecto al presente empréstito mexicano consolidado exterior, se encargue a la casa S. Bleichroeder, de Berlín, de la gestión necesaria para el servicio en Europa.

Las diferencias de cambio que resulten por el pago de cupones y bonos amortizados en Berlín o en Londres con las remesas hechas por el gobierno por medio del Banco Nacional de México, serán liquidadas por la casa S. Bleichroeder con el gobierno mexicano por medio del Banco Nacional de México.

Los anuncios ya referidos serán por cuenta del gobierno mexicano.

El gobierno mexicano concede a la casa S. Bleichroeder, sobre el importe del pago de los cupones y de los bonos que se hayan de amortizar por compra o sorteo, un 0.25% de comisión que le será pagado por medio del Banco Nacional de México.

Art. 4º. Con objeto de constituir un fondo de amortización del empréstito, el gobierno mexicano pagará desde el 1 de abril de 1893, anualmente, a la casa S. Bleichroeder, 0.5% sobre el valor nominal de los bonos emitidos, elevando así su pago anual de 6 a 6.5% o sea 1⅝% por trimestre, y seguirá haciendo el mismo pago hasta la completa amortización del empréstito, sin tomar en cuenta el número de bonos ya amortizados.

No se constituirá el fondo de amortización por el valor total del empréstito antes de que se haya negociado definitivamente por el gobierno mexicano la suma íntegra de 10 500 000 libras nominales o 214 200 000 marcos del imperio alemán. Si solamente se negociare una parte, el fondo de amortización se formará en proporción a la parte negociada.

El fondo de amortización que resulte al fin de un trimestre se invertirá durante el siguiente en la compra de bonos en el mercado, siempre que puedan adquirirse a menos de su valor a la par. La casa S. Bleichroeder que queda encargada de esta compra dará el debido aviso de sus operaciones al gobierno mexicano, poniendo a su disposición los bonos amortizados y cancelados.

Si el precio de los bonos fuere igual o superior a su valor a la par, el indicado fondo se invertirá en la amortización a la par de dichos bonos, por medio de sorteos que la casa S. Bleichroeder hará en Londres por cuenta del gobierno mexicano, quince días antes del vencimiento de cada pago trimestral de intereses, con la intervención del agente financiero de dicho gobierno y en presencia de un notario público. La lista de los bonos designados por la suerte se publicará inmediatamente por cuenta del gobierno mexicano en dos periódicos de Berlín, uno de Londres y otro de Amsterdam, y su reembolso se hará al mismo tiempo que el pago del cupón inmediato.

Los bonos designados en el sorteo tendrán que ser presentados al reembolso con todos los cupones no vencidos a la fecha y dejarán de causar intereses desde la fecha señalada para su amortización.

Desde el año de 1898 el gobierno mexicano tiene el derecho de aumentar a su arbitrio el fondo de amortización, o de redimir a la par el valor total del empréstito, anunciando en este último caso su determinación por un aviso anticipado de seis meses que por medio de la casa S. Bleichroeder, y por cuenta del gobierno, se publicará a los tenedores de bonos en los periódicos ya mencionados. En este caso la redención se efectuará igualmente por la casa S. Bleichroeder, en Berlín, la de Antony Gibbs e hijos, en Londres, y la Lippmann, Rosenthal y Cía. en Amsterdam.

Art. 5º. Como garantía especial del exacto cumplimiento de lo estipulado en este contrato sobre pago de intereses y amortización del empréstito, el gobierno mexicano consigna y afecta en favor de los tenedores de bonos de una manera igual para todos, sin dar preferencia a ninguno de ellos, y mientras dichos bonos no hayan sido totalmente amortizados:

1. El 20% del total monto de los derechos que la ley de ingresos designa bajo el rubro general de "Contribuciones sobre importaciones y exportaciones" y que se causen en las aduanas marítimas y fronterizas de la república, sean cuales fueren las denominaciones especiales de esos derechos y el lugar en que se haga el despacho de las mercancías.

2. El producto íntegro sin más deducción que la de los gastos de administración, de las contribuciones directas que se causen en el Distrito Federal bajo la denominación de "predial, patente y profesional", o cualquiera otra.

Las contribuciones, derechos de aduana e impuestos así consignados deberán exceder cada año, por lo menos en 10%, a la cantidad requerida para el pago de intereses y amortización. En caso de que no ascendiesen a tal importancia, el gobierno mexicano aumentará en la parte necesaria a favor de los tenedores, la consignación de contribuciones mencionadas en 1.

Aparte de este último mencionado caso, las garantías estipuladas que forman una seguridad inalienable a beneficio de los tenedores de este empréstito no podrán alterarse de ningún modo.

Art. 6º. El gobierno mexicano dejará constantemente, a medida que se tomen los bonos bajo este contrato, en manos de la casa de S. Bleichroeder, hasta que el presente empréstito no se redima totalmente, las cantidades que sean suficientes para cubrir el interés vencido de dos trimestres de los bonos emitidos. Estas cantidades serán retenidas por la casa S. Bleichroeder del producto del empréstito negociado en firme (art. 8º) y se pagarán por el gobierno mexicano al contado, en respecto y proporción a aquellas partes del empréstito que de tiempo en tiempo ella tome en uso de la opción, de acuerdo con el arreglo presente (art. 10).

Es además convenido que el gobierno mexicano solamente dispondrá del sobrante de los ingresos procedentes de los impuestos consignados como garantía a los tenedores cuando la casa S. Bleichroeder tenga en manos las sumas referidas en el párrafo precedente, y después que el Banco Nacional de México haya recaudado por cuenta de los tenedores las sumas requeridas para el pago de intereses y amortización del corriente trimestre.

Art. 7°. A fin de hacer efectivas las consignaciones que se expresan en el art. 5°, y tan luego como se firme este contrato, el gobierno mexicano publicará un decreto mandando emitir desde luego certificados especiales para el objeto de este empréstito, con los que será forzoso cubrir el 20% de los derechos que se causen en las aduanas marítimas y fronterizas de la república; bajo la pena de quedar sujeto el contraventor a segundo pago, por el doble de la cantidad no exhibida en certificados.

Estos certificados se entregarán en calidad de prenda al Banco Nacional de México por cuenta de los tenedores, y el Banco se encargará de darlos al público contra pago en efectivo en los puntos donde estén situadas las aduanas y donde, por tanto, deberán usarse los certificados en parte de pagos de derechos.

La primera entrega de certificados que se hará al banco dentro de las cuatro semanas siguientes a la fecha de este contrato, será de 4 000 000 de pesos y en lo sucesivo, al fin de cada semestre, en los meses de junio y diciembre, el gobierno mexicano repondrá las sumas de certificados que se hubieren realizado, hasta completar los indicados 4 000 000 de pesos.

En cuanto a las contribuciones directas del Distrito Federal, sus productos líquidos, sin más deducción que la que importen los gastos de administración, serán entregados al Banco Nacional de México en los primeros 20 días de enero, marzo, mayo, julio, septiembre y noviembre de cada año. Estos pagos pueden demorarse hasta que el gobierno mexicano haya negociado bonos por valor nominal de 8 000 000 de libras esterlinas, o 163 200 000 marcos del imperio alemán, con tal que los productos del 20% de las contribuciones sobre importaciones y exportaciones ya consignadas sean suficientes a cubrir los importes requeridos.

Las sumas procedentes de las consignaciones que quedan (1 y 2, art. 5°) en la parte necesaria para el pago de intereses, amortización y demás gastos del servicio (0.25% de comisión, etc.) del empréstito, serán remitidas por el Banco Nacional de México a la casa S. Bleichroeder en Berlín a más tardar el día 15 de los meses de febrero, mayo, agosto y noviembre de cada año, quedando los sobrantes (art. 6°) a disposición del gobierno mexicano. El Banco Nacional de México hará la primera remesa el día 15 de mayo de 1888, con destino al pago del primer cupón que vencerá el 1 de julio.

Art. 8°. La casa S. Bleichroeder, los señores Ant. Gibbs e hijos y el Banco Nacional de México, suscriben desde luego y el gobierno mexicano les cede 3 700 000 libras esterlinas nominales, o 75 480 000 marcos del imperio alemán, parte del valor total del empréstito, bajo las condiciones siguientes:

El precio de compra queda fijado en el 70% del valor nominal de los bonos que la casa S. Bleichroeder, los señores Ant. Gibbs e hijos y el Banco Nacional de México emitirán al público por su cuenta y riesgo, cuando lo estimen conveniente.

En consecuencia, los compradores deberán pagar por 3 700 000 libras a 70%, 2 590 000 en moneda inglesa.

Esta suma, previo recibo de los certificados provisionales (art. 9°) y después de deducir los importes que se mencionan más adelante, será puesta a disposición del gobierno mexicano en Londres por medio de cartas de crédito que la casa S. Bleichroeder dará a tres, cuatro, cinco y seis meses fecha, por cuartas partes. Del primer crédito se deducirán los intereses hasta 1 de abril de 1888, según se expresa en el artículo 3°.

También dejará el gobierno mexicano en poder de la casa S. Bleichroeder la suma de 55 500 libras, parte del primer crédito, y otra igual suma, parte del tercer crédito, con destino de constituir el depósito de dos trimestres anticipados en conformidad con el artículo 6° de este contrato.

El gobierno mexicano pagará los gastos de la emisión en Europa. La casa S. Bleichroeder se encarga del pago de todos los gastos de la emisión por una suma total de 46 250 libras que le abonará el gobierno mexicano, que al realizarse el precio de compra, se deducirán en cuatro pagos iguales de los importes disponibles de las cartas de crédito arriba mencionadas.

El gobierno mexicano tendrá derecho de librar contra las firmas indicadas en las antes citadas cartas de crédito, para las fechas de vencimiento en que son pagaderas, de la manera siguiente: desde luego contra la primera; después de un mes, contra la segunda; después de dos meses, contra la tercera, y después de tres meses contra la cuarta.

Art. 9°. Entretanto se concluye la impresión y firma de los bonos definitivos, el gobierno mexicano se obliga a entregar a la casa S. Bleichroeder en Berlín, libres de gastos y dentro del término de cuatro semanas, contadas desde la fecha de este contrato, certificados provisionales de los valores parciales que pida dicha casa, hasta completar la suma de 3 700 000 libras esterlinas, o 75 480 000 marcos del imperio alemán, vendida en firme.

Estos certificados provisionales llevarán la firma autógrafa de un apoderado o representante del gobierno mexicano, y estarán provistos de dos cupones de intereses que vencerán el 1 de julio y el 1 de octubre de 1888.

El gobierno mexicano se obliga a efectuar el cambio de los certificados provisionales por los bonos definitivos, igualmente sin gastos para los tenedores de bonos, a la mayor brevedad posible y a más tardar el día 1 de octubre de 1888.

El gobierno mexicano pagará el timbre que los certificados provisionales, lo mismo que los bonos definitivos, tendrán que llevar, de acuerdo con las leyes del país o países en que los contratantes decidan emitirlos.

Artículo 10. El gobierno mexicano concede a la casa S. Bleichroeder, a los señores Antony Gibbs e hijos y al Banco Nacional de México, desde la fecha de este contrato hasta el 1 de julio de 1889, el derecho de opción para tomar el resto del empréstito, es decir, 6 800 000 libras esterlinas nominales, o 138 720 000 marcos del imperio alemán al tipo neto de 86.5 por ciento.

La casa S. Bleichroeder, los señores Antony Gibbs e hijos y el Banco Nacional de México, pueden hacer uso de este derecho cuando les convenga dentro del mencionado término y por cantidades que no bajen de 200 000 libras esterlinas o 4 080 000 marcos del imperio alemán.

Art. 11. Para todo lo que se refiera a las declaraciones de opción que se hagan en uso del derecho que expresa el artículo anterior, y a las operaciones consiguientes a ellas, el gobierno mexicano será representado por su agente financiero, y éste se entenderá exclusivamente con la casa S. Bleichroeder que procederá por sí y en representación de los señores Antony Gibbs e hijos y del Banco Nacional de México.

En cuanto al pago de las cantidades que debe recibir el gobierno mexicano en caso de ejercerse el derecho de opción, se hará de la manera que expresan los artículos que siguen.

Art. 12. Como el producto de los 6 800 000 libras esterlinas, o 138 720 000 marcos del imperio alemán restantes del empréstito está destinado exclusivamente a amortizar los bonos de la Deuda Consolidada de los Estados Unidos Mexicanos que circulan en Londres de conformidad con el contrato ajustado en dicha ciudad el 23 de junio de 1886, y los arreglos posteriores celebrados hasta esta fecha por el gobierno mexicano (cuyos bonos se denominan en los artículos posteriores de este contrato Bonos de la Deuda Consolidada de Londres), la casa S. Bleichroeder tiene el derecho de dar en pago esos bonos con sus cupones de intereses corrientes al tipo de 40% de su valor nominal, sea cual fuere el precio a que los hubiere adquirido.

Si, por ejemplo, ese derecho de opción se ejerciere por 200 000 libras nominales del empréstito, la casa S. Bleichroeder pagará en cambio de ellas, al indicado tipo de 86.5%, 173 000 libras esterlinas, haciendo este pago en bonos de la Deuda Consolidada de Londres por la cantidad o valor nominal de 432 500 libras esterlinas.

Los bonos del empréstito por los que se ejerciere el derecho de opción en el curso del primer o tercer trimestre de cada año estarán provistos del cupón de intereses corrientes; y los que se tomen en el segundo y cuarto trimestre llevarán, además, el cupón que corresponda al trimestre anterior, al efecto de que los bonos del empréstito y los que se den en pago de su precio, devenguen siempre intereses desde la misma fecha.

La casa S. Bleichroeder declarará la opción, o cualquiera parte de ella, por medio de carta certificada dirigida al agente financiero en Londres del gobierno mexicano.

La casa S. Bleichroeder tendrá el derecho de demorar las entregas de bonos de la Deuda Consolidada de Londres, en que debe hacerse el pago del precio, recibiendo, sin embargo, los bonos del empréstito respecto de los cuales ejerciere el derecho de opción, siempre que deposite en el Banco de Inglaterra el precio de éstos, al indicado tipo de 86.5% en dinero efectivo, que se retirará con intervención del agente financiero del gobierno mexicano al hacerse la entrega correspondiente de los bonos de la Deuda Consolidada de Londres.

En caso de que al liquidarse una de estas operaciones resulte una fracción que no se pueda saldar en bonos de la Deuda Consolidada de Londres, quedará pendiente, y se tomará en cuenta en la próxima transacción.

Art. 13. El gobierno mexicano depositará en Londres el resto de los bonos del empréstito, o sea 6 800 000 libras esterlinas, o 138 720 000 marcos del imperio alemán para que en cada caso de ejercerse el derecho de opción, estén sin demora a disposición de la casa S. Bleichroeder, y los bonos de la Deuda Consolidada de Londres que ésta entregue en cada operación, según expresa el artículo anterior, serán cancelados e inutilizados por el agente financiero del gobierno mexicano, inmediatamente después de que los reciba, en la forma que el gobierno determine.

En caso de que el derecho de opción comenzare a ejercerse antes de que estén concluidos los bonos definitivos del empréstito, la casa S. Bleichroeder recibirá certificados provisionales que se expedirán con los requisitos y en la forma que expresa el art. 9°, y que serán cambiados, sin gastos para los tenedores, dentro del plazo que el mismo artículo señala.

Dichos certificados provisionales y bonos definitivos serán timbrados según el art. 9°, y el costo será por cuenta del gobierno mexicano.

Art. 14. Si el precio de los bonos de la Deuda Consolidada de Londres llegare a ser de 40% o más de su valor a la par, el gobierno mexicano se obliga a amortizar dichos bonos por medio de sorteos, previo el debido aviso y en las cantidades que en cada caso indique la casa S. Bleichroeder, reembolsándolos a 40% de su valor nominal, de conformidad con el art. 6° del convenio celebrado en Londres el 23 de junio de 1886.

La casa S. Bleichroeder, antes de que se anuncie cada sorteo, pondrá a disposición del gobierno mexicano en Londres los fondos necesarias para el reembolso de los bonos que designe la suerte para su amortización, recibiendo desde luego los bonos de empréstito que al indicado tipo de 86.5% correspondan a la suma puesta a disposición del gobierno mexicano.

Art. 15. El gobierno mexicano se obliga a no contratar ni emitir ningún empréstito en el extranjero, mientras que la casa S. Bleichroeder, los señores Antony Gibbs e hijos, y el Banco Nacional de México, no hayan hecho uso de la opción que se les confiere por el art. 10 de este contrato.

Art. 16. Si al finalizar el plazo otorgado en el art. 10 para tomar el resto del empréstito, el derecho de opción no se hubiere ejercido respecto de una parte de los 6 800 000 libras esterlinas o 138 720 000 marcos del imperio alemán, el gobierno mexicano tratará de preferencia con la casa S. Bleichroeder, por su propio derecho y en representación de los señores Antony Gibbs e hijos y del Banco Nacional de México, para negociar la parte del empréstito que quede en su poder con destino a amortizar los bonos de la Deuda Consolidada de Londres.

La casa S. Bleichroeder participa en la proporción de 65.54%, los señores Antony Gibbs e hijos en la proporción de 20% y el

Banco Nacional de México en la proporción de 18.416%, sin solidaridad entre ellos, en lo que se refiere a la parte del empréstito vendida en firme según el art. 8º, al derecho de opción de que trata el art. 10 y a todos lo derechos y obligaciones consecuentes de la compra en firme y derecho de opción arriba citados. Este contrato se extiende y firma en doble texto, español y alemán, en cuatro ejemplares, uno para cada parte interesada, en la ciudad de Berlín, a los 24 días del mes de marzo de 1888.

Por el gobierno mexicano, B. Gómez Farías.- Por el Banco Nacional de México, Ed. Noetzlin.- S. Bleichroeder.[1]

MONTO DE LA DEUDA PÚBLICA TANTO INTERIOR COMO EXTERIOR EL 30 DE JUNIO DE 1911*

Deuda exterior

Bonos de la deuda consolida de 5% de 1899	102 557 994.81
Bonos del empréstito municipal de la ciudad de México	15 546 633.82
Bonos de la deuda de 4% oro de 1904	76 384 430.24
Bonos del empréstito de 1888	13 081.62
Bonos del empréstito de 1890	3 904,96
Bonos del empréstito de 1893	2 147.73
Bonos hipotecarios del F. C. de Tehuantepec	4 341.77
Certificados provisionales de la deuda exterior mexicana de 4% oro de 1910	106 663 830.00
Suma	$ 301 176 364.95

Deuda interior

Bonos de la deuda interior consolidada de 3%	43 329 250.00
Bonos de la deuda interior amortizable de 5%. Primera a quinta series	91 892 200.00

[1] Este contrato se recibió en México el día 25 de abril.
* Tomado de José Yves Lmantour, *Apuntes sobre mi vida pública, 1892-1911*, Editorial Porrúa, México, 1965.

Bonos del F. C. de Monterrey al Golfo mexicano	2 000.00
Bonos de las obras del Puerto de Veracruz	25.00
Bonos de subvención del F. C. de Veracruz al Pacífico	60.00
Certificados provisionales de subvención del F. C. Kansas City, México y Oriente	445 400.00
Bonos del saneamiento de Veracruz	—
Bonos del saneamiento de Tampico, 1a. y 2a. series	—
Bonos del saneamiento de Mazatlán	—
Bonos del saneamiento de Puerto México	—
Suma	$ 135 668 935.00

Resumen

Deuda exterior	301 176 364.95
Deuda interior	135 668 935.00
Suma	$ 436 845 299.95

CRONOLOGÍA DE LA DEUDA PÚBLICA
1821-1910

Leonor Ludlow
Carlos Marichal

FECHA, GOBIERNO Y SECRETARIO DE HACIENDA	OPERACIONES DIVERSAS Y DISPOSICIONES LEGISLATIVAS
25 de sep. de 1821 Primera regencia; Srio. Rafael Pérez Maldonado	Fundación de la Junta de Crédito Público, compuesta por José Alejo Alegría, presidente, era el contador decano de la Contaduría Mayor de Cuentas, además de los vocales, Felipe Santiago Sáenz, Ildefonso Maniau, Ignacio Nájera y de Fernando Navarro, como secretario.
8 de nov. de 1821	Establecimiento de la Secretaría de Estado y del Despacho Universal de Hacienda, correspondiéndole: 1º "todos los negocios pertenecientes a la Hacienda Pública en sus diversas rentas. 2º "La provisión inmediata, o aprobación en su caso, de todos los empleos de rentas."
16 de abril de 1822	Préstamo voluntario para atender las necesidades del ejército y del Estado, avalados por "billetes o cédulas firmadas de su mano".
25 de junio de 1822	El Congreso autorizó un préstamo con potencias extranjeras por 25 a 30 000 000 de pesos, para lo cual hipoteca "la generalidad de las rentas de la nación".
17 de marzo de 1823	Segunda emisión de papel moneda (en bulas).
Feb. de 1821-marzo de 1823 I imperio, general Agustín de Iturbide	Préstamos voluntarios proporcionados por: fondo del Concurso del Consulado; casa de Iturbe y Álvarez (fondos de los santos lugares de Jerusalén); fondo dotal de la Casa de

Moneda; Consulado de México; Isidro y Juan Icaza; cofradías a través del Consulado; cajas de las catedrales de México, Monterrey, Durango y conventos de Santo Domingo, San Agustín, y el Carmen; archicofradía de Nuestra Señora del Rosario; religiosas de Santa Clara; fondo de bienes difuntos ultramarinos de Guadalajara; archicofradía de Aranzazu. *Cajas foráneas de*: Durango (fondos del Colegio Seminario, del Cabildo, de la Iglesia y del Tribunal de Minería), Pachuca (fondos del Tribunal de Minería y de los mineros), José María Montero y Manuel Martiarena (remesas de plata), Acapulco, Puebla, Veracruz (fondos de la Aduana de Jalapa, del tesorero militar en Córdoba y Orizaba), Zacatecas (fondos del Consulado de Guadalajara), Valladolid, San Luis Potosí; bienes de comunidad de indios; bienes del marquesado del Valle; parcialidades indios de San Juan y de Santiago; fondos de la Orden de Guadalupe; pueblos de la intendencia de México; Tribunal del Protomedicato. *Préstamos forzosos*: Comerciantes manilos (conducta de Acapulco); al Consulado de México (3 meses); a los consulados México, Puebla, Veracruz y Guadalajara; Conducta decomisada en la hacienda del Palmar; fondo del depósito de la Casa de Moneda; conducta de plata en Perote y Jalapa; Diego García (arriero de una conducta).

1 de mayo de 1823 Srio. Francisco de Arrillaga	Adeudo con empleados civiles y descuento de sueldos: el Congreso autoriza al poder ejecutivo para contratar un empréstito por 8 000 000, con las casas inglesas de Robert P. Staples.
27 de julio de 1823	El Congreso autorizó al gobierno a contratar un empréstito por 20 000 000 de pesos con casas extranjeras o sus comisionados. No se deroga el decreto anterior y se autoriza convenir sólo uno, Francisco Borja Migoni, que entabla negociaciones en Londres.
18 de agosto de 1823	Firma del préstamo con la casa Barclay, Herring, Richardson y compañía por 1 600 000 libras (8 000 000 de pesos), a cambio de una

	emisión de bonos mexicanos en Londres por el doble, a diversas tasas de interés.
31 de enero de 1824	El Congreso faculta a Roberto P. Staples para abrir en Londres un préstamo no mayor a 1 500 000 pesos fuertes, en las condiciones más favorables.
21 de febrero de 1824	Firma del préstamo convenido con la casa A. Goldschmidt de Londres y el representante mexicano Francisco de Borja Migoni.
12 de mayo de 1824	Propuestas y discusión en torno al crédito público en el Congreso Constituyente de la Federación Mexicana.
14 de mayo de 1824	El Congreso aprobó el préstamo Borja-Goldschmidt.
28 de junio de 1824	El Congreso reconoce los siguientes adeudos: 1. Préstamos concedidos a los virreyes hasta el 17 de septiembre de 1810. 2. Créditos que se dieron a los "gobiernos reconocidos en la ley de premios y por los generales declarados beneméritos de la patria". 3. Préstamos forzosos a los virreyes. Desde el 17 de septiembre de 1810 hasta la fecha de entrada del Ejército Trigarante a la capital. 4. Compromisos contraídos por los jefes independientes desde la promulgación del Plan de Iguala hasta la entrada de estos ejércitos a la capital. 5. Deudas contraídas por los primeros gobiernos de la vida independiente.
25 de agosto de 1824	Firma del segundo préstamo con casas bancarias inglesas Barclay y Herring & Richardson y compañía.
24 de octubre de 1824 Pdte. Guadalupe Victoria; Srio. José I. Esteva	En las *Reglas para la Administración de la Hacienda Pública de la Federación en los Estados,* se estableció que la sección de Crédito Publico sea la responsable ante el Congreso de "administrar e informar acerca de la deuda nacional, las sumas amortizadas, los intereses cubiertos, y todo lo que fuera relativo a esta materia".
1 de octubre de 1827 Srio. Tomás Salgado	Victoria afirmó ante el Congreso que "no se han fijado las bases para el establecimiento del crédito público".
27 de nov. de 1827 Srio. Francisco García	El Congreso autorizó al gobierno a negociar un crédito, a pagar con dinero de importaciones o de la renta del tabaco.

CRONOLOGÍA DE LA DEUDA PÚBLICA 241

23 de mayo de 1828 Srio. José I. Esteva	Para el pago del préstamo inglés se cedió un octavo del producto líquido de las aduanas marítimas y el importe de los derechos de exportación de oro y plata acuñada, labrada y en pasta.
17 de agosto de 1829 Pdte. Vicente Guerrero; Srio. Lorenzo de Zavala	Préstamo forzoso (ordenado a nivel nacional) para atender los gastos de guerra (invasión española).
28 de enero de 1830 Pdte. Anastasio Bustamante; Srio. Rafael Mangino	Se ordenó a la Tesorería General "para que abra un registro de todos los créditos pasivos de la Hacienda pública con los cosecheros del tabaco u otros tenedores de certificados de esa procedencia, desde el año de 1820 a fin de proceder a su liquidación".
8 de febrero de 1830	Préstamo voluntario por tres meses reintegrable con los ingresos de aduanas del Distrito Federal. Préstamo voluntario solicitado a los habitantes de la ciudad de México, a pagar con ingresos de las alcabalas del Distrito Federal.
1 de mayo de 1830	Bases de la nueva contrata de la renta de Tabaco.
4 de sep. de 1830	El Congreso autorizó al gobierno a emitir letras sobre aduanas marítimas por 2 000 000 de pesos.
21 de mayo de 1831	Ley sobre clasificación y liquidación de la deuda pública interior.
6 de sep. de 1831	Por segunda vez el Congreso autorizó al gobierno a emitir bonos.
Enero de 1832	Secuestro de los fondos públicos de aduanas en Tampico y Veracruz.
11 de julio de 1832	El Congreso autorizó al gobierno a admitir créditos diversos que deberán ser canjeados por *certificaciones*.
7 de enero de 1833 Pdte. Manuel Gómez Pedraza; Srio. Miguel Ramos Arizpe	Suspensión de pagos con ingresos de aduanas marítimas.
24 de enero de 1833	Arrendamiento a los acreedores de las fincas rústicas del Fondo Piadoso de las Californias.
18 de febrero de 1833 Srio. Gómez Farías	Balance de créditos acumulados durante la administración de Bustamante.
5 de marzo de 1833	"Bases para la liquidación de los adeudos que pesan contra la aduana de México, conveni-

Diciembre de 1833 Pdte. Antonio López de Santa Anna	dos durante la administración de Bustamante." Bando que ordenó la unificación de créditos otorgados durante el gobierno de Anastasio Bustamante, pagaderos en las aduanas de México, Veracruz, y Tampico.
10 de marzo de 1834 Vicepresidente V. Gómez Farías; Srio. Antonio Garay	Préstamo en numerario.
2 de marzo de 1835 Pdte. interino Miguel Barragán; Srio. José María Blasco	"Ley para que todos los créditos contra el erario federal procedentes de préstamos o contratos celebrados con el gobierno desde 1832 hasta el 18 de noviembre de 1834, que no estén amortizados, se presenten a la Tesorería General creándose vales de amortización de créditos, que serán de cuatro clases." a) Los préstamos voluntarios o forzosos, sin interés. b) Créditos expedidos en documentos a pagar en las aduanas del Distrito Federal, las marítimas y la Casa de Moneda de México, se incluyen las expedidas a favor del Fondo de Minería y contra la Tesorería General. c) Préstamos forzosos de la administración de Bustamante y créditos de 20 y 80% emitidos por esta última. d) Vales de amortización existentes y de alcance de sueldos, de funcionarios públicos, empleados civiles, militares, jubilados, y pensionistas, los del monte pío, retirados y cesantes de la Federación emitidos desde el 1 de enero de 1832.
5 de nov. de 1835 Srio. Antonio Vallejo	Préstamo garantizado con la mina de Fresnillo en Zacatecas.
17 de nov. de 1835	Suspensión de pagos con ingresos de las aduanas.
28 de dic. de 1836 Srio. José María Cervantes	En el Tratado de Madrid se reconoció la decisión del Congreso de 1824 acerca del reconocimiento de la deuda virreinal.
17 de enero de 1837	Ley para que las casas de moneda suspendan la acuñación de la moneda de cobre y se cree un Banco Nacional con las facultades de amortizar estas piezas.
20 de enero de 1837	Ley sobre atribuciones del Banco Nacional de Amortización de la Moneda de Cobre.

CRONOLOGÍA DE LA DEUDA PÚBLICA   243

1 de abril de 1837	El Congreso autoriza al gobierno para contratar un empréstito con hipoteca del Fondo de Californias.
12 de abril de 1837	Decreto para la creación de un fondo nacional consolidado en libras esterlinas pagaderas en Londres a 5%. Para la operación de conversión se nombra a F. Lizardi y Compañía.
Junio de 1837 Pdte. Anastasio Bustamante	Orden de imponer arbitrios especiales en todos los ramos del país con el objeto de reunir 4 000 000 de pesos.
15 de octubre de 1837 Srio. Joaquín Lebrija	Firma de un convenio en Londres con los tenedores de los bonos mexicanos.
4 de nov. de 1837 Srio. Pedro Echeverría	Circular para establecer los requisitos de admisión de los *vales de alcance*.
27 de enero de 1838 Srio. José María Bocanegra	Ley que autorizó al Banco Nacional de Amortización para que contrate un préstamo.
9 de abril de 1838 Srio. Manuel E. de Gorostiza	Modificación a la ley del 28 de junio de 1824 sobre el reconocimiento de deudas por parte de la Federación.
Enero de 1838	Decreto que autorizó al gobierno para negociar un préstamo destinado a la "defensa de los departamentos litorales contra cualquier agresión extranjera".
9 de marzo de 1839 Srio. José Gómez de la Cortina	El Congreso autoriza al gobierno para negociar un préstamo por 400 000 pesos.
1 de junio de 1839 Pdte. interino Antonio López de Santa Anna; Srio. Francisco María Lombardo	Aprobación del Congreso del convenio celebrado en Londres con tenedores de los bonos mexicanos. Se destina la sexta parte de los ingresos de las aduanas de Veracruz y Tampico.
31 de julio de 1839 Interinato de Nicolás Bravo	El supremo poder conservador declaró nulo y sin valor el préstamo contratado en Londres.
6 de agosto de 1839 Pdte. Anastasio Bustamante; Srio. Javier Echeverría	El Congreso expidió una ley que cambia las bases de los convenios con acreedores, a quienes destina 15 y 17% de los ingresos aduanales.
18 de octubre de 1839	Se suman los *vales de alcance* como créditos del gobierno.
29 de octubre de 1839	El Congreso autoriza al gobierno a negociar un préstamo pagadero con el 10% de los derechos de importación.

21 de octubre de 1839	El Banco de Amortización es autorizado por el Congreso para contratar un segundo préstamo, pagadero con los productos de la renta del tabaco.
17 de octubre de 1840	El Congreso autorizó a la Secretaría de Hacienda a convenir un préstamo sobre el fondo de 17% de las aduanas marítimas.
16 de enero de 1841	Para el pago de los vales de alcance se destina 15% de los ingresos de alcabalas y 5% de los derechos de consumo.
16 de junio de 1841	El Congreso autoriza un préstamo hasta por un millón de pesos, respaldado con 33 un tercio de los derechos de importación recaudados en las aduanas marítimas.
6 de dic. de 1841 Pdte. Santa Anna; Srio. Ignacio Trigueros	Se sustituyó el Banco Nacional de Amortización por el Fondo para la amortización de la antigua moneda de cobre.
10 de febrero de 1842	Remate en subasta pública de los bienes de temporalidades.
11 de febrero de 1842	Convenio celebrado por F. de Lizardi y Compañía de Londres, y la comisión de tenedores de bonos, y la comisión de tenedores de bonos hispano-americanos.
15 de octubre de 1842	Primera Convención inglesa. Adeudos con súbditos ingleses (daños a propiedad y préstamos forzosos).
17 de marzo de 1844 Pdte. interino Valentín Canalizo; Srio. Ignacio Trigueros	Se aplicó el derecho de patente para la amortización de la antigua moneda de cobre.
8 de abril de 1844	Segunda Convención inglesa. Casa de Montgomery, Nicod y Cía. (préstamo para sufragar gastos de Texas).
5 de junio de 1844 Pdte. Santa Anna	Préstamo forzoso impuesto para cubrir la deuda de Estados Unidos.
28 de dic. de 1844 Pdte. provisional José J. Herrera; Srio. Pedro Echeverría	El Congreso autorizó al gobierno para arreglar adeudos que tiene con la firma de Montgomery Nicod y Compañía.
2 de mayo de 1846 Pdte. interino Mariano Paredes y Arrillaga; Srio. Francisco Iturbe	Suspensión general de pagos.

10 de junio de 1846 José Luis Huici, oficial mayor	Creación de un fondo conmpuesto con la mitad de los derechos de importación para pago de la deuda interior y exterior de la república.
15 de junio de 1846	Decreto sobre liquidación y conversión de la deuda interior de la república.
19 de octubre de 1846 Administración de Valentín Gómez Farías; Srio. Antonio Haro y Tamariz	Préstamo forzoso al clero secular y regular de ambos sexos en toda la república.
5 de dic. de 1846 Srio. José Lázaro y Villamil	Se derogó decreto anterior, y se pidió un préstamo con garantía de los bienes eclesiásticos. La Arquidiócesis de México concede un préstamo voluntario.
30 de dic. de 1846 Srio. Pedro Zubieta	El Congreso autorizó al gobierno a negociar un préstamo en numerario para cubrir los gastos de la guerra.
11 de enero de 1847	El Congreso autorizó al gobierno convenir un préstamo para gastos de la guerra, hipotecando o vendiendo los bienes eclesiásticos.
7 de febrero de 1847 Srio. Francisco Suárez Iriarte	Formación de una junta de Hacienda para la ejecución de los bienes eclesiásticos existentes en el Distrito Federal y Estado de México.
17 de julio de 1847 Pdte. Santa Anna; Srio. Juan Rondero	Firma de la primera Convención española y formación del Fondo de Reclamaciones Españolas. No fue ratificado por el Congreso.
14 de junio de 1848 Pdte. José Joaquín Herrera; Srio. Mariano Riva Palacio	Iniciativa del presidente Joaquín Herrera para consolidar la deuda nacional.
30 de enero de 1849 Srio. Manuel Piña y Cuevas	Acuerdo con el delegado español, para destinar un 2% de los ingresos aduanales al pago de la Convención española.
16 de marzo de 1849	El Congreso autorizó al gobierno a convenir un crédito respaldado con el pago de la indemnización estadunidense.
20 de abril de 1849 Srio. Francisco Arrangoiz	El Congreso autorizó al gobierno a negociar un préstamo en *libranzas de derechos de importación*.
21 de mayo de 1849	El Congreso autorizó al gobierno a usar el resto del fondo de indemnización estadunidense para destinarlo a gastos de la administración.

28 de agosto de 1849 Srio. Bonifacio Gutiérrez	El Congreso autorizó al gobierno a negociar un nuevo préstamo en *libranzas por derechos de importación*.
19 de febrero de 1850 Srio. Francisco Elorriaga	Ley para que el gobierno y las comisiones de las cámaras de Diputados y Senadores procuren un arreglo con los acreedores del Estado.
Abril de 1850 Srio. Melchor Ocampo	*Dictamen de la Comisión de Crédito de la Cámara de Diputados sobre el arreglo de la deuda inglesa*, Imprenta de I. Cumplido, México.
1850	Guillermo Prieto, *Indicaciones sobre el origen, vicisitudes y estado que guardan actualmente las rentas generales de la Federación Mexicana*, Imprenta de Ignacio Cumplido, México, 1850. *Partes resolutivas del dictamen de la mayoría de las Comisiones de Crédito Público, Relación y 1ª de Hacienda sobre nuevo arreglo de la deuda interior*, Imprenta de Vicente García Torres, México, 1851.
4 de marzo de 1850	Reglamento de la ley de 19 de febrero último sobre el arreglo de la deuda pública, la cual se compone de los siguientes títulos: 1º. De indemnización a súbditos ingleses que hoy tienen el 2%. 2º. De Montgomery, Nicod y Compañía. 3º. De las misiones de Filipinas. 4º. De las barras de plata ocupadas en San Luis. 5º. De cosecheros de tabaco. 6º. De tenedores de bonos por la antigua moneda de cobre. 7º. Del 26%. 8º. De los bonos del tabaco. 9º. De la minería. 10. Del peaje del Consulado de Veracruz y la avería. 11. Del peaje del Consulado de México. 12. De empleados. 13. De anterior a la independencia. 14. Del flotante de ocupación forzosa de propiedades. 15. De préstamos hechos en sólo numerario. 16. De préstamos con admisión de crédito. 17. De contratos por ministración de efectos.
14 de octubre de 1850 Srio. Manuel Payno	Ley sobre la liquidación, arreglo y conversión de la deuda contraída en Londres.
30 de nov. de 1850	Ley sobre reconocimiento, liquidación y conversión de la deuda interior de la república y su respectivo reglamento.

9 de dic. de 1850	El Congreso autorizó al gobierno a convenir un nuevo empréstito con *libranzas de los derechos causados en aduanas marítimas*.
19 de dic. de 1850	Reglamento de la Junta Directiva de Crédito Público.
18 de enero de 1851 Pdte. Mariano Arista	El Congreso autorizó al gobierno a pagar el crédito pendiente con la firma de Drusina, Serment, P. Fort y Compañía con la mitad de los ingresos por exportación de plata en el Golfo.
24 de abril de 1851 Srio. José María Aguirre	Se fija el plazo de 80 días para que los acreedores de la deuda interior puedan concluir los arreglos que tengan pendientes con el gobierno y las comisiones de las Cámaras.
17 de mayo de 1851 Srio. Mariano Yáñez	Circular a las aduanas marítimas y fronterizas para la separación y remisión del fondo consignado al pago de la deuda contraída en Londres.
4 de agosto de 1851 Srio. Manuel Piña y Cuevas	El Congreso autoriza al gobierno a canjear con *libranzas sobre aduanas marítimas* los créditos presentados ante la Junta de Crédito Público.
6 de octubre de 1851 Srio. Marcos Esparza	Se destinan 400 000 pesos mensuales para el pago de los créditos en poder de la Junta de Crédito Público, denominado Fondo de la Deuda Interior.
24 de octubre de 1851	Orden para que la Junta admita los certificados por sueldos vencidos.
14 de nov. de 1851	Segunda Convención española, que sustituye a la anterior por no haber sido ratificada por el Congreso; además se reconoce como extranjera la deuda nacional.
4 de dic. de 1851	Convención inglesa para el pago de las reclamaciones de súbditos ingleses (Casa de Martínez del Río).
6 de dic. de 1851	Convención para el arreglo de los créditos que pertenecieron a las misiones de Filipinas representadas por el P. F. José Morán y que se encuentran en poder de don Cayetano Rubio.
10 de dic. de 1851	Primera Convención francesa, Serment P. Fort y Cía. y G. Drusina y Cía.
17 de dic. de 1851	Segunda Convención francesa, Jecker Torre y Cía.

19 de mayo de 1852	Ley de consignación de fondos para el pago de capital y réditos de la deuda interior y reforma de la ley de 30 de noviembre de 1850.
28 de junio de 1852	Decreto del Congreso para que el Fondo de Minería sea administrado por el gobierno. Decreto del Congreso para que el Fondo de Peajes sea administrado por el gobierno.
28 de agosto de 1852	Prevenciones relativas al más pronto y cumplido efecto de la Ley sobre conversión de la deuda interior.
6 de octubre de 1852 Srio. Guillermo Prieto	Orden sobre reconocimiento y liquidación de las escrituras de Consolidación para que sean convertidas en bonos con arreglo a la ley de 30 de noviembre último.
8 de dic. de 1852	Adición a la Convención inglesa de 4 de diciembre de 1851, consignando 3% más de derecho de aduanas marítimas para el pago de capital y réditos.
24 de enero de 1853 Encargado del p. ejecutivo: Juan Bautista Ceballos; Srio. Santiago Blanco	Decreto del Congreso en el que se ordenó devolver a los acreedores la administración de los peajes.
30 de junio de 1853 Pdte. Santa Anna; Srio. Antonio Haro y Tamariz	Convención celebrada entre el gobierno de la república y S. M. el emperador de los franceses, para el arreglo de las reclamaciones de súbditos del imperio. Se reconoció que las convenciones diplomáticas firmadas con España pasan a ser tratados internacionales.
26 de agosto de 1853 Srio. Ignacio Sierra y Rosso	Reconocimiento de nuevos créditos en la Convención española y formación de una comisión para su ordenación.
30 de mayo de 1854 Pedro Fernández del Castillo, oficial mayor	Convención española de noviembre de 1853, se elevó al rango de tratado.
30 de octubre de 1854	Emisión de bonos de 3% para canjear títulos Lizardi.
24 de abril de 1855 Srio. Manuel María Canseco	Prórroga por seis meses para la presentación y reconocimiento de créditos de la deuda interior.
28 de junio de 1855	Ley para que en pago de los derechos de importación se admita sólo 15% de los títulos de la deuda interior.

28 de octubre de 1854 Pdte. Juan Álvarez; Srio. Guillermo Prieto	Decreto del Congreso. Clasificación de la deuda interna: *Categoría A. Préstamos voluntarios*: 1°. Préstamos en sólo numerario sin intereses. 2°. Préstamos en sólo numerario con intereses. 3°. Préstamos en dinero con admisión de papel con interés o sin él. 4°. Ministración de efectos. 5°. Fletes. *Categoría B. Préstamos forzosos*: 1°. Dinero sin intereses. 2°. Dinero con intereses. *Categoría C*. Las reclamaciones por ocupación forzosa y destrucción de propiedades.
2 de febrero de 1855	Ley que prorrogó por cuatro meses el plazo concedido para la admisión y reconocimiento de créditos de la deuda.
24 de nov. de 1855	Ley declarando nula y sin ningún valor la de 30 de septiembre de 1854 sobre la emisión de bonos de la deuda contraída en Londres.
31 de dic. de 1855; Pdte. Ignacio Comonfort; Srio. Manuel Payno	Ley para la consignación de fondos para el pago de la deuda interior.
1 de enero de 1856	Ley que establece una Junta de Crédito Público para el arreglo de la deuda nacional y para la administración de las aduanas marítimas y fronterizas.
5 de febrero de 1856	Orden para el nombramiento de presidente y vocales de la Junta de Crédito Público.
12 de febrero de 1856	Creación de un fondo para el pago de réditos y amortización del capital de la deuda interior.
27 de febrero de 1856	Decreto que prorroga por un año el plazo fijado para la presentación y reconocimiento de créditos de la deuda interior.
8 de junio de 1856 Srio. Miguel Lerdo de Tejada	Atribución de la Junta de Crédito Público. Ley de desamortización de los bienes de comunidad. Previó los términos para aceptar bonos de la deuda consolidada en pago de los impuestos de traslación de dominio. Además de precisar que una parte de estos ingresos se destinaría a la amortización de los vales de alcance de los empleados civiles.
30 de agosto de 1856	Reglamento para la amortización de bonos de la deuda interior.
10 de sep. de 1856	Convocatoria para la adjudicación de fondos de la convención francesa y amortización de los bonos respectivos al mejor postor.

13 de octubre de 1856	Decreto que prorroga por cuatro meses a la Junta de Crédito Público para presentación de reclamaciones.
1 de enero de 1857	Préstamo forzoso. Secuestro de los fondos depositados en el consulado inglés en San Luis Potosí.
22 de febrero de 1857 José María Urquidi oficial mayor	Ley sobre la remisión de fondos a Londres y pago de dividendos.
28 de julio de 1857	La Junta de Crédito Público fue reemplazada por una oficina liquidatoria de la deuda interior.
31 de agosto de 1857	El Congreso autorizó la emisión de los "Bonos del ferrocarril de Veracruz a México", respaldados con el 10% del derecho adicional de aduanas marítimas. Establecimiento de una lotería para el pago del crédito convenido con banqueros de Nueva York por el supremo gobierno. Ley prorrogando por un año el plazo para la presentación y reconocimiento de créditos de la deuda interior.
6 de nov. de 1857 Srio. Manuel Payno	El Congreso autorizó al gobierno a convenir un préstamo con el fin de atender el restablecimiento del orden.
10 de agosto de 1858 Pdte. Félix Zuloaga; Srio. Pedro Jorrín	Convención para el arreglo de créditos presentados por súbditos ingleses.
3 de febrero de 1859 Pdte. Miguel Miramón; José Luis Huici, oficial mayor	Orden relativa al pago de las cantidades asignadas en las aduanas marítimas de derechos de importación para el pago de la Convención inglesa.
13 de julio de 1859 Pdte. Benito Juárez; Srio. Miguel Lerdo de Tejada	Ley que determinó la ocupación de los bienes eclesiásticos. Con base en la ley de nacionalización de estos bienes se determinó que en los remates de estas propiedades se aceptaría una tercera parte en créditos de la deuda nacional reconocida.
16 de octubre de 1859 Pdte. Miramón; Srio. Isidro Díaz	Tratado de París, México y España, firma Miramón.
26 de septiembre de 1859	El Tratado Mon-Almonte reconoció el pago de indemnizaciones a súbditos de otras naciones, y el pago de bonos ilegítimos.

30 de nov. de 1860 Srio. Ignacio de la Llave	Manifiesto del gobierno constitucional a la nación en relación con los arreglos del pago de convenciones diplomáticas y deuda contraída en Londres.
4 de octubre de 1860 Pdte. Miguel Miramón; Srio. Gabriel Zagaceta	Emisión de los bonos Jecker.
Nov. de 1858	Secuestro de caudales en la legación inglesa de la calle de Capuchinas en la ciudad de México.
20 de febrero de 1861 Pdte. Benito Juárez; Srio. Guillermo Prieto	Liquidación de bonos de la deuda española.
29 de abril de 1861 José María Javier Castaños	Préstamo forzoso respaldado en escrituras de bienes nacionalizados.
8 de junio de 1861	Reducción de las cuotas del préstamo forzoso.
17 de julio de 1861 José Higinio Nuñez	Suspensión de pagos incluida la deuda contraída en Londres y convenciones diplomáticas.
2 de octubre de 1861	Orden de pago a acreedores en Nueva York. Convención celebrada entre España, Francia e Inglaterra para obtener de México la reparación debida a los agravios inferidos a las tres naciones.
21 de nov. de 1861 José González Echeverría	Convención celebrada con el enviado extraordinario y ministro plenipotenciario de S. M. B. y el gobierno de México para el arreglo de los acreedores interesados en la Convención inglesa y deuda contraída en Londres.
23 de nov. de 1861	Derogación del decreto del 17 de junio anterior, sobre suspensión de pagos.
17 de dic. de 1861	Orden para que no se admitan los bonos de la deuda interior emitidos después del 17 de diciembre de 1857.
14 de enero de 1862	Conferencia sobre los bonos Jecker.
19 de febrero de 1862	Convenciones preliminares sobre la deuda contraída con naciones extranjeras en el pueblo de la Soledad, cerca de Veracruz.
12 de octubre de 1862 José Higinio Núñez	Decreto sobre la emisión de bonos al portador por valor de 15 000 000.
30 de junio de 1863 Regencia	Organización provisional de la Secretaría de Hacienda. Creación de la segunda sección dedicada a la deuda pública.

13 y 22 de octubre de 1863 Pdte. Benito Juárez	Decreto del gobierno. Se declaró que toda persona que reciba alguna cantidad de las oficinas de la Regencia por retiro o pensión deja de ser acreedor del erario nacional.
Mayo de 1864 José María Iglesias	Reglamento Interior de la Comisión de Hacienda. Sección 5ª de Crédito Público con las subcomisiones de empréstitos y lo relacionado con el crédito, del arreglo de las deudas interior y exterior y del examen de las reclamaciones.
19 de nov. de 1864 José María Iglesias	Ley sobre reconocimiento, liquidación y conversión de la deuda contraída para sostener la guerra contra la intervención, y la flotante causada hasta la fecha.
30 de nov. de 1864 Imperio de Maximiliano; Srio. Martín del Castillo y Cos	Ley sobre reconocimiento de la deuda interior consolidada y pago de 4% de refacción a los documentos de ella presentadas al imperio.
1 de dic. de 1864	Ley que suspende el derecho de amortización de la deuda pública que se cobra en las aduanas marítimas en bonos de la deuda interior y en su lugar se cobrará en acciones del ferrocarril de México a Veracruz.
José María Iglesias	Clasificación de la deuda nacional en: deuda corriente (vía de pago), deuda consolidada (reconocida) y deuda flotante (no reconocida ni liquidada).
22 de junio de 1865 Imperio de Maximiliano; Srio. Félix Campillo	Decreto sobre el arreglo del Ministerio de Hacienda del imperio, que se organizará dividido en nueve secciones. La 4ª sección se encargó de la deuda pública, su arreglo y contabilidad. La 5ª sección llevó la distribución de fondos entre los diversos ministerios, y los datos de las operaciones del futuro Banco de México y de la Tesorería.
12 de agosto de 1867 Pdte. Benito Juárez; Srio. José María Iglesias	Decreto sobre los créditos pertenecientes a las personas que sirvieron a la intervención y al imperio, no tienen valor alguno y queda perdido todo derecho a cobrar cualesquiera crédito contra el erario nacional.
20 de julio de 1867	Creación de dos secciones encargadas de liquidar la deuda interior de la república. *Primera*: examen, glosa y liquidación de los créditos procedentes de la guerra de Intervención desde fines de 1861. *Segunda*: todos los

	demás créditos pertenecientes a la deuda flotante de la nación.
18 de octubre de 1867	Circular. Requisitos que deben tener los bonos y certificados de la deuda interior para ser admitidos en las oficinas conforme a las leyes.
21 de dic. de 1867	Se declara inexistente la Convención española y se prevé la amortización de los bonos que de ella procedan en almoneda pública.
	Orden que declara inexistente la Convención inglesa y previene que los títulos que la forman se rematen en almoneda pública.
6 de febrero de 1868 Srio. Matías Romero	Convocatoria para la primera almoneda de las convenciones extranjeras.
3 de marzo de 1868	Orden para celebrar tres almonedas para el remate de créditos y bonos de la deuda interior y títulos de las convenciones diplomáticas inglesa y española.
4 de marzo de 1868	Circular sobre amortización y remisión de bonos de la deuda interior a la Tesorería General.
2 de abril de 1868	Convocatoria para que los tenedores de bonos del antiguo Fondo del 26% los presenten en la Tesorería General para anotarlos y conocer el importe de los que se encuentran en circulación.
11 de abril de 1868	Orden para celebrar una almoneda para el remate de créditos de la deuda interior y convenciones diplomáticas.
24 de abril de 1868	Orden relativa al reconocimiento de créditos contra el erario.
1 de mayo de 1868	Orden donde se dan las prevenciones relativas a la justificación que deberá exigirse para el reconocimiento y liquidación de créditos contra el erario, en referencia a los acreedores que sirvieron al imperio o que permanecieron en lugares ocupados por él.
22 de mayo de 1868	Orden para la celebración de almonedas para el remate de títulos de la deuda interior y convenciones diplomáticas.
7 de junio de 1868	Orden para que los permisos del algodón se consideren como créditos de la deuda flotante.
1 de julio de 1868	Nombramiento de los representantes de los tenedores de bonos de la deuda inglesa.

13 de julio de 1868	Informe de la legación mexicana en Washington sobre los bonos Sánchez Ochoa.
16 de octubre de 1868	Nombramiento en favor del señor Eduardo José Perry como agente de los tenedores de bonos mexicanos en Londres.
16 de nov. de 1868	Decreto de creación de la Administración liquidadora de créditos de la deuda interna.
28 de nov. de 1868	Prórroga por ocho meses para la presentación y reconocimiento de créditos de la deuda interior.
9 de nov. de 1868	Orden para que se celebre una almoneda para el remate de certificados de las secciones liquidatorias y bonos de la deuda consolidada.
10 de dic. de 1868	Orden para que se celebre una almoneda para el remate de certificados de las secciones liquidatorias.
23 de dic. de 1868	Convención celebrada el 4 de julio de este año, entre el gobierno de la república y el de los Estados Unidos del Norte, para el arreglo de las reclamaciones de ciudadanos de uno y otro país y aprobada por el Congreso en esta fecha.
6 de marzo de 1869	Convocatoria de almoneda para el remate de certificados de las secciones liquidatorias.
27 de marzo de 1869	Orden para que se verifique una almoneda para la amortización de certificados en las secciones liquidatorias y bonos de la deuda interior.
22 de abril de 1869	Orden para que se verifique una almoneda para el remate de bonos de la deuda interior y certificados de las secciones liquidatorias.
24 de abril de 1869	Orden de pago relativa a los bonos emitidos por el general J. M. J. Carbajal y Gaspar Sánchez Ochoa.
18 de junio de 1869	Orden para el pago de órdenes libradas con cargo a la deuda pública. Requisitos que deben tener para ser satisfechos. Comunicaciones relativas a reclamaciones de tenedores de bonos de la deuda contraída en Londres intercambiadas entre la Secretaría de Hacienda y una Comisión de los mismos tenedores de bonos avecinados en Amsterdam.
16 de julio de 1869	Circular dando la fecha en que termina el plazo para la presentación de bonos y créditos.

16 de octubre de 1869	Orden para que en los certificados que expidan las secciones liquidatorias se exprese la naturaleza y origen del crédito de que precede, a fin de proveer la manera más conveniente de pagarlo.
19 de octubre de 1869	Orden relativa a la expedición de certificados a los acreedores del erario por autoridades políticas, según lo dispuesto en la circular de 1 de mayo último.
8 de nov. de 1869	Orden para que se verifiquen tres almonedas para el remate de certificados de las secciones liquidatorias.
18 de nov. de 1869	Convocatoria para la almoneda dedicada al remate de 20 000 pesos en certificados de las secciones liquidatorias.
3 de dic. de 1869	Acta del remate de certificados de las secciones liquidatorias, verificado en esta fecha.
13 de enero de 1870	Reglamento para el reconocimiento de reclamaciones de ciudadanos mexicanos y estadunidenses, conforme a la convención celebrada entre los dos gobiernos el 4 de julio de 1868.
27 de enero de 1870	Orden sobre que sólo a los gobiernos de México y Estados Unidos corresponde fijar las reglas que debe observar la Comisión Mixta establecida en Washington, para el reconocimiento de créditos conforme a la Convención del 4 de julio de 1868.
7 de mayo de 1870	Comunicado de la Sección Liquidatoria para que acudan a recibir sus certificados.
29 de mayo de 1870	Proyecto de arreglo deuda nacional, mediante dos fondos (activo y diferido), que comprendería: *a*) Deuda contraída en Londres, convertida en arreglo a la Ley del 14 de octubre de 1850. *b*) Los intereses vencidos y no pagados desde su conversión en 1851 hasta el 31 de diciembre de 1870. *c*) La suma de los bonos emitidos en Londres no autorizados por la Ley del 14 de octubre de 1850. *d*) El capital e intereses vencidos y no pagados de la deuda de las extinguidas convenciones inglesa, española y del padre Morán.
14 de dic. de 1870	Ley para que continúe el reconocimiento de créditos, con base en la ley de 19 de noviembre de 1867.

12 de abril de 1871	Orden de pago de réditos a los bonos del 3 y 5% y del Tabaco.
11 de enero de 1872	Orden para que se satisfaga un tercio de réditos a los bonos del 3 y 5%, así como a los del Tabaco que disfrutan el 6% anual.
10 de mayo de 1872	Instrucciones para la contabilidad de la deuda pública, que se debe llevar en el "Gran libro de la deuda", y son: Certificados expedidos por la Sección Liquidatoria con arreglo a las leyes de 19 de noviembre de 1867 y 14 de diciembre de 1870. Créditos de deuda nacional consolidada tomarán la clasificación que hace los artículos 1º y 4º de la ley de 20 de noviembre de 1870. Bonos creados por la ley de 30 de noviembre de 1850 emitidos hasta el 16 de diciembre de 1857 y revisados por la Tesorería General según la ley de 20 de noviembre de 1867. Bonos creados por la ley de 30 de noviembre de 1850 emitidos el 17 de diciembre de 1857 con la anotación designada en la circular de la Tesorería General del 4 de febrero de 1861 y revisada por la ley de 20 de noviembre de 1867. Certificado expedido por la Tesorería General por circular de 17 de enero de 1861. Certificados expedidos por la Tesorería General con arreglo a la orden de 22 de enero de 1861. Certificados expedidos por la Tesorería General por circular del 4 de febrero de 1861. Certificados de la Tesorería General expedidos por decretos del 14 y 16 de febrero de 1861. Bonos expedidos antes del 30 de noviembre de 1850 y diferidos por ley a esta fecha presentados de acuerdo con la ley de 15 de septiembre de 1857 y revisados por la Tesorería General conforme a ley de 20 de noviembre de 1867. Bonos emitidos por la ley de 12 de septiembre de 1862 y revisados por la Tesorería General según la ley de 20 de noviembre de 1867. Los créditos posteriores a la ley de 20 de noviembre de 1867. Bonos del Ferrocarril de Veracruz a México conforme al decreto de 11 de noviembre de 1868. Certificados de acciones del Ferroca-

	rril de Veracruz a México conforme al artículo 40 de la ley de 27 de noviembre y art. 4° de la de 1 de diciembre de 1867. Acciones del Ferrocarril de México a Tlalpan. Certificados de amortización de la moneda de cobre que circula en Chihuahua conforme a la ley de 23 de mayo de 1868. *Los títulos correspondientes a la deuda exterior serán*: Bonos de la Convención española. Bonos de la Convención inglesa. Reclamaciones contra México reconocidas por la Comisión Mixta reunida en Washington conforme al Tratado de 4 de julio de 1868; Bonos Carbajal y Ochoa.
26 de octubre de 1872 Pdte. Sebastián Lerdo de Tejada; Srio. Francisco Mejía	Decreto sobre la admisión de créditos en las operaciones en las que no deban recibirse bonos de la deuda interior.
9 de nov. de 1874	Ley sobre el reconocimiento de créditos presentados a las secciones liquidatarias conforme a la ley de 19 de noviembre de 1867.
10 de marzo de 1875	Convención celebrada entre el gobierno mexicano y el de Estados Unidos para prorrogar el plazo fijado para la presentación de créditos a la Comisión Mixta.
1 de enero de 1877 Pdte. Porfirio Díaz; Srio. Justo Benítez	Orden para que la Aduana marítima de Veracruz pague los certificados de préstamo expedidos por la comisaría del ejército constitucionalista.
6 de dic. de 1878 Matías Romero	Proyecto de arreglo de la deuda nacional (Convenio Romero). *Comisión de Crédito Público*: Justo Benítez, Antonio Mier y Celis, Pedro Escudero y Echánove, Martín Castillo, José H. Ramírez y Bonifacio Gutiérrez.
18 de octubre de 1879 Srio. Trinidad García	Orden para que en la venta de terrenos baldíos se admitan certificados de las secciones liquidatarias.
18 de junio de 1880 Srio. Manuel J. Toro	Orden nombrando una comisión para que estudie y proponga la manera de consolidar la deuda pública.
27 de octubre de 1880	Exposición sobre el arreglo de la deuda pública acompañando al proyecto de ley que se presenta.
26 de enero de 1881 Pdte. Manuel González; Srio. Francisco	Proyecto de Ley para la consolidación de la deuda nacional en un fondo común, que reconocerá a: *Todos los títulos, acciones o*

Landero y Cos

derechos contra el erario, que reconozcan por origen un gobierno legítimo, bien sea que se encuentren liquidados y reconocidos, bien que no hayan sido presentados hasta la fecha. Son títulos legítimos: Bonos del 3% creados por la ley de 30 de noviembre de 1850, y emitidos hasta el 16 de diciembre de 1857. Bonos del 3% creados por la expresada ley, y emitidos después del 17 de diciembre de 1857, siempre que tengan la anotación prevenida en la orden de 17 de enero de 1861. Bonos del 5% creados por la ley de 19 de mayo de 1852, y emitidos hasta el 16 de diciembre de 1857. Bonos del 5% creados por la expresada ley, y emitidos después del 17 de diciembre de 1857, siempre que tengan la anotación prevenida en la orden de 17 de enero de 1861. Bonos creados por decreto de 12 de septiembre de 1862. Bonos emitidos en San Carlos de Tamaulipas en 4 de julio de 1865, en San Luis Potosí, en noviembre de 1863, y en San Francisco de California en agosto de 1865. Los bonos de la deuda contraída en Londres por capital de 10 241 650 libras, fijado por la ley de 14 de octubre de 1850, más los réditos no satisfechos por dicha suma hasta fin de 1880. Los bonos que formaron el fondo llamado de Convención inglesa. Los bonos del fondo llamado de Convención española. Los bonos y créditos de diversas clases expedidos antes del 30 de noviembre de 1850, que por la ley de esa fecha quedaron diferidos. Certificados que en vez de los bonos creados por las leyes de 30 de noviembre de 1850 y 19 de mayo de 1852 expidió la Tesorería General por orden del 14 de enero de 1861, circulada por la misma Tesorería en 17 del mismo mes. Certificados expedidos por la Tesorería General con arreglo a las dos diversas órdenes de 17 y 22 de enero de 1861, circuladas por la Tesorería en 4 de febrero siguiente, y a las leyes de 14 y 16 de febrero del propio año. Certificados expedidos por la Contaduría mayor de Hacienda y las secciones liquidatorias. Créditos no convertidos, según las prevenciones de las leyes de 30 de noviembre de 1850 y 19 de mayo de 1852, y que aparezcan representados en los recibos expedidos por la sección liquidataria creada por disposición de la primera de las leyes citadas. Los créditos contraídos por la revolución de 1876, con autorización o aprobación del general en jefe, desde 10 de enero de 1876, en que se proclamó el Plan de Tuxtepec, hasta el triunfo de la revolución. Alcances por sueldos y pensiones civiles y militares, por préstamos, ministraciones, contratos, etc., procedentes de gobiernos legítimos hasta fin de diciembre de 1880. Certificados de la amortización de la moneda de cobre en Chihuahua, emitidos conforme a las bases acordadas en 20 de agosto de 1868. Certificados de depósito de la moneda de cobre recogida en el estado de Sinaloa, expedidos en virtud de la determinación de la Secretaría de Hacienda, de 25 de septiembre de 1875. *Los créditos provenientes de la Convención de Washington, de 4 de julio de 1868, se pagarán separadamente, del modo que se ha efectuado hasta hoy.*

16 de agosto de 1881	Contrato entre el gobierno mexicano y el Banco Nacional Mexicano: apertura de una cuenta corriente (6%) y representación gubernamental ante acreedores nacionales y extranjeros.
10 de nov. de 1881	Convocatoria para que los tenedores de bonos de la deuda interior les presenten a la Tesorería para su reconocimiento y anotación.
26 de mayo de 1883 Srio. Jesús Fuentes y Muñiz	El Congreso autorizó al gobierno para que contrate un empréstito de 20 000 000 de pesos con individuos o compañías en el país o en el extranjero. Pagadero con derechos de importación. Se autorizó un aumento de 5% sobre éstos, en caso de convenirse el empréstito.
14 de junio de 1883	El Congreso autorizó al gobierno para que proceda a la liquidación, arreglo y conversión de la deuda pública. "bajo las siguientes bases: *a)* Fijar la forma, condiciones y plazos para el examen, reconocimiento,

liquidación y conversión de la deuda. *b*) Consolidar toda la deuda en nuevos títulos con rédito del 3% anual. *c*) Toda la deuda conservará su calidad de mexicana. *d*) Señalar los términos de la amortización o convenirlos con los acreedores. *e*) No entrarán a la conversión los créditos que emanen de los gobiernos que de hecho fungieron en México en diversas fechas entre 1857 y 1867. *f*) La Tesorería General emitirá los nuevos títulos en canje por los antiguos. *g*) Quedan rehabilitados para entrar en la conversión los créditos diferidos y los perjudicados, siempre que tengan un origen legítimo y conste la autenticidad de su emisión. *h*) La conversión de la deuda será voluntaria. Art. 2°. Además del servicio de amortización que se designe a los títulos consolidados de la deuda, éstos y sus cupones de réditos serán admisibles en los pagos siguientes al erario federal: En la compra de terrenos baldíos en la parte que corresponde a la federación. En el pago total de capitales o fincas nacionalizadas, sin perjuicio de satisfacer en efectivo lo que legalmente corresponda a los denunciantes. En el de los derechos por patentes de invención. Art. 4°. [No comprende los créditos con acreedores estadunidenses, determinados en 1868, ni los adeudos por subvenciones a ferrocarriles]. Art. 5°. El ejecutivo determinará [...] la expedición anual de certificados de alcances. Art. 6°. En los presupuestos anuales se designará servicio especial de amortización a los *certificados de alcance.*

21 de nov. de 1883   Orden nombrando a una Junta Consultiva de Crédito Público, para que proponga las medidas que juzgue oportunas para el arreglo y conversión de la deuda nacional con arreglo a la ley de 14 de junio del presente año.

Circular para que los bonos Carbajal por capital y réditos se amorticen por las aduanas marítimas con el 5 y 10% de los derechos de importación.

29 de dic. de 1883	Decreto sobre el préstamo que hace el Banco Nacional, pagadero con los derechos de importación que se causan en las aduanas marítimas.
22 de febrero de 1884	Emisión de *certificados de importación* por préstamos de los Bancos Nacional Mexicano, Mercantil y Monte de Piedad.
10 de marzo de 1884	Emisión de certificados de importación para amortizar empréstitos del Banco Mercantil.
15 de junio de 1884 Srio. Miguel de la Peña y Peña	Convenio entre Miguel de la Peña y Peña, secretario de Hacienda y Eduardo Noetzlin, representante del Banco Nacional de México, en el que se especifica que el banco será intermediario en los arreglos y operaciones de la deuda interna y externa.
26 de mayo de 1884	El Congreso autorizó al ejecutivo para contraer préstamo de 30 000 000 de pesos.
31 de mayo de 1884	Empréstito de 30 000 000 de pesos con Banco Nacional de México para reorganizar la Hacienda pública y para el pago deuda flotante. Reglas para el funcionamiento de la cuenta corriente del gobierno federal con Banco Nacional de México. Emisión de certificados admisibles en pago de derechos para pagar empréstito de los Bancos Mexicano y del Mercantil.
	Se sustituyen certificados admisión de níquel por certificados de importación del 5 por ciento.
14 de julio de 1884	Emisión de *certificados importación* (del 5 por ciento).
10 de octubre de 1884	Segunda emisión de *certificados de importación* para el pago del préstamo otorgado por Banco Nacional de México.
27 de octubre de 1884	Arreglo preliminar deuda inglesa.
8 de octubre de 1884 Srio. Manuel Dublán	Cuota de los ingresos aduanales destinados a pagar empréstito con Banco Nacional de México.
15 de dic. de 1884	Establecimiento de una Junta Consultiva de Crédito Público integrada por Justino Fernández, Guillermo Prieto, Antonio Carvajal, Francisco Bulnes, Gumersindo Enríquez y Jesús Castañeda.
22 de junio de 1885	Ley de consolidación y conversión de la deuda nacional. Se someterán a acuerdo especial

los intereses insolutos de los bonos de 1851, según la ley citada, por lo cual: *a*) Se emitirán nuevos bonos de deuda consolidada del 3 al 50% de su valor para los cupones de 1854 a 1863. *b*) Se emitirán nuevos bonos al 15% de su valor para los cupones de 1866 a 1886. *c*) Todos los demás quedarán reconvertidos al 20% de su valor, como son los títulos de la deuda diferida de 1837, los de la conversión de 1851, y los emitidos por Baring. *d*) Se establecerán plazos para la emisión de nuevos bonos a partir de enero de 1887. Mientras el gobierno podrá adquirirlos a discreción a precio de plaza. *e*) Las operaciones de adquisición de títulos se harán en el extranjero y en el país a través de Glynn Mills Currie & Co. y del Banco Nacional de México. *f*) Se asignan funciones de la Agencia mexicana en Londres.

	Ley de Consolidación de la deuda flotante (1882-1885) y emisión de "bonos del tesoro".
13 de febrero de 1886	Apertura de la Dirección de la Deuda Pública.
5 de abril de 1886	Apertura de la Agencia financiera mexicana en Londres.
6 de abril de 1886	Empréstito por 10 500 000 libras esterlinas al 6% anual, concedido por las casas S. Bleichroeder de Berlín, y Anthony Gibbs and Sons de Londres.
11 de mayo de 1886	Amortización de la deuda pública.
28 de mayo de 1886	Reglas para liquidación y amortización de créditos pendientes que no pertenecen a deuda consolidada.
2 de julio de 1885	Reconocimiento de créditos contraídos por la administración de iglesias.
10 de julio de 1885	Amortización de certificados de construcción de ferrocarril.
6 de agosto de 1886	Derechos de patente y de invención pueden pagarse con títulos reconocidos de la deuda pública.
13 de julio de 1886	Los *certificados de ferrocarril* serán admitidos en aduanas.
25 de mayo de 1887	Autoriza el ejecutivo destinar 3% de los derechos de importación en garantía a los préstamos del Ayuntamiento de la ciudad de México destinados a las obras de desagüe.

13 de dic. de 1887	El Congreso autoriza al ejecutivo para contratar préstamo por 10 500 libras esterlinas, destinadas a la amortización de la deuda Londres.
24 de julio de 1888	Cesan las consignaciones sobre ingresos fiscales de 1 y 5% en favor del Banco Nacional de México.
21 de agosto de 1888	Remates públicos para amortizar *certificados de alcances*.
1 de dic. de 1888	Contratos entre la Secretaría de Hacienda y el Banco Nacional de México, para el pago de adeudos contraídos entre noviembre y diciembre de 1885 y durante los años de 1886 y 1887 hasta la fecha, con representante de la casa J. Galainena y Cía. por préstamo otorgado el 1 de enero de 1886; con las firmas de P. Martín y Cía., y Nicolás de Teresa; con representantes del extinto Banco Nacional Mexicano por préstamos convenidos en 1883 y 1884.
	Pago por aduanas a Delfín Sánchez por subvención ferrocarril Tehuantepec.
20 de octubre de 1890	Reglas para el pago de certificados del 12% sobre derechos importación exportación.
	Empréstito en oro al 6% por 6 000 000 de libras, para pagar subvenciones ferroviarias (firma berlinesa de Bleichroeder).
23 de mayo de 1893 Srio. José Y. Limantour	Empréstito por 3 000 000 de libras, 6% anual, por firma Bleichroeder.
8 de sep. de 1894	Emisión de títulos de la deuda interior amortizable (deuda nacional, deuda ferroviaria y deuda flotante posterior a 1882) por 100 millones de pesos.
2 de abril de 1898	Empréstito del Ferrocarril de Tehuantepec (25 000 000 de pesos).
1899	Deuda consolidada exterior (1886, 1890 y 1893) al 5% anual, por 22 700 000 libras, suscrito por Bleichroeder, Morgan de Nueva York, Deutsch Bank y Banco Nacional de México.
4 de junio de 1901	Bonos del estado de Veracruz, al 5% por 4 000 000 de pesos (Banco Nacional de México).

15 de julio de 1902	Bonos del estado de Tamaulipas, Banco Central Mexicano.
31 de octubre de 1904	Deuda al 4% de los Estados Unidos Mexicanos, 40 000 000 de dólares (amortización créditos y obras portuarias).
2 de octubre de 1906	Bonos del estado de Veracruz (puerto de Coatzacoalcos).
13 de octubre de 1906	Bonos del estado de Sinaloa al 5 por ciento.
3 de sep. de 1906	Bonos del estado de Tamaulipas al 5 por ciento.
4 de sep. de 1908	Bonos amortizables al 4.5%, a 35 años. 50 000 000 de pesos. Caja de Préstamos para obras de Irrigación y Fomento de la Agricultura, S. A. (casa Speyer de Nueva York).
1910	Deuda exterior mexicana al 4%, pagadera en oro.

SUGERENCIAS BIBLIOGRÁFICAS

Leonor Ludlow
Carlos Marichal

COMPILACIONES DE LEYES, DECRETOS Y REGLAMENTOS

Actas constitucionales mexicanas, 1821-1824. Tomo IX. Diario de las sesiones del Congreso Constituyente de la Federación Mexicana. Sesiones del mes de mayo de 1824, UNAM, México, sesión del 12 de mayo de 1824.

Basilio Arrillaga, José, *Recopilación de leyes, decretos, bandos, etc.* Comprenden los meses de enero a diciembre de 1830, México, 1836.

Bosch García, Carlos, *Documentos de la relación de México con los Estados Unidos, III. El endeudamiento de México* (abril de 1836-noviembre de 1843), Instituto de Investigaciones Históricas-UNAM, México, 1984.

Castillo, Juan, *El crédito público en México. Estudio sobre los antecedentes, consolidación, conversión y arreglo definitivo de la deuda nacional e información completa del estado actual de la deuda pública y de los títulos en circulación,* Obra escrita por don... jefe de la sección quinta de la Tesorería General de la Federación, Herrero Hermanos Editores, México, 1900.

Colección de leyes y disposiciones relativas al crédito público desde el año de 1821 primero de la independencia que se forma y publica en cumplimiento de orden de la Secretaría de Estado y del Despacho de Hacienda y Crédito Público, Imprenta Agrícola-Comercial, México, 1883, 2 vols.

Colección de las leyes, decretos y órdenes, expedidos por el Congreso y por el supremo gobierno en el año de 1850, Primera Parte del Semanario Judicial, Imprenta de J. M. Lara, México, 1850.

Colección de órdenes y decretos de la soberana Junta Provisional Gubernativa y soberanos congresos generales de la nación mexicana, publicado por Mariano Galván, México, 1829.

Dublán, Manuel y José María Lozano, *Legislación mexicana o colección completa de las disposiciones legislativas expedidas desde la independencia de la república,* Edición Oficial, Imprenta de Comercio a cargo de Dublán y Lozano, hijos, México, 1876-1888.

Espinosa, Francisco, *Colección de leyes y decretos relativos al crédito público. Desde el año de 1821 primero de la independencia hasta el año de 1883*, Imprenta Agrícola Comercial, México, 1883, 2 tomos.

Ordenanzas de tierras y aguas o sea formulario geométrico judicial para la designación, establecimiento, mensura, amojonamiento y deslinde de las poblaciones y todas suertes de tierras, sitios, caballerías, criaderos de ganados mayores y menores, y mercedes de agua, obra publicada por Mariano Galván, Librería del Portal de Mercaderes, México, s.a.

Ortiz de Montellano, Mariano, *Colección de leyes, decretos y circulares sobre el arreglo del crédito nacional, desde el mes de octubre de 1821 hasta diciembre de 1841*, México, 1841, 2 vols.

Secretaría de Hacienda y Crédito Público, *Colección de leyes y disposiciones relacionadas con la deuda exterior de México*, Facultad de Economía-UNAM, México, 1989 (edición facsimilar de la de 1926).

Segura, José Sebastián, *Boletín de las leyes del imperio mexicano o sea Código de la Restauración. Colección completa de leyes y demás disposiciones dictadas por la intervención francesa, por el supremo poder ejecutivo provisional y por el imperio mexicano, con un apéndice de documentos oficiales más notables y curiosos de la época publicado por...,* Imprenta Literaria, México, 1866.

IMPRESOS DIVERSOS

Alamán, Lucas, *Liquidación general de la deuda exterior de la república mexicana hasta fin de diciembre de 1841. Precedida de la relación histórica de los préstamos de que procede, y de las diversas modificaciones que han tenido hasta la formación del fondo consolidado, con un resumen de todos los puntos que han quedado pendientes y requieren resolución del supremo gobierno. Formada por ... comisión del excmo. señor ministro de Hacienda*, Impreso por I. Cumplido, México, 1845.

_____, *Apuntes para servir a la historia de las convenciones diplomáticas celebradas por el ministro de Relaciones José Fernando Ramírez en el año de 1851*, México, 1852.

Bulnes, Francisco, *La deuda inglesa. Colección de artículos publicados en el "Siglo XIX"*, Miguel Ángel Porrúa, México, 1982 (edición facsimilar de 1885).

Casasús, Joaquín D., *Historia de la deuda contraída en Londres. Con un apéndice sobre el estado actual de la Hacienda pública*, Imprenta de Gobierno, México, 1885.

Corral, Juan José, *Breve reseña sobre el estado de la Hacienda y del que se llama crédito público*, México, 1848.

Cortés, Anselmo, *Proyecto de pronto pago de la deuda exterior e interior moderna en cinco años. Con los productos de las aduanas marítimas y en el veinte la antigua del gobierno español; con los intereses de un banco nacional de treinta millones, dedicado a proteger la industria peculiar del país,* Escrito por el contador de la Aduana marítima de Acapulco, Imprenta de El Mexicano, México, 1853.

Kozhevar, E., *Informe sobre la república mexicana presentado ante el Consejo de tenedores de bonos extranjeros por...,* Traducido por acuerdo de la Secretaría de Hacienda por el Lic. Joaquín D. Casasús, Oficina Tipográfica de la Secretaría de Fomento, México, 1887.

Maniau, Ildefonso, *Razón del papel moneda que se ha impreso en su creación y en su reposición en bulas, del que se puso en giro, el que se ha recogido y amortizado, el que está en circulación y el que se ha quemado, en Francisco de Arrillaga, Memoria que el secretario de Estado y del Despacho de Hacienda presentó al soberano Congreso Constituyente sobre los ramos del ministerio de su cargo, leída en la sesión del 12 de noviembre de 1823, impresa de orden del mismo soberano Congreso,* Imprenta del Supremo Gobierno en Palacio, México, 1823.

Mora, José María Luis, *Crédito público. Escritos del obispo Abad y Queipo. Disertación sobre bienes eclesiásticos presentada al gobierno de Zacatecas. Diversos proyectos para arreglo del crédito público. Posibilidad de pagar los gastos del culto e intereses de la deuda interior con los bienes del clero. Deuda interior y exterior de México,* Coordinación de Humanidades-UNAM/Miguel Ángel Porrúa, México, 1986 (Biblioteca Mexicana de Escritores Políticos).

Murphy, Tomas, *Memoria sobre la deuda exterior de la república mexicana desde su creación hasta fines de 1847,* Imprenta de A.D. Bondeau, París, 1848.

Ortiz de Montellano, Mariano, *Apuntes para la liquidación de la deuda contraída en Londres,* Imprenta del Gobierno Federal en Palacio, México, 1886.

Payno, Manuel, *La Convención española,* Imprenta de Ignacio Cumplido, México, 1857.

_____, *La deuda interior de México,* Imprenta económica, México, 1865.

_____, *Historia de la deuda en México,* México, 1866.

_____, *Memoria en que... se da cuenta al público de su manejo en el desempeño en el Ministerio de Hacienda y de las comisiones que le confió el supremo gobierno en Inglaterra acompañándose los documentos relativos al pago del primer dividendo de la deuda exterior y las comunicaciones dirigidas a lord Palmerston sobre la ley del 30 de noviembre de 1850,* Imprenta de Ignacio Cumplido, México, 1852.

_____, *México y sus cuestiones financieras con la Inglaterra, la España y la Francia,* Secretaría de Hacienda y Crédito Público/Miguel Ángel Porrúa, México, 1982 (edición facsimilar de 1876).

PUBLICACIONES RECIENTES

Bazant, Jan, *Historia de la deuda exterior de México, 1823-1946,* El Colegio de México, México, 1968.

Calderón, Francisco, "La realización de la deuda. La Hacienda pública" en Daniel Cosío Villegas, *Historia moderna de México. La república restaurada. Vida económica,* Editorial Hermes, México/Buenos Aires, 1955.

González Prieto, Alejandro, *Memorias de la Hacienda pública en México, 1821-1867,* Dirección General de Estampillas, Secretaría de Hacienda y Crédito Público, México, 1997, 2 vols.

Marichal, Carlos, *Historia de la deuda externa de América Latina,* Alianza Editorial, México, 1988.

──────, "Foreign loans, banks and capital markets in Mexico, 1880-1910" en Reinhard Liehr (coord.), *La deuda pública en América Latina en perspectiva histórica/The public debt in Latin America in historical perspective,* Iberoamericana, Frankfurt-Madrid, 1995.

Nicolau d'Olwer, Luis, "Empréstitos y deudas. Las inversiones extranjeras" en Daniel Cosío Villegas, *Historia moderna de México. El porfiriato. Vida económica II,* Editorial Hermes, México/Buenos Aires, 1965.

Pérez Siller, Javier, "Deuda y consolidación del poder en México, 1867-1896: bases para la modernidad porfirista" en Reinhard Liehr (coord.), *La deuda pública en America Latina en perspectiva histórica/ The public debt in Latin America in histórical perspective,* Iberoamericana, Frankfurt/Madrid, 1995.

Rodríguez, Jaime, "Rocafuerte y el empréstito a Colombia", *Historia Mexicana,* vol. XVIII, núm, 4, abril junio de 1969.

Secretaría de Hacienda y Crédito Público, *La Hacienda pública a través de los informes presidenciales, a partir de la independencia hasta 1950,* advertencia preliminar del licenciado Ramón Beteta, secretario del ramo, México, 1951.

Téllez Kuenzler, Luis, "Préstamos externos, primas de riesgo y hechos políticos: La experiencia mexicana en el siglo XIX" en Enrique Cárdenas (comp.), *Historia económica de México,* Fondo de Cultura Económica, México, 1992 (Lecturas El Trimestre Económico, 64).

Tenembaum, Barbara, *México en la época de los agiotistas, 1821-1857,* Fondo de Cultura Económica, México, 1986.

──────, "Mexico's money market and the internal debt, 1821-1855" en Reinhard Liehr (coord.), *La deuda pública en América Latina en perspectiva histórica/The public debt in Latin America in historical perspective,* Iberoamericana, Frankfurt/Madrid, 1995.

Turlington, Edgar, *México and her foreign creditors,* Columbia University Press, Nueva York, 1930, vol. I.

Varios autores, *Pasado y presente de la deuda externa de México*, Instituto de Investigaciones Dr. José María Luis Mora/*El Día* en libros, Sociedad Cooperativa de Publicaciones Mexicanas, México, 1988.

Walker, David, *Parentesco, negocios y política. La familia Martínez del Río en México, 1823-1867,* Alianza Editorial, México, 1991.

Un siglo de deuda pública en México,
se terminó de imprimir en diciembre de 1998
en los talleres de Impresora y
Encuadernadora Progreso, S.A. de C.V.,
Av. San Lorenzo Tezonco 244,
Col. Paraje San Juan, México, D.F.
La edición estuvo al cuidado de la Coordinación
de Publicaciones del Instituto de Investigaciones
Dr. José María Luis Mora.
Se tiraron 2 000 ejemplares.